Susanne Schächter-Heil

Filzen – 100 kleine und große Projekte

Susanne Schächter-Heil

Filzen

100 kleine und große Projekte

Leopold Stocker Verlag
Graz – Stuttgart

Umschlaggestaltung: DSR Werbeagentur Rypka GmbH, 8143 Dobl/Graz
Titelbilder: Susanne Schächter-Heil
Alle Abbildungen im Buch stammen dankenswerterweise von der Autorin.

Bibliographische Information der Deutschen Nationalbibliothek
Die Deutsche Nationalbibliothek verzeichnet diese Publikation in der Deutschen Nationalbibliographie; detaillierte bibliographische Daten sind im Internet über http://dnb.d-nb.de abrufbar.

Hinweis:
Dieses Buch wurde auf chlorfrei gebleichtem Papier gedruckt. Die zum Schutz vor Verschmutzung verwendete Einschweißfolie ist aus Polyethylen chlor- und schwefelfrei hergestellt. Diese umweltfreundliche Folie verhält sich grundwasserneutral, ist voll recyclingfähig und verbrennt in Müllverbrennungsanlagen völlig ungiftig.

Auf Wunsch senden wir Ihnen gerne kostenlos unser Verlagsverzeichnis zu:
Leopold Stocker Verlag GmbH
Hofgasse 5 / Postfach 438
A-8011 Graz
Tel.: +43 (0)316/82 16 36
Fax: +43 (0)316/83 56 12
E-Mail: stocker-verlag@stocker-verlag.com
www.stocker-verlag.com

ISBN 978-3-7020-1784-2

Layout und Repro: DSR Werbeagentur Rypka GmbH, 8143 Dobl/Graz

Druck und Bindung: hm•perfectprintconsult•eu

Inhalt

Einleitung

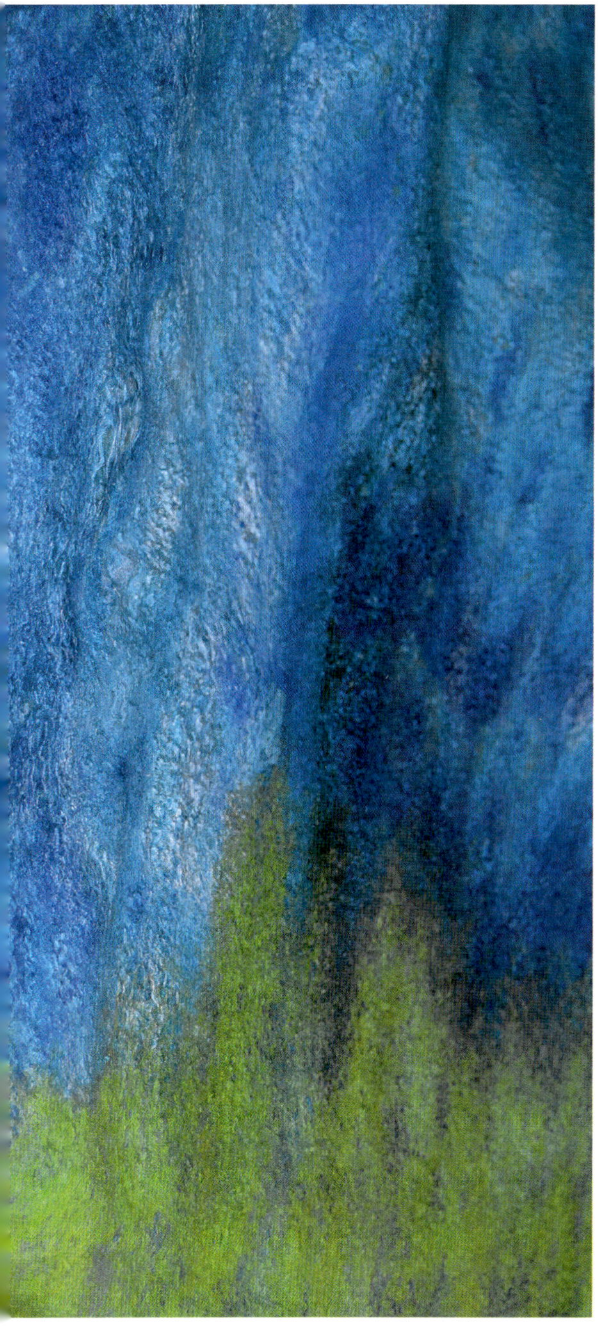

Wenn Sie dieses Buch in Händen halten, dann sind Sie am Filzhandwerk, dieser traditionsreichen Kulturtechnik, interessiert oder einfach neugierig, was man mit dem Material Wolle so alles anstellen kann. Ob nun das eine oder das andere überwiegt, Filzen kann zu einer Leidenschaft werden.

Das Nassfilzen, denn darum soll es in diesem Buch in erster Linie gehen, vereint kreatives Schaffen und Handwerk. Wenn aus Wollfasern Filz werden soll, braucht es neben einer guten Idee, Gestaltungswillen und Kraft vor allem Klarheit über das, was geschehen muss, damit aus der Wolle ein Filzwerk entsteht. Erst wenn ich weiß, wie ich eine Arbeit angehe, kann sich Entspannung und große Freude am Tun einstellen.

Der Filzprozess mit Wasser und Seife fordert und fördert unsere Sinne. Farben, Temperaturreize, Bewegung und Rhythmus lassen den Alltagsstress vergessen, heben die Konzentration und belohnen uns zum guten Schluss mit einem Stück selbstgestalteter Handwerkskunst.

Dieses Buch ist eine sehr persönliche Einladung, sich in Ruhe und mit individueller Zeitplanung dem Handwerk Filzen Schritt für Schritt zuzuwenden. Wenn es richtig ist, dass ein Handwerk vor allem Wissen, Erfahrung und Geduld braucht, dann trifft dies sicherlich auch für das Filzhandwerk zu. Ich verspreche nicht, dass alles „ganz leicht" geht. Doch mit etwas Geduld sammeln Sie in den kleinen und großen Projekten immer mehr Filzerfahrung. Bleiben Sie dabei in Ihrem eigenen Tempo und beginnen Sie mit den kleineren Übungen und Arbeiten. Das Nassfilzen belohnt Sie mit Routine und Selbstbewusstsein, wenn Sie sich Schritt für Schritt auf die verschiedenen Techniken einlassen. Die hier vorgestellten Filzarbeiten und ihre Vorbereitungen sind vielfach erprobt und ermöglichen es, sich das Filzen mit Wasser und Seife selbst so zu erarbeiten, dass ein Jeder sich in jedes Vorhaben selbst und vor allem handwerkssicher einarbeiten kann.

Das Buch bietet Ihnen Grundlageninformationen, Impulsübungen und kleine und große Projekte an. Neben den konkreten Anleitungen finden Sie immer auch für weitere Projekte Anregungen mit Materialempfehlungen. Sie finden Raum für eigene Notizen, allgemeine Tipps, und wenn Sie wollen, dann legen Sie sich im Laufe der Zeit Ihr eigenes Nachschlagewerk mit Ihren Probestücken an. Dies wiederum öffnet die Türen zu ganz vielen eigenen Entwürfen und Filzkreationen. Sie werden sich dem Material Wolle und dessen Handhabung so annähern, dass Sie, am Ziel angelangt, sagen können, dass Filzen für Sie ein Leichtes ist, ein entspannendes kreatives Handwerk, vielleicht sogar eine Leidenschaft!

Machen Sie dieses Buch zu Ihrem ganz persönlichen Übungsbuch!

Viel Freude und Erfolg!

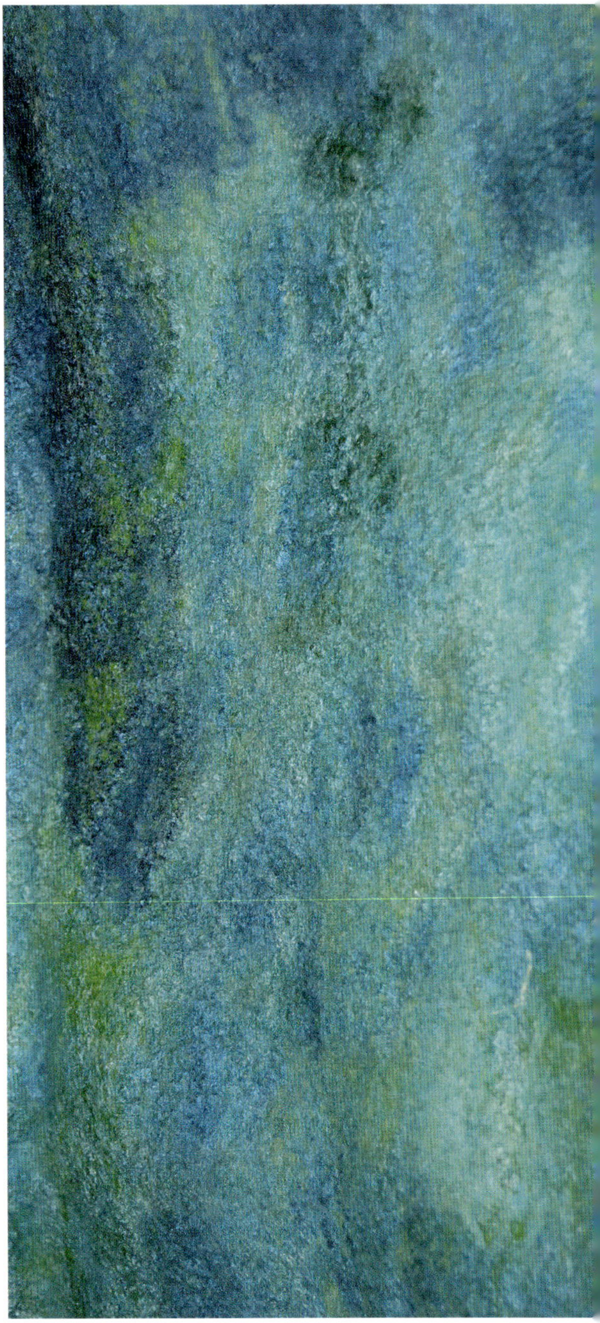

Umgang mit Zeit

Zwischen beruflichen An- und familiären Herausforderungen war das Filzen vor über 20 Jahren wie die Entdeckung der Langsamkeit für mich. Es ist bis heute eine Art Ruheort geblieben, denn die Wolle lässt sich nicht überlisten. Die Wolle hat mich Geduld gelehrt und vor allem Durchhaltevermögen.

Und noch etwas macht die Wolle nie, sie hetzt mich nicht. Wenn ich heute lieber spazieren gehen möchte, dann gehe ich spazieren. Selbst wenn ich ein Werkstück begonnen habe, wenn es nass und seifig ist, dann wartet es ohne Kummer über Nacht auf mich. Selbst eine Woche Pause verzeiht mir das zukünftige Filzstück, wenn ich entweder die Seife auswasche und es trocknen lasse oder es, folienumhüllt, in die Tiefkühltruhe lege.

Und sie bleibt hartnäckig. Sie will, dass man ihr die Zeit gibt, die sie braucht, um sich von Wolle in Filz zu verwandeln. Sicherlich kann man Routine gewinnen, Prozesse so abstimmen, dass man zügig arbeiten kann. Man kann Kugeln vor dem Fernseher wickeln oder an einem Tag nur Vorfilze arbeiten.

Doch wenn es dann soweit ist, dass der Prozess in Gang gesetzt werden soll, an dessen Ende das Filzobjekt steht, dann braucht es eben so lange, wie es braucht.

Nur mal eben nebenbei, das kann sie nicht leiden, die Wolle. Wenn ich mich aber auf den Prozess einlasse, dann wird der Kopf frei und die Freude am Ende, wenn das Stück fertig ist, lässt sich kaum beschreiben.

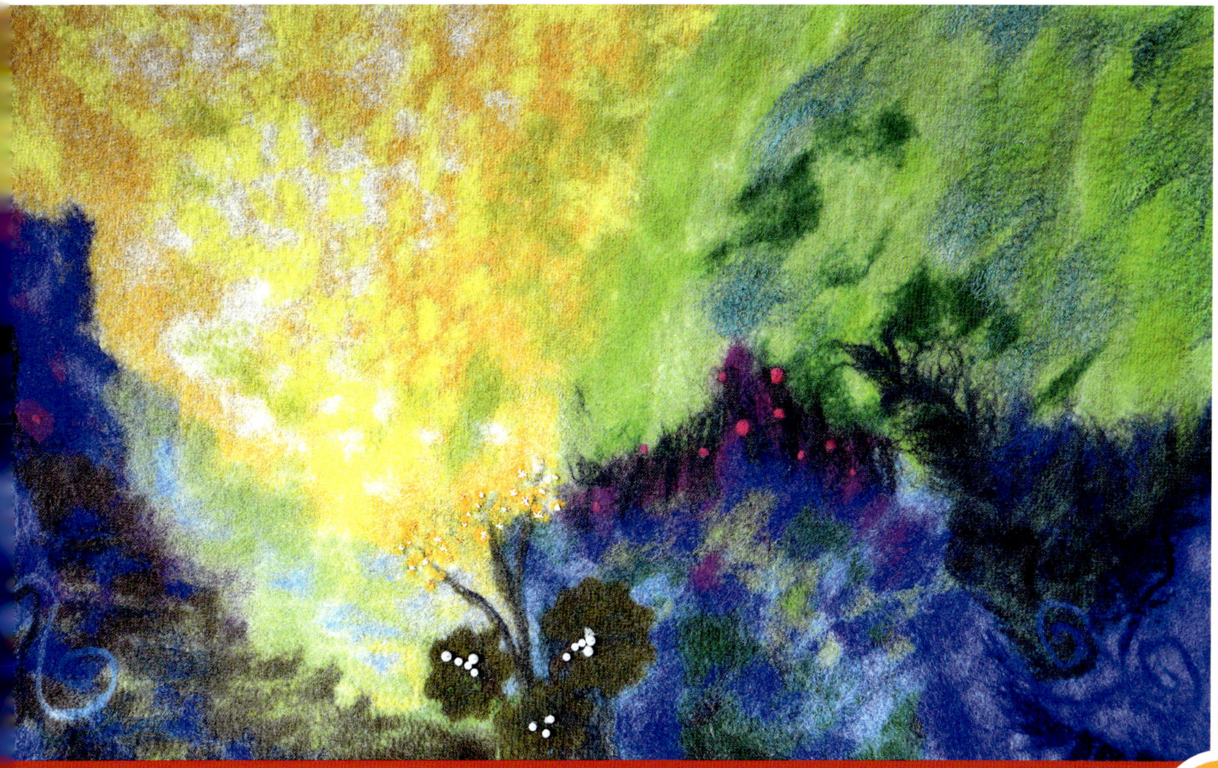

Fachchinesisch oder was die Filzerin meint …

So ganz ohne besondere Begriffe kommt kein Beruf, kein Handwerk aus. Das ist im Filzhandwerk nicht anders. Und damit wir uns von Anfang an mit den anderen Filzerinnen gut verstehen, folgt jetzt eine kurze Einführung in die fusseligen Spezialbegriffe.

Anfilzen: Ausgelegte Wolle wird mit Hilfe von Wasser und Seife und minimalem Druck erstmals miteinander vertraut gemacht, also nur leicht verfilzt – ergibt Vorfilz.

Auslegen: Die Wollfasern werden gleichmäßig verteilt, entsprechend der geplanten und vorbereiteten Objekte.

Ballbrause: Man benutzt sie, um Wasser gleichmäßig auf der ausgelegten Wolle zu verteilen.

Filznadeln: Metallnadeln mit Widerhaken, die trockene Wolle miteinander verdichten.

Filzmatte: eine Kunststoffmatte mit Rillen, die beim Walken guten Halt gibt.

Gaze: ein anderes Wort für ein lockeres Synthetikgewebe, wie z. B. Fliegengitter.

Handfilz: im Gegensatz zu Industriefilz in Handarbeit hergestellt.

Industriefilz: maschinell hergestellter Filz, der nicht immer nur aus Wolle besteht.

Kardenband: eine Zubereitungsart der Vlieswolle, meist aus gröberen Wollsorten.

Kardierbrett: Werkzeug zum Kämmen der Wollfaser.

Mikron: 1 Mikron ist 0,001 mm. Bei Wolle wird der Durchmesser der Faser heute handelsüblich in Mikron angegeben. Die feinsten Fasern liegen bei 12 Mikron, es gibt auch Wollfasern, die 40 mic Durchmesser erreichen!

Nadelfilz: mit Filznadeln von Hand verdichtete und in Form gebrachte Wolle.

Nadelvlies: maschinell hergestellte Wollfläche, die mit Filznadeln verfestigt wurde.

Nassfilzen: klassisches Filzen mit Wasser, Seife und Druck.

Noppenfolie: oder Luftpolsterfolie, ist eher als Verpackungsmaterial bekannt.

Reiben: Mit den Händen über geseifte Wollflächen reiben, um erste Verbindungen herzustellen.

Rohwolle: ungekämmte Wolle, manchmal auch ungewaschene Wolle.

Rollen mit Kern: Filzstück über einen elastischen, runden Gegenstand aufrollen und walken.

Schrumpf: die Fähigkeit der Wollfasern, sich zu verdichten und dadurch die Oberfläche zu minimieren.

Schrumpffaktor (SF): die Rechengröße, die besagt, wie sehr sich ein Objekt im Filzprozess „verkleinert".

Strangwolle: oder Kammzugwolle, langfaserige Wollen sind hier gleichmäßig in einen Strang zusammengefasst.

Vlieswolle: erste Verarbeitungsstufe der Wolle aus der Kardiermaschine, wirkt eher wattig.

Vorfilz: bereits angefilzte Wollflächen, die zur Weiterverarbeitung vorbereitet werden.

Walken: Die angefilzte Wolle einrollen und mechanisch rollen oder kneten.

Walkbrett: klassisches Waschbrett, auf dem die Kraft zum Walken noch einmal verstärkt werden kann.

Walkkern: Holz- oder Schaumstoffstab, dient beim Einrollen der angefilzten Wolle als Kern zur gleichmäßigen Druckverteilung.

Walkholz oder Filzmaus: Hilfsmittel aus Holz, das den Walkvorgang unterstützt und Kräfte spart.

Zupfprobe: Test beim Anfilzen, durch vorsichtiges Zupfen den Filzfortschritt zu ermitteln.

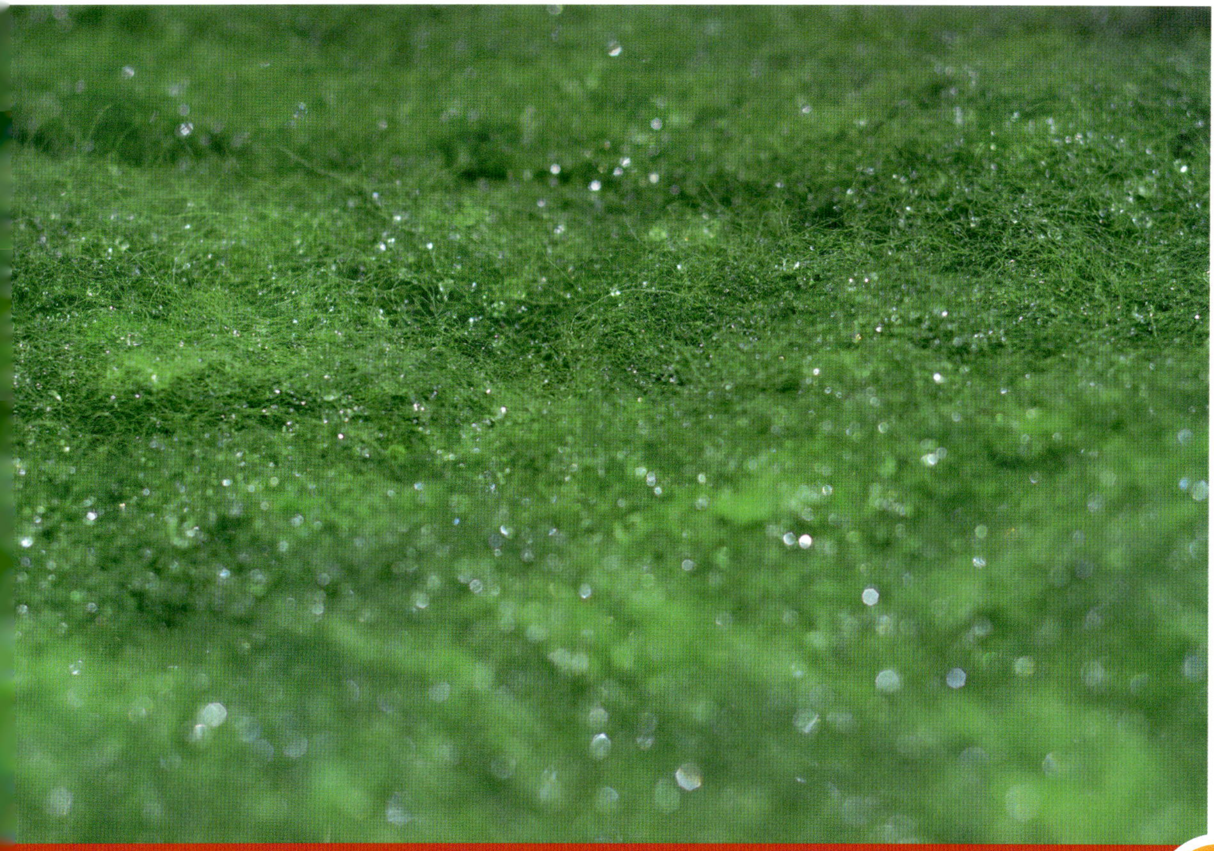

Wasserperlen tanzen auf der Wolle.

Ein paar Utensilien braucht man schon!

Im Grunde braucht man zum Filzen nicht viel und muss zu Beginn auch nicht sehr viel anschaffen. Einige Hilfsmittel haben wir meist im Haushalt schon parat. Eine gute Waage, einen Taschenrechner, Lineal und Schreibzeug, eine gute Schere, einen Notizblock oder ein Filztagebuch.

Wir brauchen zum Nassfilzen Wasser und eine Seife, die wir gut vertragen. Es eignen sich fast alle Seifen, die keine Cremestoffe beinhalten. Viele Filzerinnen bevorzugen Olivenseifen, ich arbeite gerne mit Neutralseife. Probieren Sie sich und Ihre Seifen aus. Dann sind Handtücher wichtig, so genannte Noppenfolie und ein Wäschesprenger bzw. eine Ballbrause. Ein Wasserbehälter ist nicht verkehrt und, um die heimischen Abflussrohre zu schonen, empfiehlt sich ein Fusselsieb für das Abwasser.

Den Arbeitsplatz richten wir uns her, indem wir eine Kofferraumwanne oder eine stabile Pflanzfolie nutzen. Diese helfen zu Beginn der Reise durch das Filzhandwerk, die ersten Schritte auch auf kleinstem Raum gehen zu können und im Bedarfsfall alles schnell zur Seite zu räumen.

Später können Sie sich dann vielleicht einen höhenverstellbaren Tapeziertisch anschaffen, das schont den Rücken. Eine Filzmatte ergänzt die Ausstattung.

Hier noch einmal eine allgemeine Übersicht:

1. Handtücher
2. Seife
3. Wasserbehälter
4. Schneebesen und Ballbrause
5. Kardierbretter
6. Schere
7. Wolle
8. Gaze
9. Handcreme
10. Zollstock/Maßband
11. Noppenfolie
12. Walkkern
13. Walkmaus
14. Bambusrollmatte
15. Walkrolle

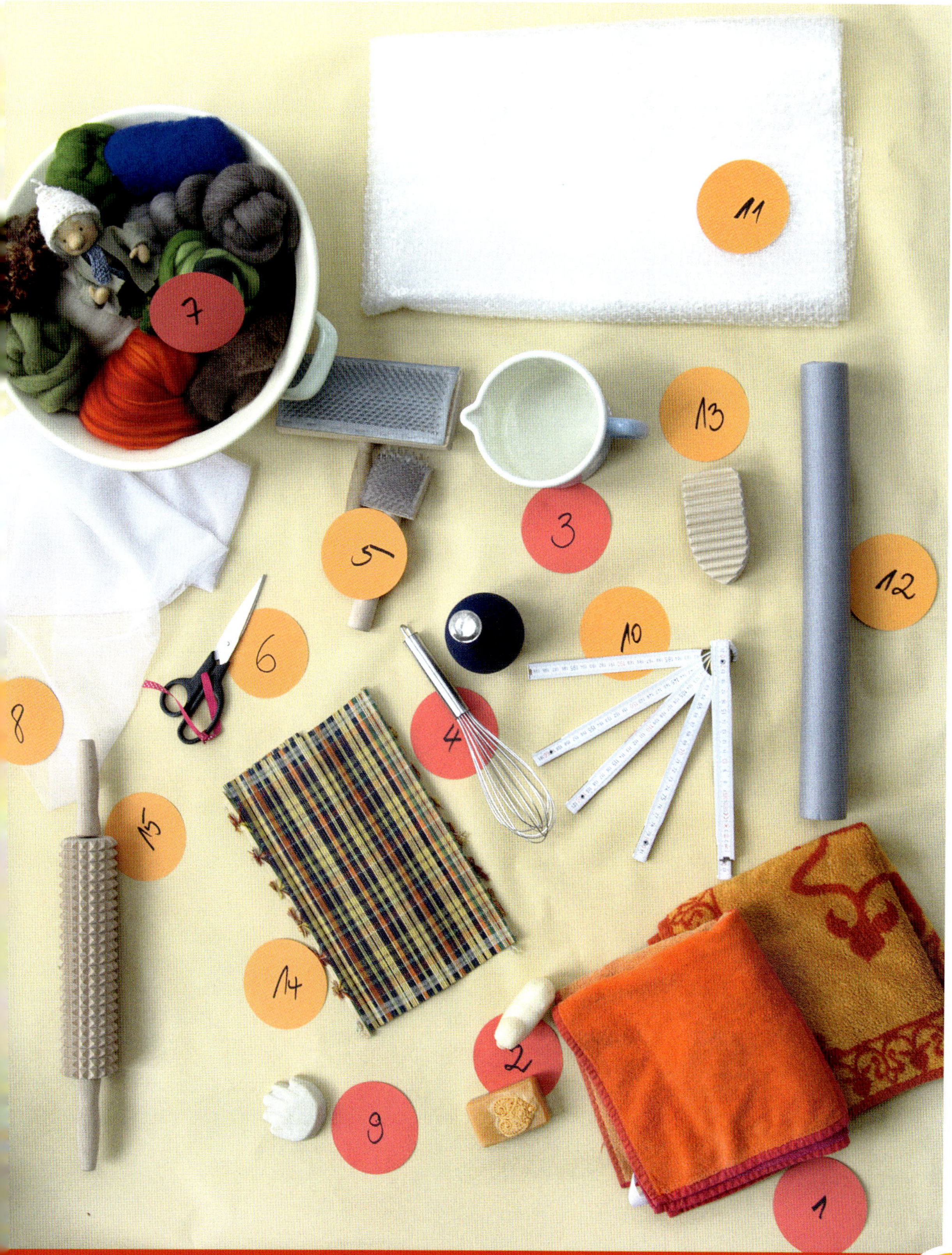

Utensilien zum Filzen nach Zahlen

Haltungsfragen

Auch wenn ich mich wiederhole, Filzen macht glücklich. Dennoch kann es uns ganz schön wehtun. Deshalb rate ich Ihnen, ein paar Haltungsfragen zu bedenken.

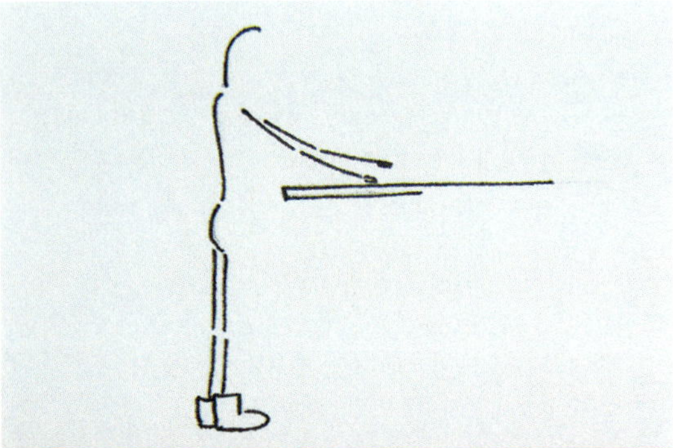

Körpergröße x 0,55 ergibt gesunde Arbeitshöhe

Sitzen Sie dabei, so oft es geht. Blüten kann man wunderbar im Sitzen auslegen. Schnüre brauchen keinen krummen Rücken. Und wenn es schon nicht anders geht, dann sorgen Sie dafür, dass Sie auch aufrecht stehen können. Der ganz besondere Luxus ist eine Stehhilfe oder ein guter höhenverstellbarer Hocker.

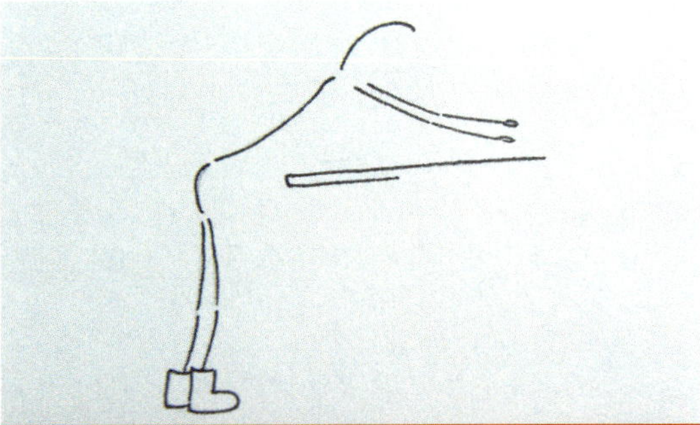

... so bitte nicht

Für viele Arbeiten im Filzprozess gehen Handgriffe leichter von der Hand, wenn Sie stehen. Dann arbeiten Sie aber unbedingt auf einem Tisch, der ihrer Größe entspricht. Höhenverstellbare Tapeziertische aus dem Baumarkt sind ein prima Einstieg.

Für kraftvolles Walken finden wir dann einen anderen Tisch und eine andere Haltung.

Walken Sie aus den Knien und der Hüfte heraus, niemals aus den Schultern. Stellen Sie sich mit gebeugten Knien vor den Tisch und schieben Sie die Arbeit „schaukelnd“ vor und zurück. Wechseln Sie zwischendurch das Standbein.

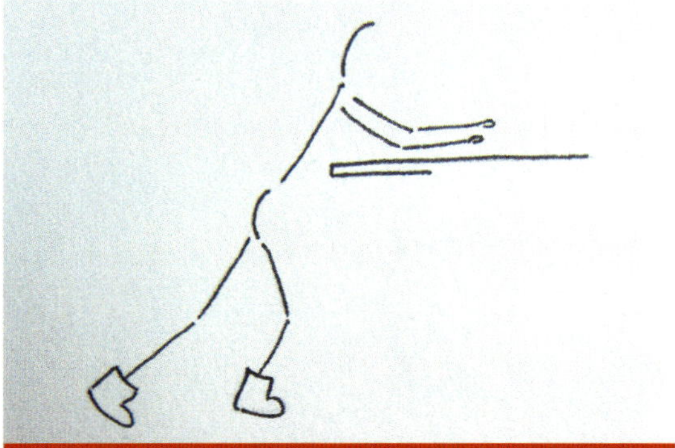

... aus den Knien arbeiten.

Und denken Sie daran, die Wolle hetzt nicht. Sie geben den Takt an.

Laden Sie bei größeren Stücken eine Freundin oder Ihren Partner ein, mit ihnen gemeinsam zu walken. Wir haben auch schon gesungen beim Walken. Es hilft, gleichmäßig zu atmen, hebt die Stimmung und schafft einen gemeinsamen Rhythmus.

Und bevor ich es vergesse! Seifenhände sollte man zumindest am Ende des Tages kurz in Essigwasser halten. Was dem Filz guttut, nützt auch unserer Haut. Erst dann eincremen.

Aus Schafwolle entsteht Filz!

Also aus Schafwolle kann Filz entstehen. Man kann Wolle natürlich auch zu Garnen verspinnen. Doch ungesponnen steht sie als Material für unzählige Filzobjekte zur Verfügung. Grundvoraussetzung ist dabei, dass wir der Wolle den Weg weisen, sich zu verfilzen. Fast jede Wolle filzt! Das war schon bei den Pullovern unserer Kindertage so und das ist auch heute noch so sicher, dass man daraus ein Handwerk machen kann. Man kann sich darauf verlassen, dass Schafwolle unter Einwirkung von Wärme und/oder Druck, mit oder ohne Seife ihre Oberflächenstruktur verändert und sich so miteinander verbindet, dass eine Auflösung nicht mehr möglich ist. Dabei verliert sie an Oberflächenmaß, nicht an Gewicht.

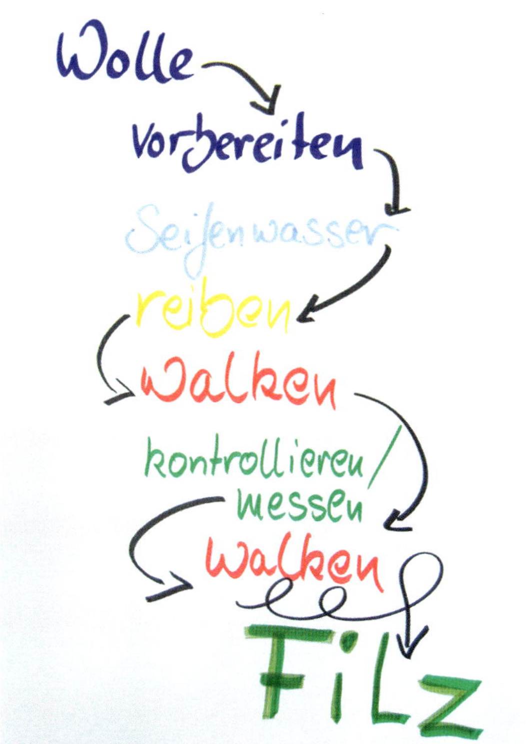

Step by Step – von der Wolle zum Filz

Was beim Wollpullover lästig ist, kann im Handwerk nur ein Segen sein. Man muss Wollfasern nämlich nicht verkleben, annageln, vernähen oder anschrauben – sie verbinden sich mehr oder weniger freiwillig miteinander. Da es eine Vielzahl von Schafrassen gibt, die sehr unterschiedliche Wollqualitäten liefern, macht es für Filzer durchaus Sinn, das teure Material erst einmal zu erproben, bevor man etwas erarbeitet, das einen dann sehr überrascht ...

Ein Filz-Tagebuch

Wenn ich eines in all den Jahren gelernt habe über das Filzen, dann ist es, dass ich mir nicht all die wunderbaren Vorüberlegungen, Hinweise und Tipps merken kann. Ich weiß nicht, wie es ihnen ergeht, aber ich möchte die Erfahrungen sammeln, die ich mache. Viele Filzfähigkeiten und -techniken verdanke ich anderen Filzerinnen, die ihr Wissen ganz großzügig weitergeben haben, manches wurde selbst ausgetüftelt oder entstand spontan. Viele Kurse und Workshops und eine auf drei Jahre verteilte Ausbildung haben die Grundlagen gelegt für meine Arbeit mit der Wolle. Und immer wieder habe ich, zumindest versucht, mir so viele Notizen zu machen, wie möglich. Und so, wie ich gelernt habe, meine Proben zu beschriften, damit ich später nicht raten muss, sondern auf eine gute Sammlung zugreifen kann, so habe ich es zu schätzen gelernt, Lernschritte, Experimente und fertige Objekte schriftlich festzuhalten. Es kommt auch dazu, dass wir ja erst durch mehrmaliges Wiederholen Prozesse verfestigen. Und dann muss ich nicht jedes Mal das „Rad neu erfinden".

Machen Sie mit und legen Sie sich ein Filz-Tagebuch an. Hier können alle Projekte entworfen, die Durchführung beschrieben und Erfolge gefeiert werden. Auch eine Rubrik „So nicht" muss unbedingt ins Tagebuch. Als Einstieg zu regelmäßigen Notizen und Aufzeichnungen finden Sie in diesem Buch an vielen Stellen Raum für eigene Gedanken und Erfahrungen. Zudem können Sie sich dann im Verlauf der hier beschriebenen Filzarbeiten auch eine Hülle für Ihr Filz-Tagebuch filzen!

Als Ergänzung zu Ihren theoretischen und praktischen Überlegungen und Lernerfolgen sollten Sie sich auch mit dem Erstellen und Anlegen eines eigenen Probenkatalogs beschäftigen. Denn jede Wolle bringt auch ihre ganz speziellen Eigenarten mit sich und das routinierte Filzhandwerk erfordert es immer wieder, sich auf diese Grundlagen zurückzubesinnen.

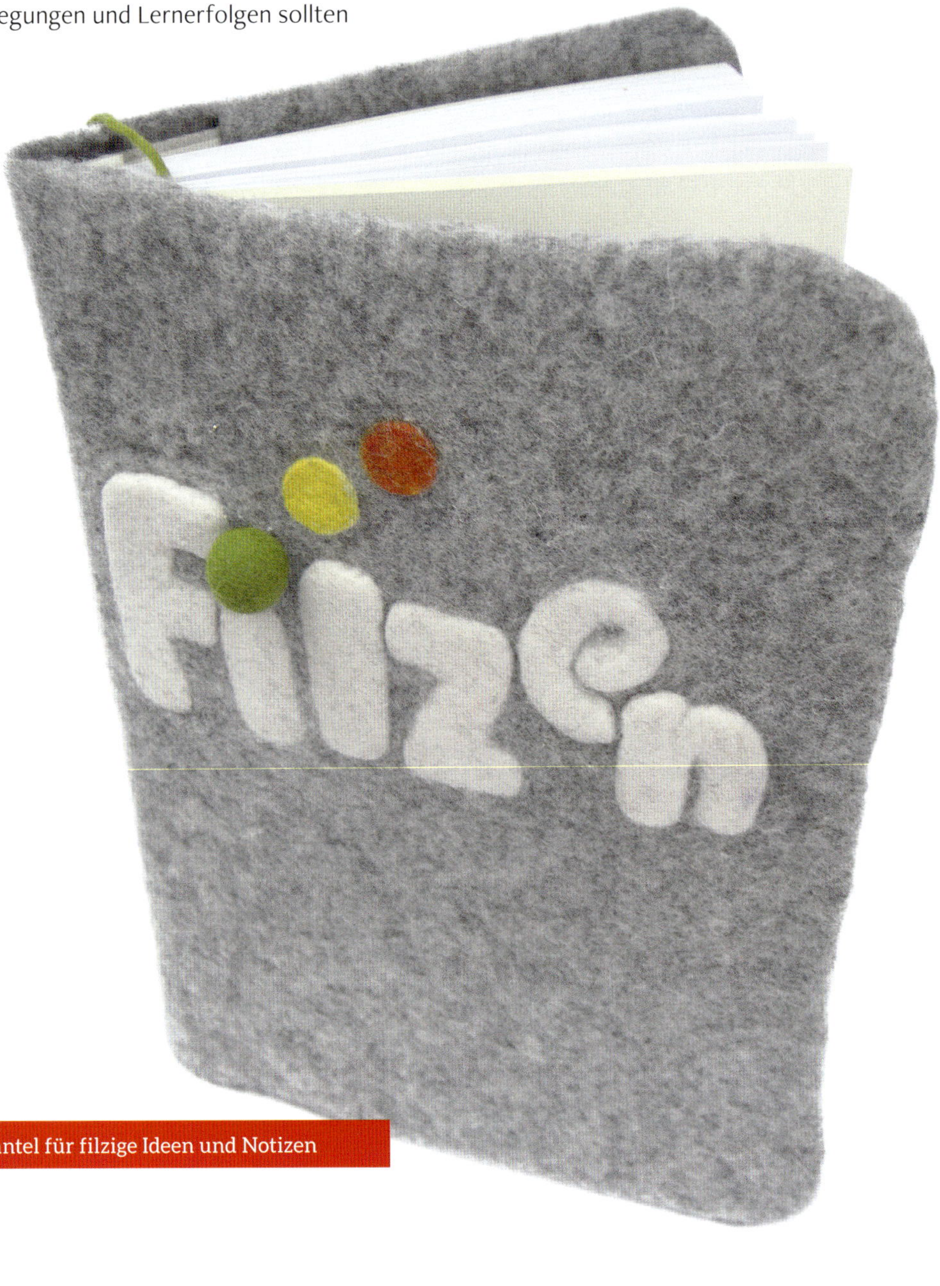

Filzmantel für filzige Ideen und Notizen

Probenroutine

Fast jede Filzerin entwickelt ihre eigene Probenroutine. Das bedeutet, dass man sich Vergleichsgrößen und Vergleichsgewichte überlegt, die man dann mit jeder Wollsorte und Qualität erarbeitet. Für meinen Filzalltag hat sich bewährt, alle Proben auf einer Fläche von 30 mal 30 cm auszulegen mit je 5 Gramm, 10 Gramm und 25 Gramm. Hilfreich hierfür ist eine Maßplatte. Ich habe mich nach verschiedenen Experimenten für eine 30-mal-30-Schneidematte entschieden.

Die gewogenen und sorgfältig ausgelegten Wollmengen werden nass gefilzt und auf ein Mindestmaß von 20 mal 20 cm heruntergeschrumpft. So kann ich Filzeigenschaften und Oberflächen-Beschaffenheiten gut miteinander vergleichen. Der beste Weg, eine nachvollziehbare Sammlung zu erstellen, besteht darin, die Proben zu beschriften und in einem Ordner oder einer Probenkiste zu sammeln.

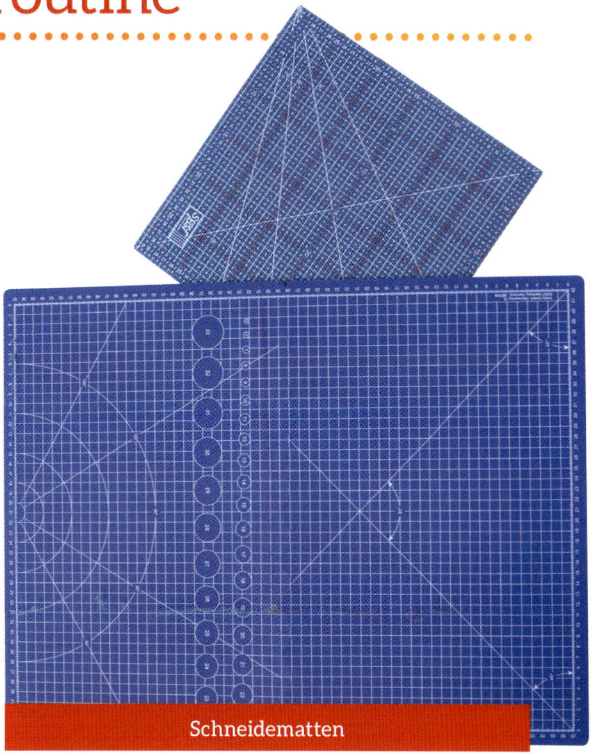

Schneidematten

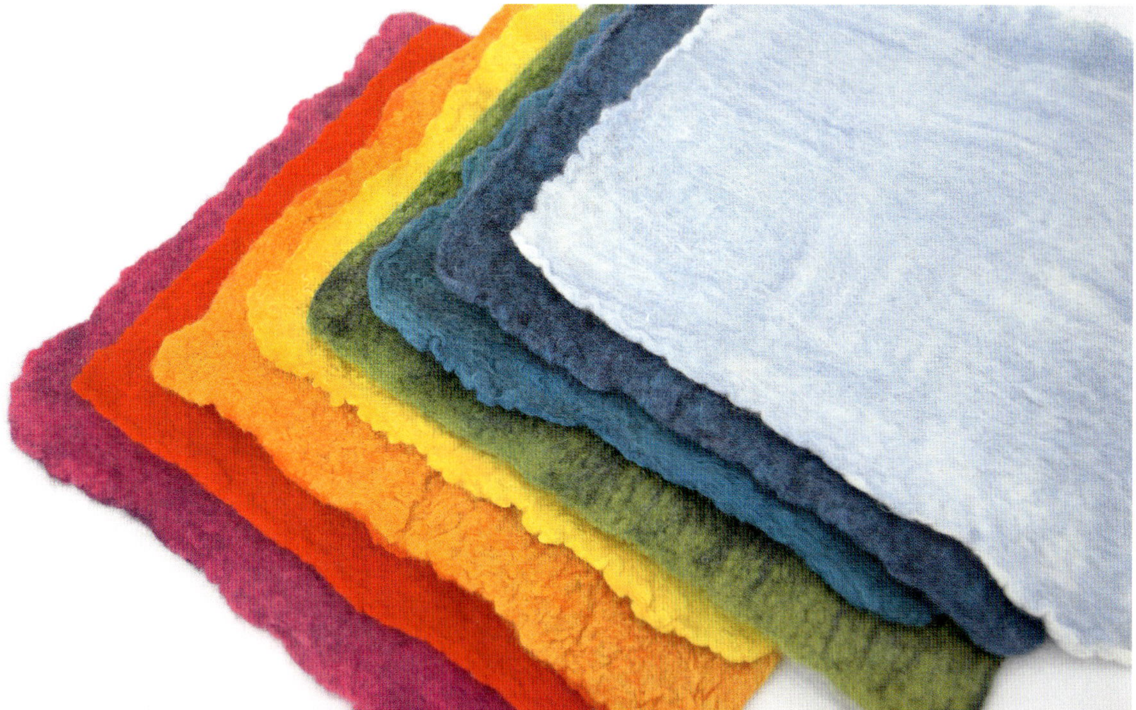

Proben einer Probe erproben

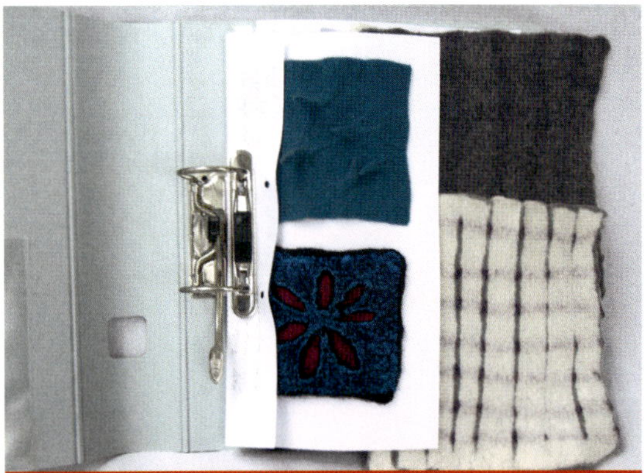

Blick in einen Probenordner

Letztendlich gibt es auch hier viele Variationsmöglichkeiten, um Erkenntnisse über Filzeigenschaften, Oberflächenbeschaffenheit und so manches mehr herauszufinden. Es ist Ihre Probensammlung. Also dürfen Sie mehr Proben machen, ganz andere Maße und Gewichte erproben. Mir ist nur wichtig, dass es sich für Sie zu einer Routine entwickeln kann.

Raum für eigene routinierte Notizen

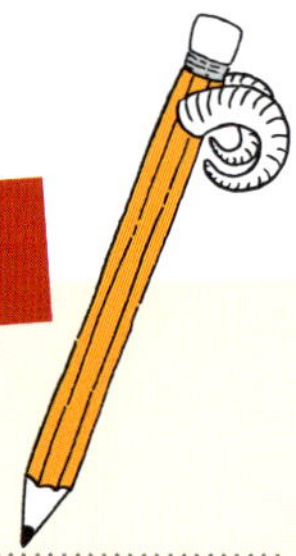

Auslegen – aber wie?

Proben mit Vlieswolle – kreuz und quer

Als ich mit dem Nassfilzen begann, habe ich gelernt, dass man Wolle auszupft, die gezupften Wollflocken dachziegelartig auslegt und dabei eine Schicht horizontal und eine Schicht vertikal legt – also „kreuz und quer". Ich habe mir vorgestellt, dass man die Wolle so legt, wie man beim Weben mit Kette und Schuss eine Überkreuzstabilität herstellt. Für viele Objekte ist das auch nach wie vor meine bevorzugte Legetechnik.

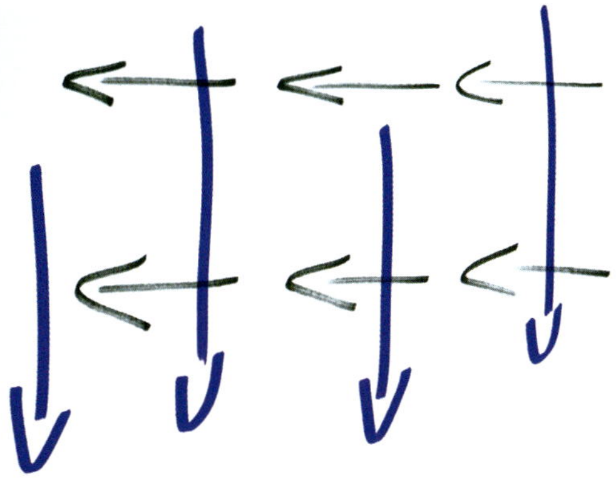

Auslegen längs und quer

Diese Auslegetechnik kann ich sowohl bei Strangwolle, aus dem Kardenband und bei Vlieswolle anwenden. Bei Vlieswolle ist die Versuchung groß, das Vlies, so wie es geliefert wird, auf der Fläche auszulegen und dann einfach draufloszufilzen. Manchmal geht das auch ganz gut. Ich hatte dabei leider schon ziemlich unregelmäßige Ergebnisse oder sogar dünne Stellen. Um das zu vermeiden, habe ich mir auch bei der Vlieswolle angewöhnt,

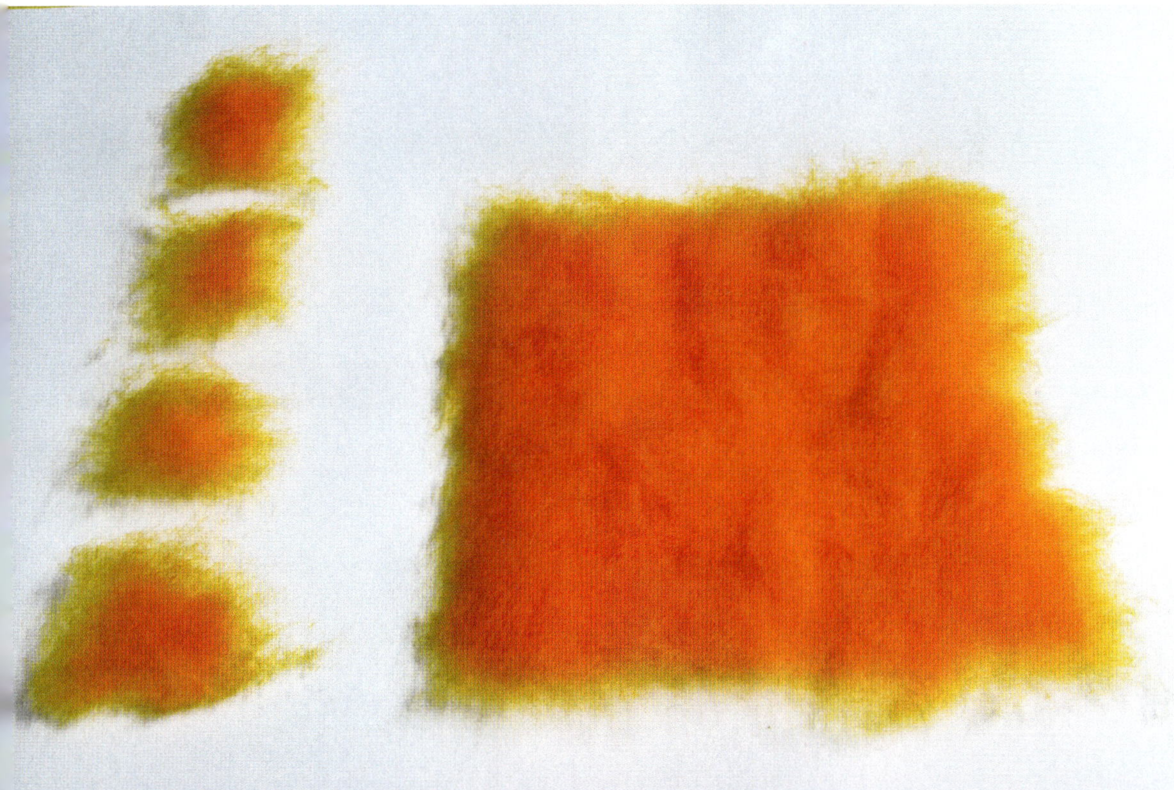

Vlieswolle zum Auslegen vorbereiten

„Stränge“ vom Vlies abzutrennen und damit genauso zu arbeiten wie mit der Strangwolle.

Beim Vlies sieht es zwar auf den ersten Blick so aus, als ob die Fasern bereits kreuz und quer liegen, doch auch hier ist die Wolle bereits durch das Kardieren in eine bestimmte Richtung gebracht und nicht jedes Vlies ist wirklich gleichmäßig. Selbst das „Abheben“ von Schichten bringt nicht immer den gewünschten Erfolg. Deshalb „zupfe“ ich auch bei der Vlieswolle gleichmäßige Flocken und belege damit mein geplantes Filzstück.

Proben mit Kammzug-Wolle – Variationen

Bei Strangwolle teile ich den Strang der Länge nach, bevor ich mit dem Zupfen beginne. So habe ich einfach eine bessere Kontrolle über die Flockengröße und erhalte eine gleichmäßigere Verteilung. Natürlich muss ich so meist mehr als zwei Lagen legen, doch die scheinbare Mehrarbeit verhindert selbst bei dünnen Filzen, dass sich Löcher bilden. Auch mit einem Kardenband kann ich ähnlich verfahren.

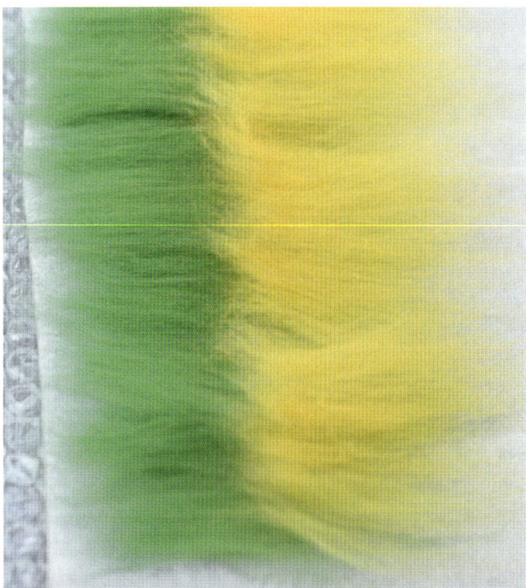

Flocke an Flocke und Reihe an Reihe

Gut zu wissen

Eine Variante beim Auslegen von Kammzug habe ich hier mal aufgemalt. Kammzug lässt sich auch wie ein Fischgrätmuster auslegen, also eher im Zickzack.

Alternative Wege, um auszulegen – ohne …

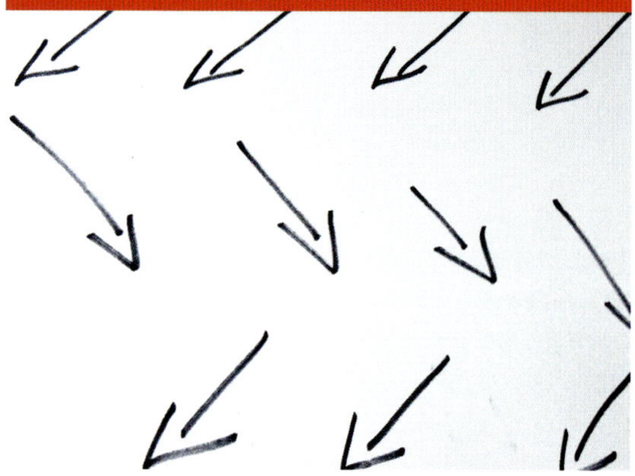

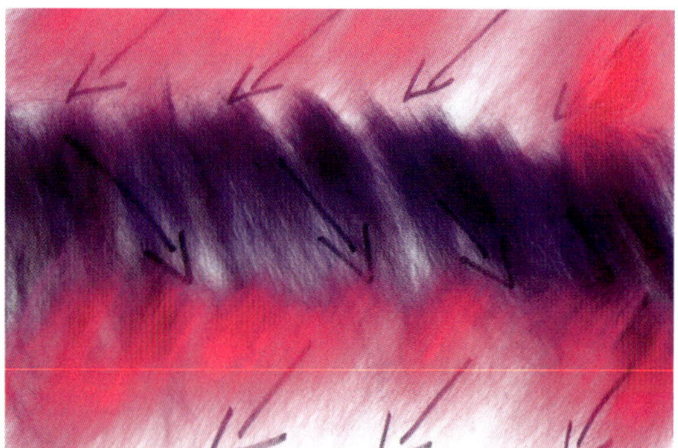

… und mit Wolle

Ach ja, Zupfen ist auch eine Frage der Handhaltung …

Sobald es um Ränder und saubere Kanten gehen wird, spielen die beiden Seiten der gezupften Wollflocke eine große Rolle. Deshalb schon hier der Hinweis auf Zugseite und Halteseite. An der Halteseite der Flocke liegen die Faserenden

Handhaltung beim Zupfen

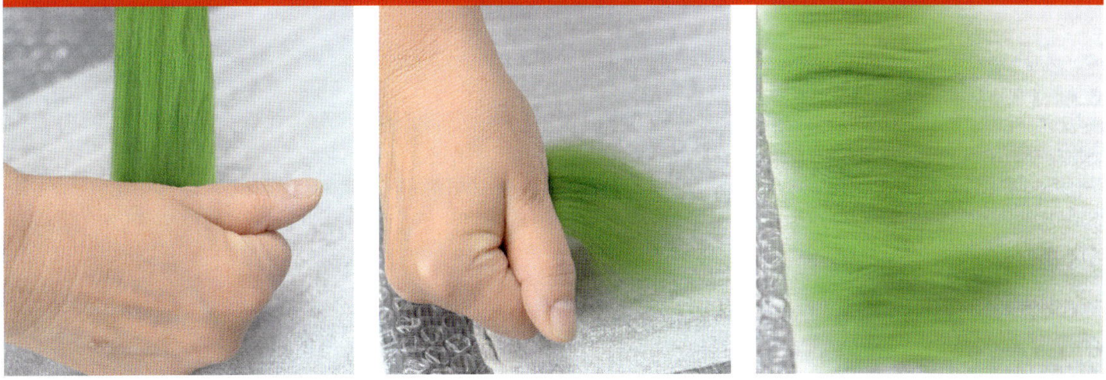

meistens fast parallel nebeneinander. An der Zugseite sind die Fasern oft unterschiedlich lang.

Auch hier macht Übung die Meisterin und hilft sehr dabei, eine gleichmäßige Verteilung der Wolle zu erreichen.

Raum für selbst ausgelegte Notizen

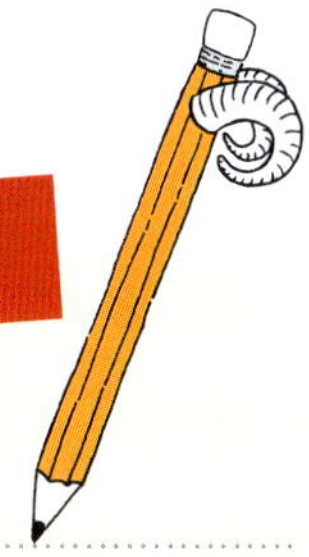

Filzen

Anfilzen und mehr!

Aus meiner Sicht gibt es ein paar entscheidende Faktoren, die zum Gelingen einer Filzarbeit beitragen. Nach dem geduldigen und sorgfältigen Auslegen, dem Wässern und Seifen folgt das Anfilzen. Und hier gilt es, der Wolle auf sanfte Weise klar zu machen, was ich von ihr erwarte. Zuerst „flüstern“ wir mit den Händen und wiederholen die Botschaft leise und beständig. Das gelingt, wenn die Hände gut seifig sind und die Wolle ausreichend nass ist.

Helfen kann hier zu Beginn die Gaze. Ich persönlich arbeite nicht so gern damit, weil es leicht passieren kann, dass sich die Wolle mit der Gaze verbindet, weil sie den Auftrag falsch verstanden hat.

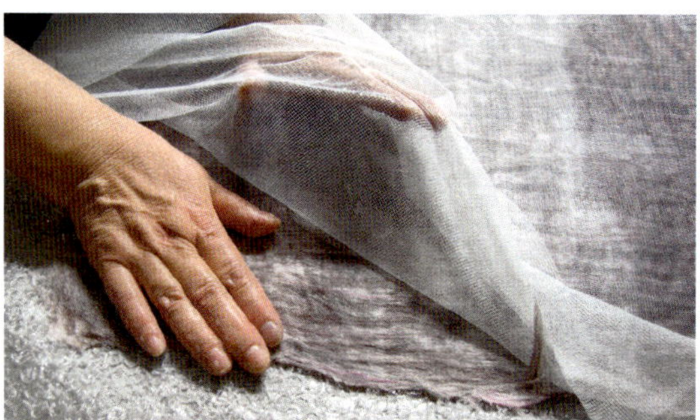

Langsam, behutsam und gleichmäßig ...

Tun Sie sich und der Wolle den Gefallen und reiben Sie zu Beginn wirklich sanft, mit wenig Druck. Legen Sie die gut eingeseifte Handinnenfläche flach auf die vorbereitete Wolle. Es ist immer wieder erstaunlich, wie aus dem absolut instabilen und weichen Wolle-Lauge-Mix ein fester Filz entsteht. Doch diese setzt voraus, dass wir den einzelnen Wollfasern Zeit lassen und sie nicht drängeln. Stellen Sie sich vor, ihre Hand läge auf einem Samtstoff und Sie wollten zunächst einmal keine Abdrücke hinterlassen. Sie streichen mit dem Samtstrich. Bei ihrer ausgelegten Wolle bedeutet das, langsam, behutsam und gleichmäßig streicheln, immer in eine Richtung und nicht kreuz und quer. Partie für Partie wird so bearbeitet und erst ganz langsam kann mit der gleichen Bewegung der Druck erhöht werden. Beginnen Sie mit den Rändern oder Kanten und arbeiten sie sich dann sich nach innen vor.

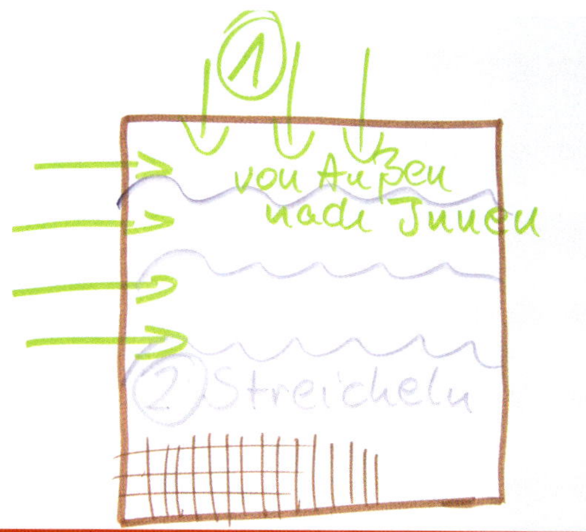

Immer vom Rand nach innen

Erst wenn sich bei der Zupfprobe die Fasern nicht mehr aus dem Verbund heben lassen, können wir noch mehr Druck geben oder mit dem Rollen beginnen.

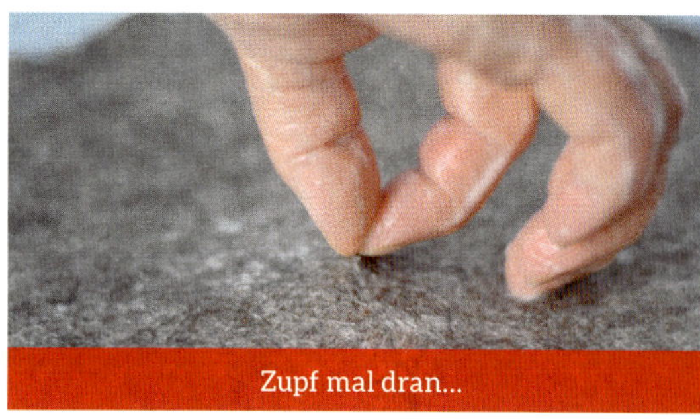

Zupf mal dran...

Zur Übung schlage ich hier ein erstes Filzexperiment vor.

Dazu benötigen Sie ein Stück Seife und 6 Gramm Bergschafwolle. Aus etwa 4 Gramm legen Sie ein rechteckiges Wollbett aus und platzieren die Seife in der Mitte.

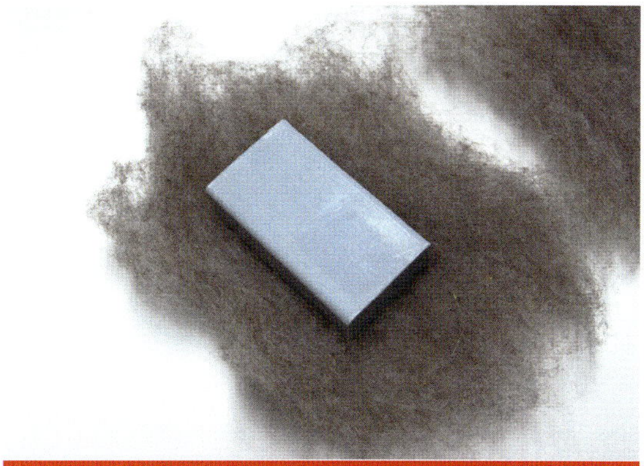

Wie man Seife bettet, ...

Dann „verpacken“ Sie das Seifenstück, indem Sie die Wolle wie ein Stück Papier umschlagen. Mit der restlichen Wolle werden die Faltstellen bedeckt.

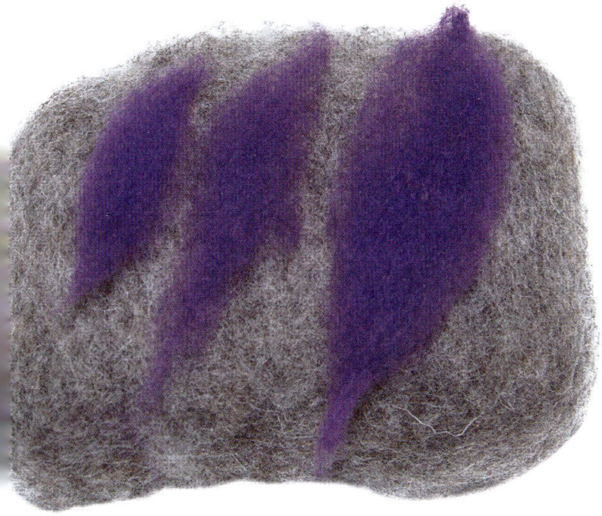

... so filzt man sie ein.

Dieses Päckchen fest in die Hand nehmen und so lange in ein warmes Wasserbad halten, bis keine Luftblasen mehr aufsteigen. Dann nehmen wir das Bündel vorsichtig aus dem Bad. Nun seifen Sie Ihre Hände ein und beginnen behutsam, die Wolle zu streicheln. Zu Beginn fühlt sich diese Arbeit sehr weich, viel zu nachgiebig und auch viel zu groß für die Seife an. Die Übung besteht darin, nicht auf die Wolle hereinzufallen und ihr Druck zu machen.

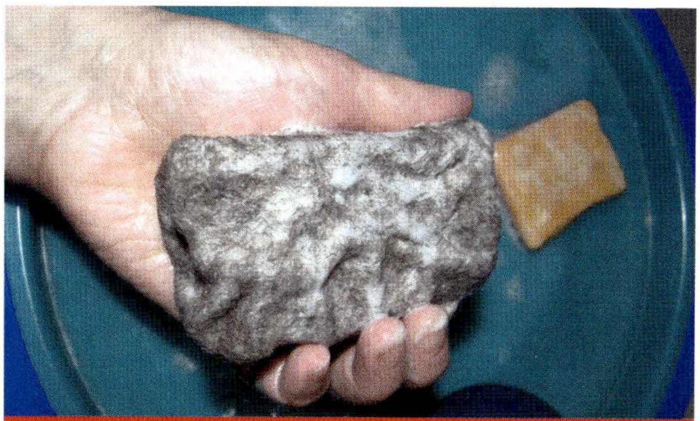

Alles noch sehr seifenweich ...

Bleiben Sie geduldig und behutsam. Es wird Sie Ihr ganzes Filzerleben lang begleiten, dieses Gefühl, dass aus diesem Wolle-Seifen-Brei niemals etwas

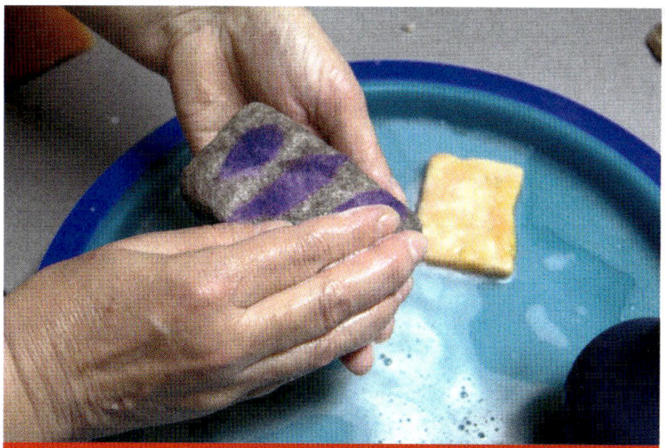

... und nach und nach wird es Filz.

werden kann, und dann die Begeisterung, wenn die Wolle anzieht und sich auf Ihre Vorhaben einlässt.

Eingefilzte Seifen eignen sich wunderbar als Mitbringsel!

Raum für seifige Notizen

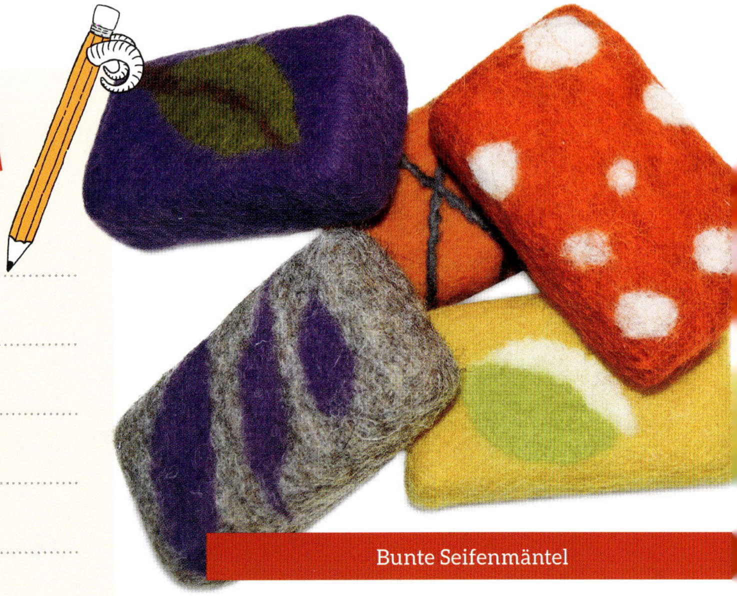

Bunte Seifenmäntel

Walken

Wenn die Wolle einmal auf unseren Vorschlag, sich zu verfilzen, eingegangen ist, können wir sie mit mehr Kraft bearbeiten und den Filzprozess dadurch beschleunigen. Traditionell spricht man vom Walken.

Um kontrolliert die Kraft verteilen zu können, hat es sich bewährt, den erreichten Vorfilz samt Folie aufzurollen. Dies geschieht zu Beginn über einen runden Gegenstand. Ich bevorzuge hier Schaumstoffrollen.

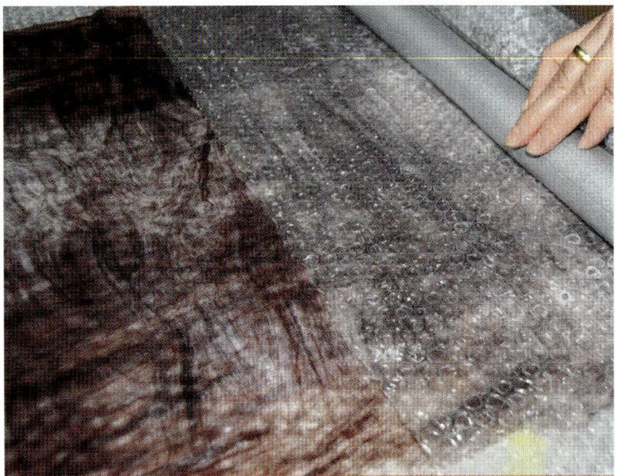

Zum Walken über einen Schaumstoffkern aufrollen.

Dann wickelt man dieses Paket in Folie oder ein Tuch, bindet es zu und beginnt mit dem Rollen. Sinnvollerweise rollt man das Paket zu Beginn 50-mal mit sanftem Druck. Dann öffnet man die Arbeit, kontrolliert sie und zieht alles wieder in Form.

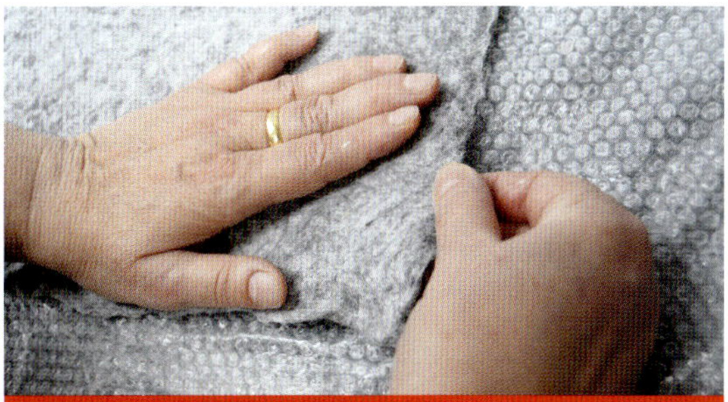

Immer wieder in Form ziehen.

Erneut wird aufgerollt, aber von der nächsten Seite des Stücks. Von jeder Seite wird der Druck erhöht und nach und nach kann der Kern entfallen.

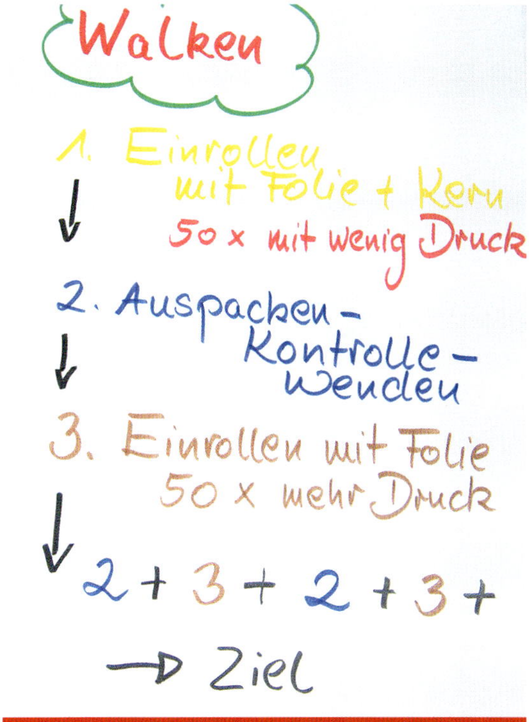

Walken von E bis Z

Eine Alternative zum Walken ist das Werfen. Manchmal will ein Werkstück einfach nicht weiter schrumpfen. Das kann damit zusammenhängen, dass die Wolle für heute einfach genug gearbeitet hat und kraftlos ist – oder die Filzerin, wer weiß das schon so genau? Oder die Wolle braucht eine zusätzliche Aufforderung. Dann kann man das Werfen einmal versuchen. Dazu knüllt man die Arbeit zusammen und wirft sie regelmäßig und fest auf die Unterlage. Das Ganze bitte nur, wenn

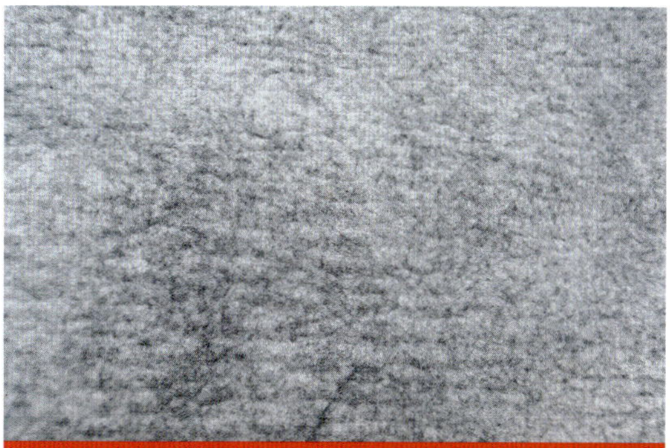

Oberfläche nach dem Werfen

der Filzprozess schon fortgeschritten ist, sonst kann es Löcher und Tränen geben. Außerdem verändert sich beim Werfen die Oberflächenoptik. Ich nenne das Elefantenhaut, weil sie leicht blasig und hubbelig wird.

Wenn die Endmaße erreicht sind, kann die Arbeit ausgespült und trocken gerollt werden. Wer mag, kann seiner Filzarbeit noch ein Bad in Essigwasser gönnen, damit eventuelle Seifenreste neutralisiert werden.

Apropos Endmaß! Im nächsten Kapitel schauen wir gemeinsam auf die Vorteile von Mathematik für die Filzerin.

Wolle und Mathematik – oder: Der Dreisatz hilft immer!

Wenn wir Probenstücke gefilzt haben, dann können wir mit folgenden Begriffen arbeiten, um diese zu beschriften und die Daten später als Planungsgrundlage zur Verfügung zu haben.

Wir unterscheiden zwischen Auslegemaß und Fertigmaß! Zwischen AM und FM liegt der Schrumpffaktor!

AM : FM = SF

Wenn also unsere Probe 30 cm AM hat und 20 cm FM dann beträgt der SF 1,5!

So kann ich später mit meinem SF von 1,5 ein Fertigmaß multiplizieren und erhalte das notwendige Auslegemaß ...

SF x FM = AM

Oder ich teile das Auslegemaß durch den angestrebten Schrumpffaktor und berechne so das Fertigmaß ...

AM : SF = FM

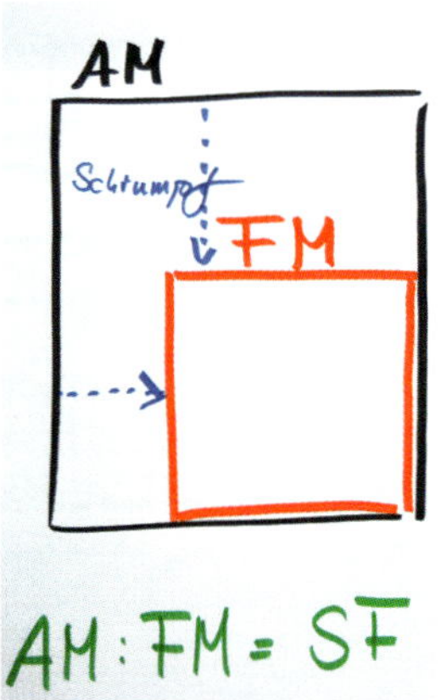

Ein wenig Geometrie

Mathematik und Filzen sind also nicht Feuer und Wasser, sie sind echt gute Freunde!

Jetzt kann ich dann gleich auch noch die notwendige Wollmenge umrechnen. Dazu gehen wir immer vom Auslegemaß der Probe aus. Wenn die Probe 30 mal 30 cm groß ist, hat sie eine Fläche von 900 cm im Quadrat. Nehmen wir weiterhin an, wir hätten auf dieser Fläche eine Wollmenge von 10 Gramm ausgelegt. Dann haben wir 10 Gramm geteilt durch 900 cm^2= ergibt eine Wollmenge auf den Quadratzentimeter von 0,011 Gramm, wenn wir die gleiche Qualität wie in der Probe erreichen wollen.

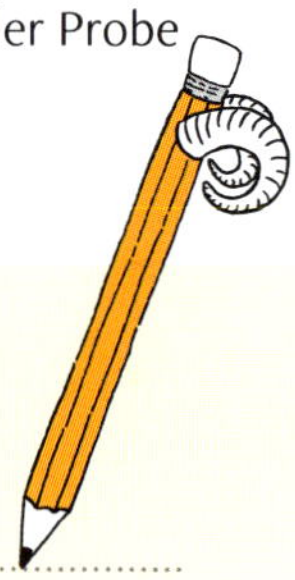

Raum für berechnende Notizen

Wollqualitäten

Unser Wolllieferant, das Schaf, gehört zu den ältesten Haustieren der Menschheit. Heute gibt es, über die Erde verteilt, viele verschiedene Zuchtformen. Ich möchte hier weder einen biologischen noch einen historischen Überblick anbieten. Dafür gibt es wunderbare Literatur für all diejenigen, die sich auf diesem Gebiet weiterbilden möchten. Bedeutsam für mich ist dennoch, dass wir aufgrund der unterschiedlichen geografischen und klimatischen Lebensumwelten der Herden einen Reichtum an Wollqualitäten erhalten können. Die hier in der Folge angesprochenen Wollqualitäten finden Sie bei den meisten Wollhändlern in Österreich, der Schweiz und Deutschland. Im Anhang finden Sie dann auch eine Liste mit Bezugsquellen.

Die getroffene Auswahl ist eher zufällig, denn allein auf den Britischen Inseln unterscheidet man mehr als 100 Ausprägungen dieses Haustieres. Man muss auch noch anmerken, dass nicht alle Schafe wegen ihrer Wolle gezüchtet werden, deshalb ist auch nicht jede Wolle zum Filzen geeignet. Doch es bleiben uns Filzerinnen so viele Variationen, dass wir sehr lange damit experimentieren können.

Zum Einstieg schlage ich vor, folgende Wollqualitäten auf jeden Fall in Ihre Probensammlung aufzunehmen.

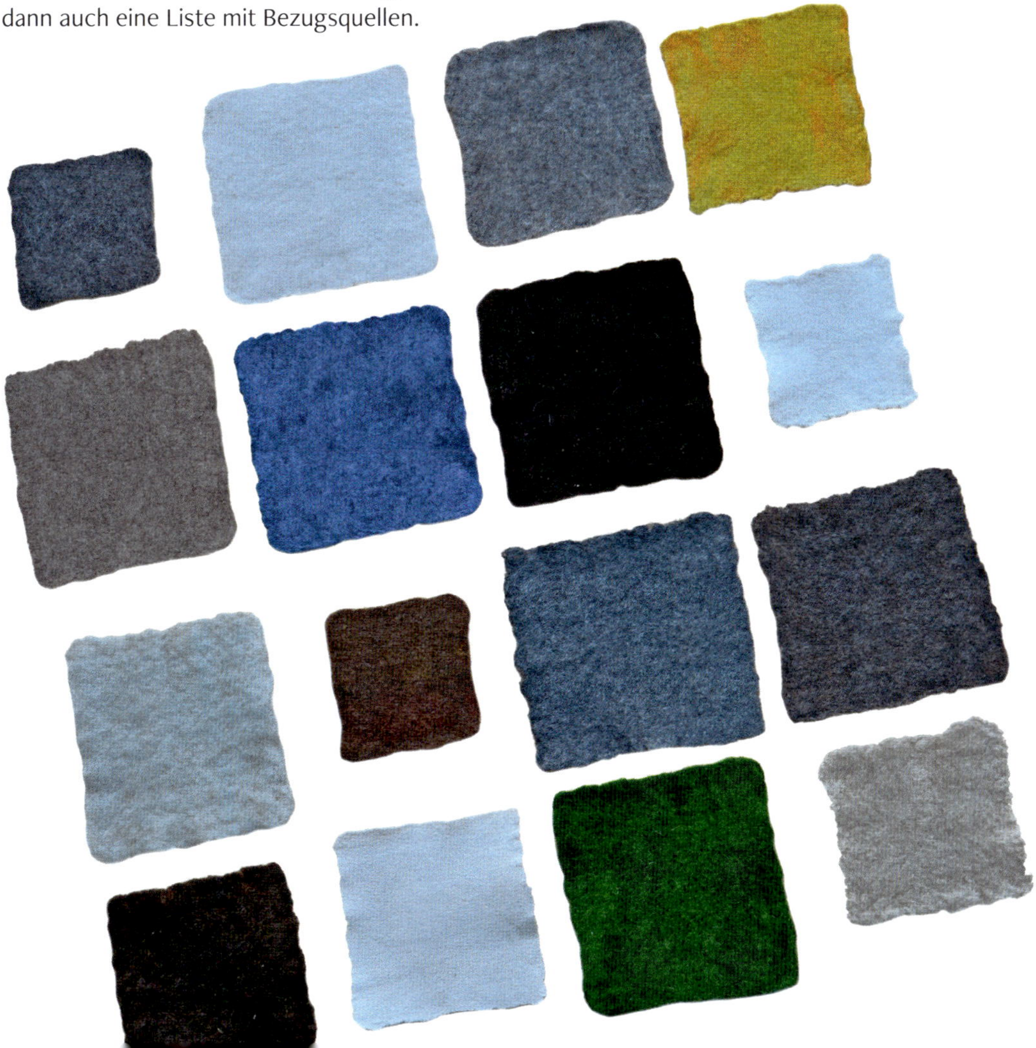

Bergschaf

Die Bergschafwolle gehört zu den gebräuchlicheren Filz-Wollen im Handel. Sie zeichnet sich dadurch aus, dass sie sehr gut filzt und in vielen Naturtönen zu haben ist. Sie braucht eine Weile, bis sich ihre Oberfläche endgültig abschließt, und daher eignet sie sich gut, um Fremdfasern einzufilzen. Die Wolle wird sehr fest, stabil und schrumpft lange weiter.

Hier sieht man zwei Seifenstücke, die mit gefärbter Bergschafwolle eingefilzt wurden. Das kleinere Stück hat sich jetzt ein Jahr gehalten und ist immer weiter mitgeschrumpft. Die kleine Filzhülle hat einen Schrumpffaktor von fast 3,0.

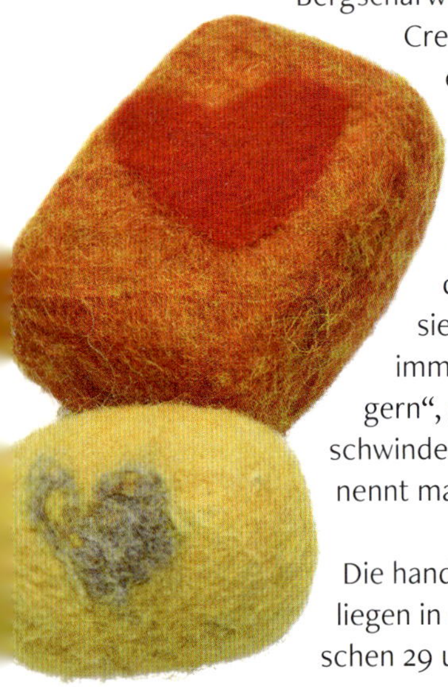

Bergschafwolle ist ungefärbt von Cremeweiß bis Dunkelbraun erhältlich. Außerdem wird sie heute auch gefärbt angeboten. Wenn man einmal gefilzte Proben der Bergschafwolle in die Hand nimmt, dann sieht man sofort, dass sich immer einige Fasern „weigern“, ganz in der Fläche zu verschwinden, diese festeren Fasern nennt man Grannen.

Die handelsüblichen Angebote liegen in der Faserstärke zwischen 29 und 39 mic.

So, genug Theorie! Hier haben wir jeweils 20 Gramm Bergschafwolle, gebleicht, naturfarben und gefärbt.

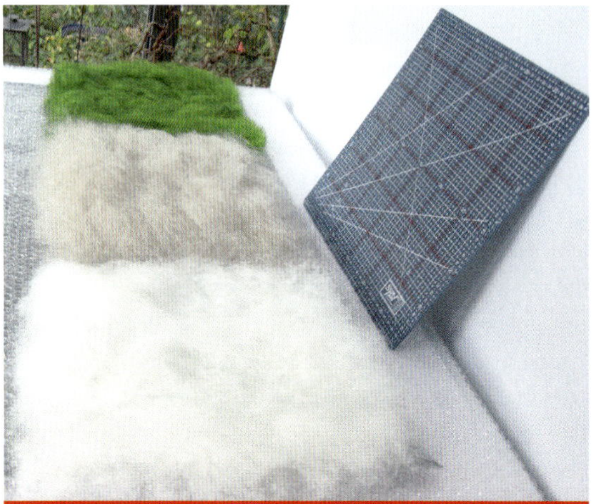

Bergschaf in Variationen

Bergschafwolle filzt schnell und eher unkompliziert. Sie wird bei einem Schrumpf von 1,5 ziemlich hart und fühlt sich rau an – wirkt aber formstabil.

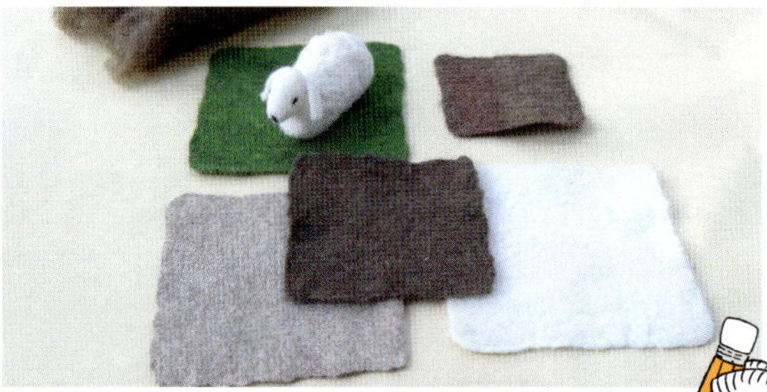

Raum für eigene Erfahrungen und Notizen

Gotland

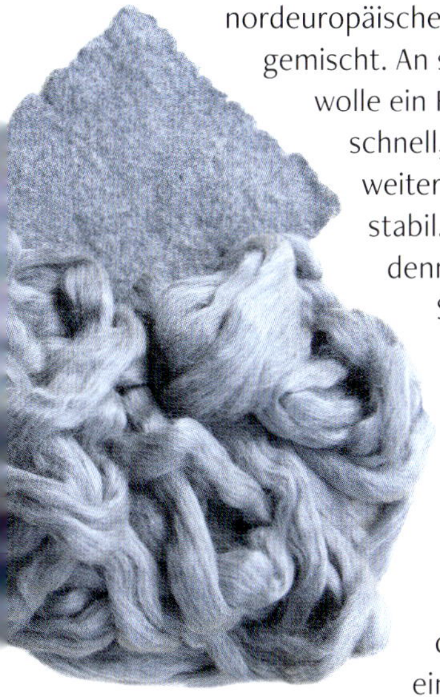

Gotlandwolle stammt vom gleichnamigen Schaf und das wiederum gehört zu den nordischen Rassen. Meine Erfahrungen mit dieser nordeuropäischen Wolle sind eher gemischt. An sich ist die Gotlandwolle ein Filzwunder. Sie greift schnell, schrumpft lange weiter und wird ganz schön stabil. So weit so grau, denn die ausgewachsenen Schafe haben ein graues Wollkleid. Die Wolle vom erwachsenen Schaf hat einen ziemlich hohen Anteil an festen Fasern, so genannten Grannen, die noch lange aus einem fertigen Stück herauswandern.

Gotlandlamm heißt die erste Schur beim etwa einjährigen Tier, sie ist zarter und noch wenig mit Grannen durchsetzt. Alles in allem eignet sich Gotlandwolle sehr gut als Beimischung zu anderen Wollsorten, wenn sie z. B. als Kernwolle beim Aufbau verwendet wird. Ich bin aber überzeugt, dass Liebhaberinnen robusterer Wollsorten auch gerne mit der Gotlandwolle solo experimentieren.

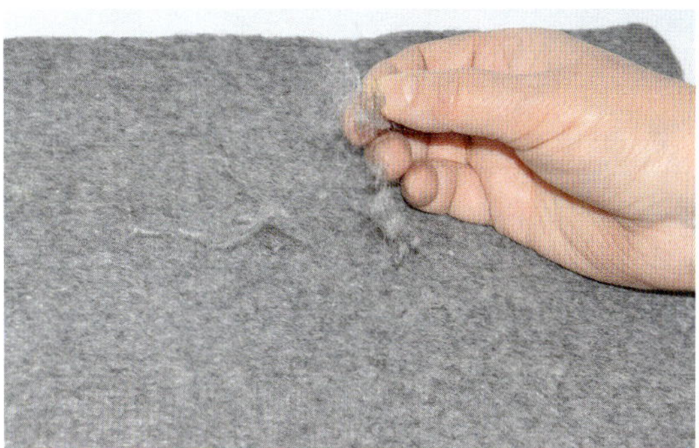

Gotlandfilz mit Granne

Raum für eigene Erfahrungen und Notizen

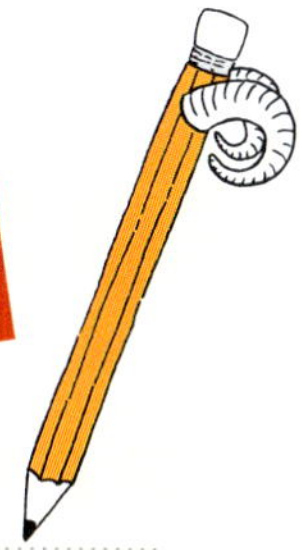

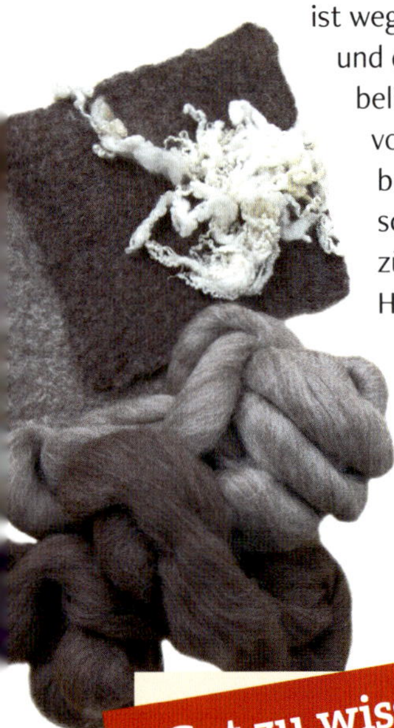

Leicester

Diese Wolle von einem Englischen Langwollschaf ist wegen ihres seidigen Glanzes und der lockigen Struktur sehr beliebt. Man findet Angebote von 24 bis 28 mic. Naturfarbene und gefärbte Locken sowie hochglänzende Kammzüge sind im Handel erhältlich. Hier habe ich zwei Proben mit Leicester-Kammzug angefertigt. Meistens jedoch kaufe ich die Locken, weil sie vielfältig einsetzbar sind und gerne mal als Haarpracht herhalten dürfen.

Gut zu wissen

Ein paar Worte will ich zum Thema „Materialpflege“ am Arbeitsplatz der Filzerin verlieren. Jede Folie, jedes Handtuch und vor allem die teuren Filzmatten sollten seifenfrei und trocken gelagert werden. Empfehlenswert ist auch ein Sicherungssieb im Waschbecken. Filzwasser transportiert auch Wollfasern und die verstopfen gerne die Abflüsse. Also einfach vorsorgen.

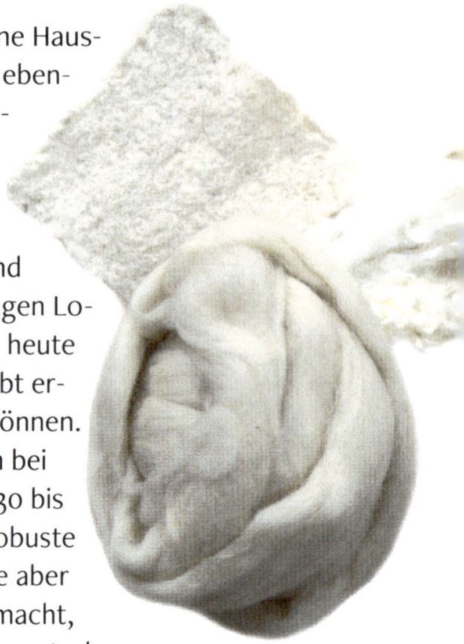

Wensleydale

Diese leider seltene Haustierrasse stammt ebenfalls von den Britischen Inseln und gehört zu den Langwollschafen. Bei Filzerinnen sind besonders die langen Locken begehrt, die heute auch schon gefärbt erworben werden können. Die Fasern stehen bei einer Stärke von 30 bis 36 mic eher für robuste Arbeiten. Ich habe aber die Erfahrung gemacht, dass man mit dieser stark gekräuselten Wolle traumhaft schöne, transparente Filzstücke arbeiten kann.

Lockenstruktur im Filz

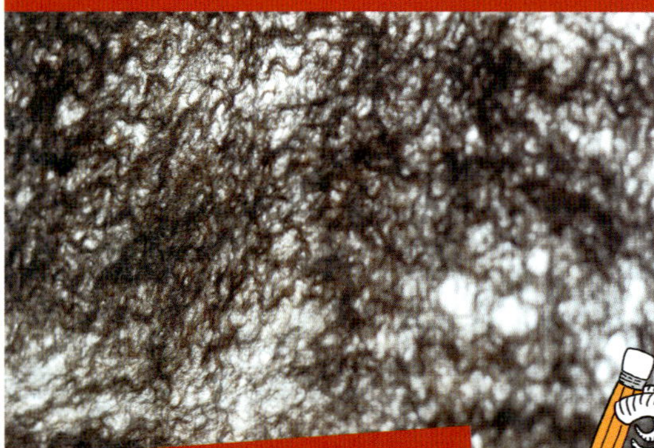

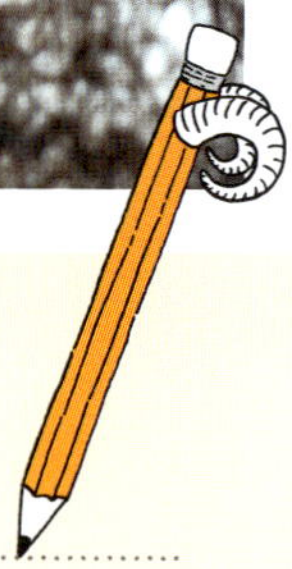

Raum für eigene Erfahrungen und Notizen

Merinowolle

Wenn wir feinere Wolle suchen, dann bietet sich die Wolle vom Merinoschaf geradezu an. Diese Schafe gehören zu den Feinwoll-Schafrassen und sind heute über die ganze Welt verbreitet. Je nach Zuchtgebiet fallen die Fasern dennoch unterschiedlich aus. Der nach wie vor größte Merinowollproduzent ist Australien. Dort wurden die Schafe so hochgezüchtet, dass sich Unter- und Oberhaar im Schurvlies kaum noch unterscheiden und die Wolle deshalb besonders gut für die industrielle Weiterverarbeitung geeignet ist. Von der Babywäsche bis zum Herrenanzug findet man Stücke in Merinowolle.

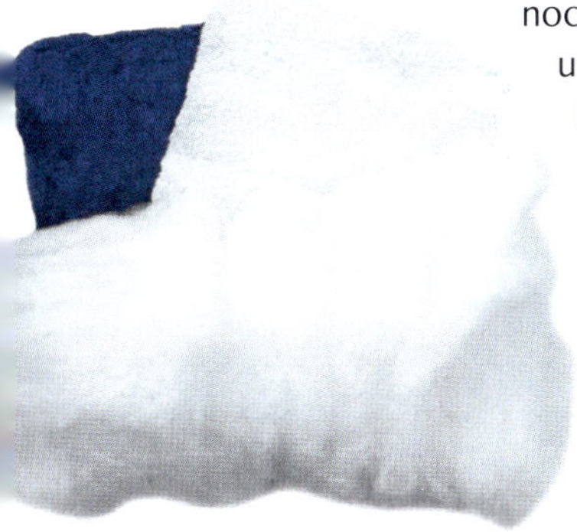

Für uns Filzerinnen ist Merinowolle eine große Bereicherung, denn sie lässt sich sehr gut färben und filzt zügig und gut. Man sollte lediglich darauf achten, dass sie aus tierwohlorientierter Herstellung stammt. Je nach Herkunftsland und Verarbeitungsstand sind Merinowollen aus Australien, Neuseeland und Südafrika in Qualitäten zwischen 19 und 21 mic erhältlich.

Gut zu wissen

Egal wie klein oder groß ein Filzstück ist, wenn wir es im nassen Zustand wenden wollen, müssen wir immer mit zwei Folien arbeiten. Zu Beginn des Filzprozesses ist das Gebilde noch sehr instabil und verzieht sich sofort, wenn wir es nur an zwei Stellen anheben.

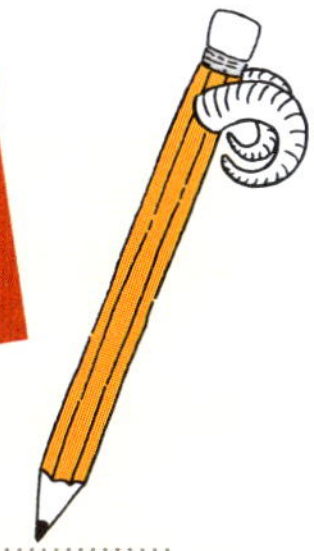

Raum für eigene Erfahrungen und Notizen

Chubut

Diese Fasern stammen aus Chubut. Das ist eine der fünf Provinzen in Patagonien, Argentinien. Das dortige Klima ist eher gemäßigt und es regnet wenig. Deshalb eignet sich das Gebiet sehr für eine feine Merinorasse. Von diesen Schafen erhalten wir seit einigen Jahren auch hier in Europa Kammzugwolle zum Filzen. Die Fasern gibt es aktuell in mehreren Feinheiten von 21 mic, über 18 mic, 16 mic und noch feiner. Chubutwolle eignet sich hervorragend zum Nassfilzen, erzeugt wunderbar zarte Filze und ist auch sehr hautverträglich.

Gut zu wissen

Für weiße Wolle empfiehlt es sich, ein separates Set an Unterlage und Folien bereitzuhalten, damit sich die weiße Wolle nicht ungewollt mit bunten Fasern schmückt.

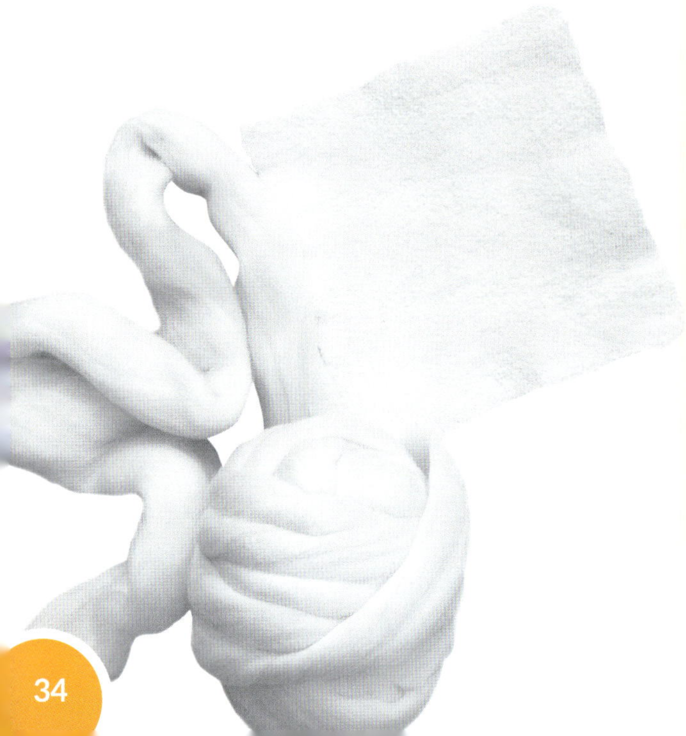

Raum für eigene Erfahrungen und Notizen

Merino-Landschaf

In unseren Breiten ist das Merino-Landschaf ein beliebter Wollproduzent und Landschaftspfleger. Es liefert Wolle mit Faserstärken zwischen 24 und 28 mic. Auch bei diesen eher ursprünglicheren und robusteren Merinoschafen ist die Wolle gleichmäßig und hat keine Grannen. Selbst die stärkeren Wollvliese fühlen sich wattiger an als z. B. die Bergschafwolle.

Die Wolle des Merino-Landschafes filzt mäßig gut und bleibt gleichmäßig fluffig, man muss nur behutsamer arbeiten. Merino-Landschaf ergibt einen sehr dichten, weicheren Filz.

Unsere Proben fühlen sich eher weich und biegsam an. Die Oberfläche ist homogen.

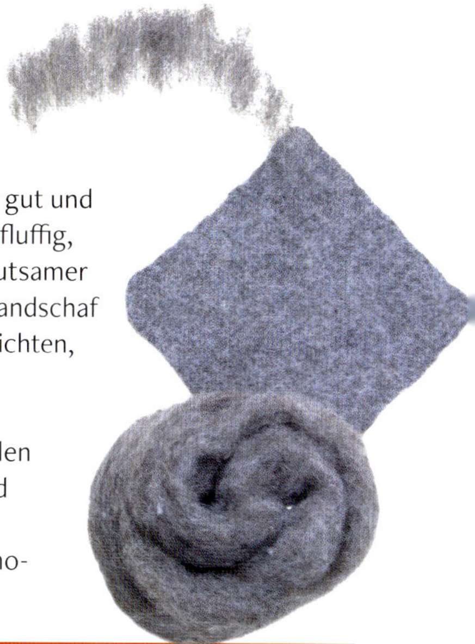

Gut zu wissen

Natürlich kann man auch mit kaltem Wasser filzen. Dennoch wird die Wolle schneller für den Filzprozess geweckt, wenn das Wasser warm oder gar heiß ist. Die Schuppen der einzelnen Fasern stellen sich durch Wärme eher auf und lassen sich so leichter miteinander verfilzen. Daher hilft eine warme Seifenlauge der Filzerin, Kraft zu sparen. Die Lauge kann in einem Einkochapparat gleichmäßig warmgehalten werden, da diese Töpfe in der Regel über einen Thermostat verfügen. Bei kleineren Filzstücken und geringem Wasserverbrauch kann man sich gut mit einem Stövchen behelfen, natürlich mit Kerze.
Wenn ein angefilztes Projekt eine Weile nicht bearbeitet werden kann, sollte es unbedingt vor der Weiterbearbeitung mit warmem Wasser „geweckt“ werden. Kaltes Wasser benutze ich lediglich zum gründlichen Ausspülen und zum abschließenden Essigbad, um eventuelle Seifenreste zu neutralisieren. Essigwasser stellen Sie her, indem Sie ein oder zwei Esslöffel Essigessenz ins letzte Spülwasser geben.

Warmes Wasser erleichtert die Arbeit.

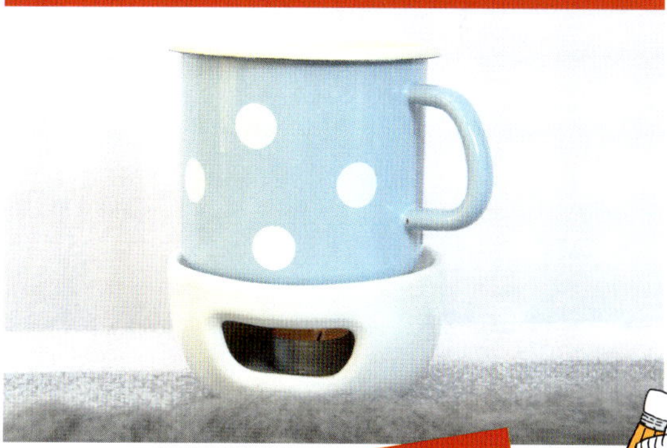

Raum für eigene Erfahrungen und Notizen

....

....

....

....

....

....

....

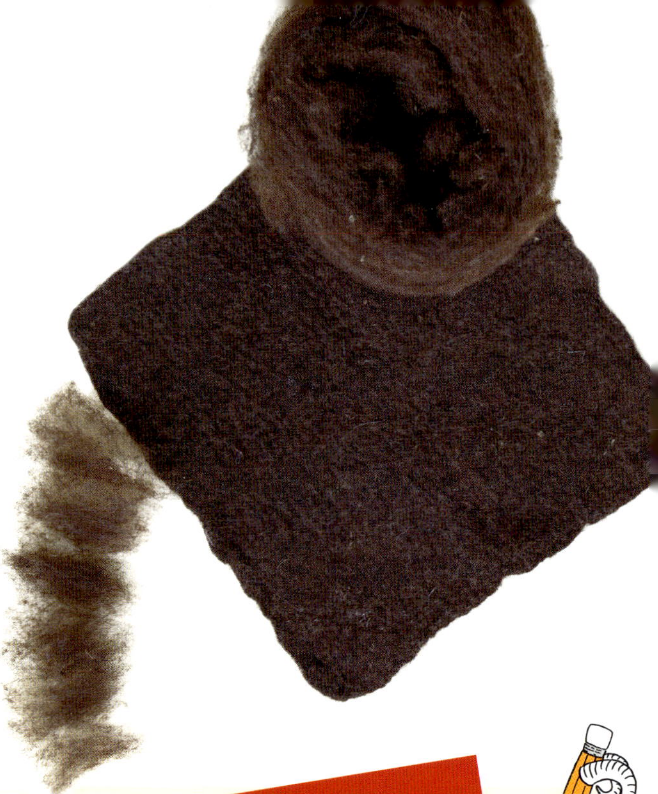

Portugiesische Merinowolle

Die dunkelbraune portugiesische Wolle stammt von einem Merino-Verwandten ab.

Sie eignet sich besonders für kompakte Formen, für gefilzte Tiere und als Trägermaterial für Lockenfilze. Aber auch Flächen, die fest und stabil werden sollen, lassen sich hervorragend mit ihr erarbeiten. Aber Achtung, obwohl sie Merino im Namen trägt, verfügt sie dennoch über Grannenhaare.

Für die Probe hier habe ich 30 Gramm der 22 mic starken Wolle ausgelegt.

Gut zu wissen

Zu viel Wasser, Seife und vor allem Schaum vermitteln der Wolle das Gefühl, sie hätte ein Schaumbad gewonnen. Das führt leider dazu, dass sie nicht mehr mitarbeiten will und Pause machen möchte. Also unbedingt das Seifenwasser mit einem Schwammtuch abnehmen. Wenn nötig, in klarem, warmem Wasser baden. Dann ist sie wieder bereit, am Schrumpfungsprozess teilzunehmen.

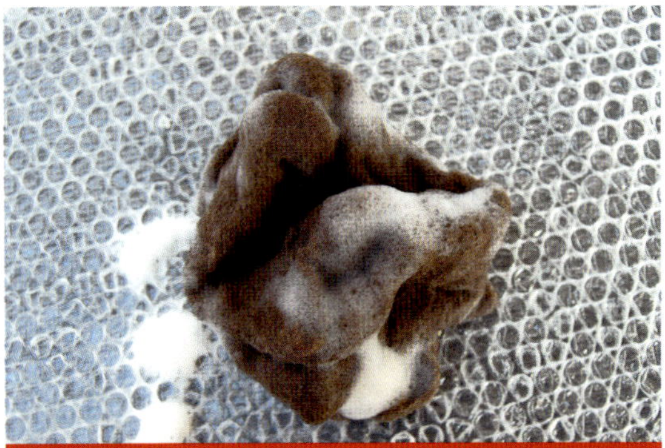

Viel Seife ergibt wenig Schrumpf.

Raum für eigene Erfahrungen und Notizen

Ouessant

Das sind die kleinsten Wollschafe, die man in Europa kennt. Diese Schafe kommen aus Nordfrankreich von der gleichnamigen bretonischen Insel. Im Handel ist sie noch nicht so sehr verbreitet. Die Wolle ist robust und filzt stabil, sie eignet sich aber auch wunderbar für so genannte Filzfelle. Dabei übernimmt man die Rohwolle so, wie sie vom Schaf geschoren wurde. Man legt auf die Schnittseite der meist noch zusammenhängenden Wollpartien gut filzende Vlieswolle auf, z. B. Bergschafwolle, und filzt nun die Schnittenden der frischen Schur in die Vlieswolle ein. So entsteht ein „Fell", für das kein Schaf sein Leben lassen musste.

Die meisten Ouessants sind schwarz, aber es finden sich auch weiße und braune in der Zuchtlinie. Es gibt immer mehr Züchterinnen, die sich für diese relativ unkomplizierte Rasse begeistern können.

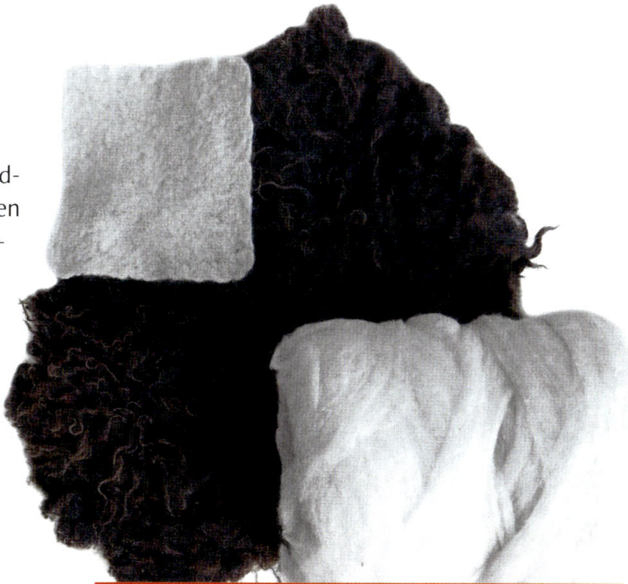

Ouessant als Karde, als Vlies und als Probe

Gut zu wissen

Wenn sich beim Anfilzen oder später beim Walken dünne Stellen oder gar Löcher zu erkennen geben, dann unbedingt erst einmal innehalten. Taucht dieser Unbill zu einem frühen Zeitpunkt auf, kann man nachträglich Wolle auflegen. Dabei erst die neue Wolle behutsam in die angefilzte Fläche einarbeiten und, wie begonnen, weiter walken. Entdecken wir eine solche Stelle erst, wenn bereits fester gefilzt worden ist, dann muss der gefilzte Randbereich aufgeraut werden, am besten mit einer kleinen Drahtbürste. Erst dann kann neue Wolle aufgelegt und eingearbeitet werden.

Raum für eigene Erfahrungen und Notizen

Durch Dick und Dünn

Flächen

Durch die Probenarbeit haben Sie jetzt schon eine Menge Erfahrung mit dem Legen und Filzen von Flächen. Deshalb will ich hier nur noch ein paar Tipps aufschreiben, die Ihnen im Filzprozess Unterstützung leisten.

Da wäre zunächst die Kennzeichnung der berechneten Auslegefläche, damit wir beim Wollelegen nicht aus der Spur kommen. Wenn das Stück und damit auch die zu belegende Fläche berechnet sind, dann kleben wir uns die Ränder auf der Arbeitsplatte mit Malerkrepp ab. So haben wir eine gut sichtbare Arbeitshilfe beim Verteilen der Wolle. Darauf wird die durchsichtige Noppenfolie gelegt und wir beginnen mit dem gleichmäßigen Belegen der abgegrenzten Fläche.

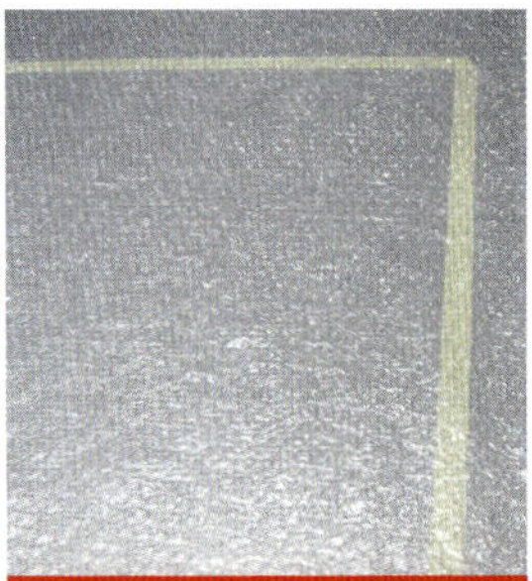
Gut vorbereitet mit Malerkrepp und Folie

Damit wir beim Weiterarbeiten nicht zu früh das Werkstück von der Filzfläche heben müssen, sollte die Folie unbedingt länger und breiter sein, als das Auslegemaß. Eine zweite Folie hilft oft beim Wenden des Werkstücks. Nasse, frisch geseifte Wolle ist weniger stabil als ein Mürbeteig vor dem Besuch im Kühlschrank. Also beim Wenden immer zwei Folien nutzen.

Wolle ist grundsätzlich wasserabweisend, die Schafe danken es ihr. Das hat für uns den Nachteil, dass Wasser gerne auf den Fasern tanzt und perlt. Bei kleineren Flächen lässt sich nach dem Besprühen mit Wasser eine Gaze auflegen und darüber wird die Seife ausgestrichen. Die so entstehende Seifenlauge verhilft dann dem Wasser zum Durchbruch, verdrängt die Luft zwischen den Fasern und die Lauge kann sich gleichmäßig verteilen.

Bei größeren Flächen empfiehlt es sich, das Sprühwasser schon vorher als Lauge anzumischen. Hierzu verwendet man Neutralseife, man kann auch andere Seifen mit einer Reibe ins warme Wasser einrühren.

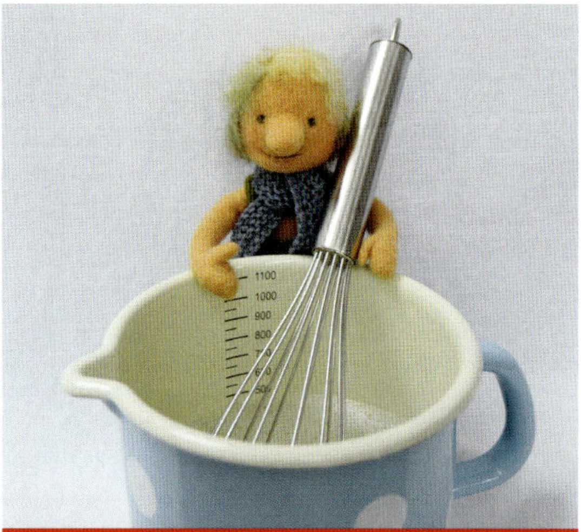
Seifenlauge – nicht geschüttelt, aber gerührt

Danach drücke ich die Luft dann mit Hilfe der Noppenfolie aus der Wolle.

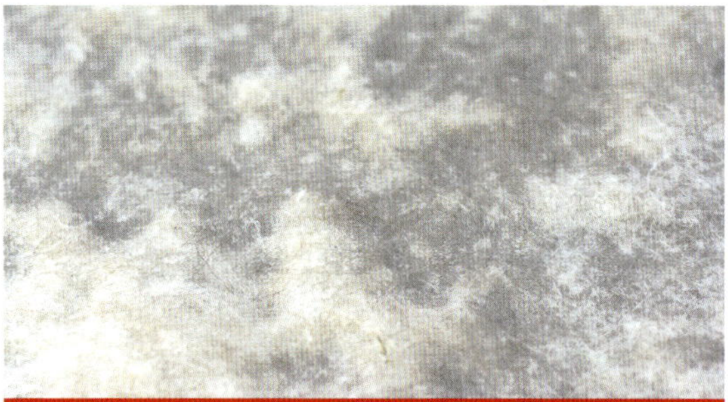
Seifenlauge vertreibt Luftblasen.

Gut zu wissen

Gegen Motten und andere Wollinteressierte hilft natürlich Chemie. Wer das nicht so besonders schätzt, sollte einige Tricks kennen. Befallene Wolle kann entweder in Kunststofftüten Urlaub im Tiefkühler machen. Diese Kälte tötet die bereits geschlüpften Vielfraße. Wolle, die für 2 Stunden in einer Keramikschüssel bei ca. 80 °C im Backofen verbracht hat, ist garantiert mitbewohnerfrei. Ach ja, lagern Sie Ihre Wolle nicht unbedingt in dunklen Ecken, in denen sich nichts tut. Bewegung, Luft und Licht sind ganz natürliche Feinde unserer Wollfeinde. Und ein Fliegengitter wirkt wahre Wunder.

Ecken und Kanten

Eine grundlegende Erkenntnis meiner Filzschulzeit war, dass Filze gerade Ränder haben können und nicht zipfeln müssen. Um gerade, glatte Kanten oder Ränder einer Filzfläche zu erreichen, gibt es, wie so oft im Filzhandwerk, mindestens zwei Wege.

Grundvoraussetzung für beide Lösungen ist eine saubere Legetechnik an den Rändern. Wenn ich Flocken zupfe, dann haben wir immer eine Halte- und eine Zugseite. Die Halteseite ist meist gerader als die Zugseite. Deshalb macht es Sinn, die Halteseite an den Rändern auszulegen.

Wenn die Größe des Werkstücks meiner Kraft und Geduld entspricht, dann beginne ich mit dem Anfilzen vom Rand her nach innen – und zwar rundum. Mit sanften Bewegungen und einem gleichmäßigen Strich fange ich die Fasern ein und entwickle so eine Kante, die minimal dicker ist als der Rest des Werksstücks und sich durch einen noppigen Charakter auszeichnet.

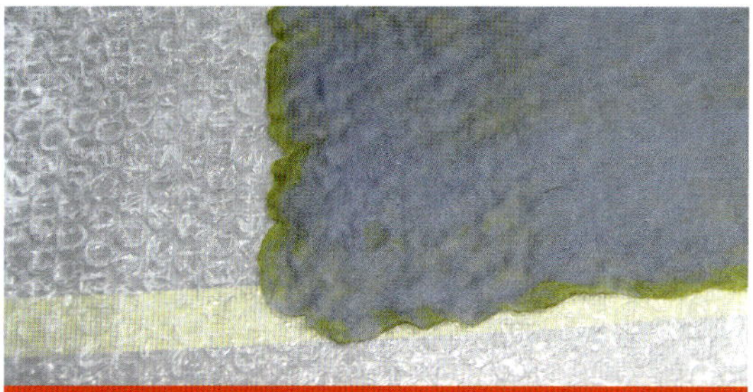

Ecken immer abrunden, Schneiden ist erlaubt.

Ecken in der Fläche leicht abrunden, bevor man das eigentliche Filzen beginnt – sonst streben die Ecken schnell in die Ferne und es würden Zipfel entstehen.

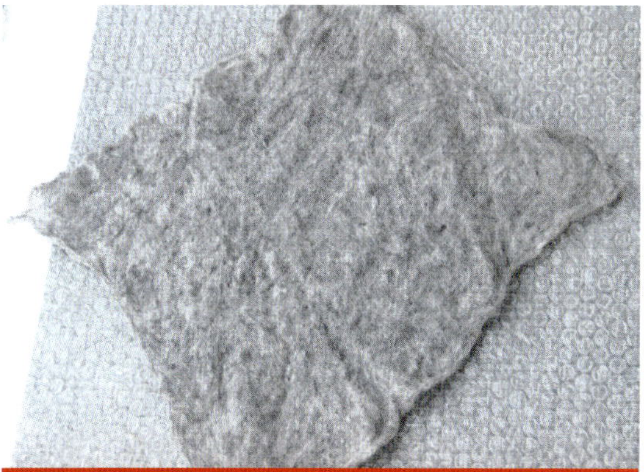

So nicht – Zipfelsorgen

Dem begegnen wir, falls es denn vorkommt, indem wir von der Zipfelecke her weiterarbeiten!

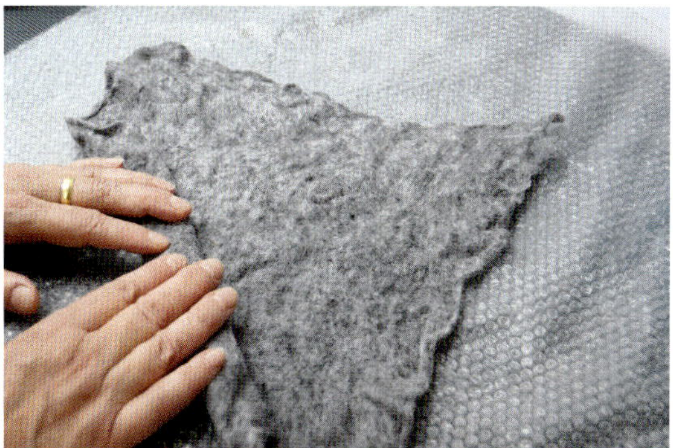

Zurück aus der Ecke Rollen hilft.

Eine weitere Möglichkeit einen gleichmäßigen Rand zu bekommen, besteht darin, die überstehenden Fasern umzuschlagen. Dazu nutze ich ein Folienlineal in Form von einem Stück gerade abgeschnittene Trittschallfolie. Noppenfolie wäre nicht so gut geeignet, da sie zu scharfkantig ist.

Die Schritte dafür sehen folgendermaßen aus:

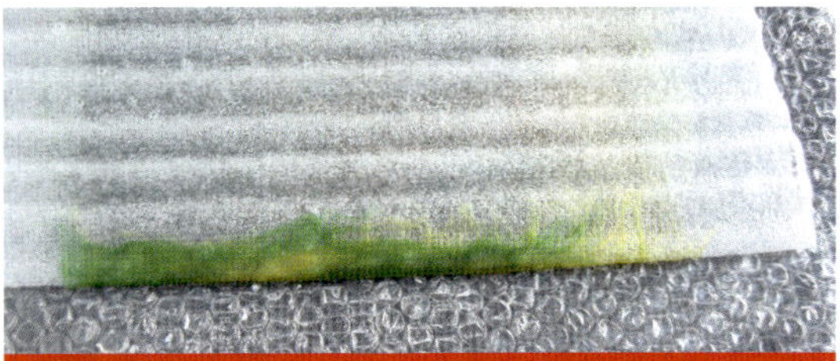

Folienlineal anlegen und Rand umschlagen.

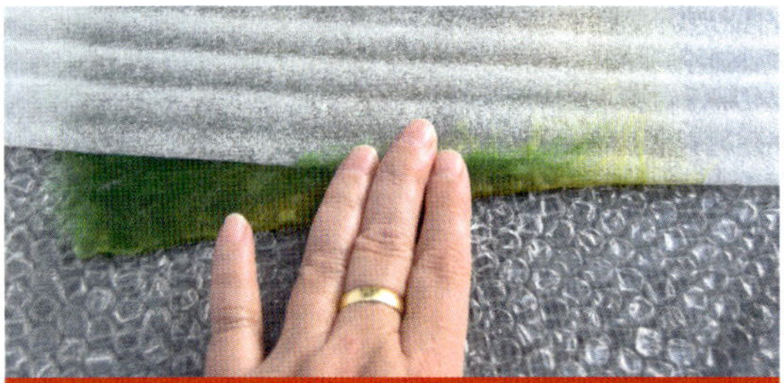

Folienlineal behutsam abziehen.

Folie entfernen und die nächste Kante bearbeiten.

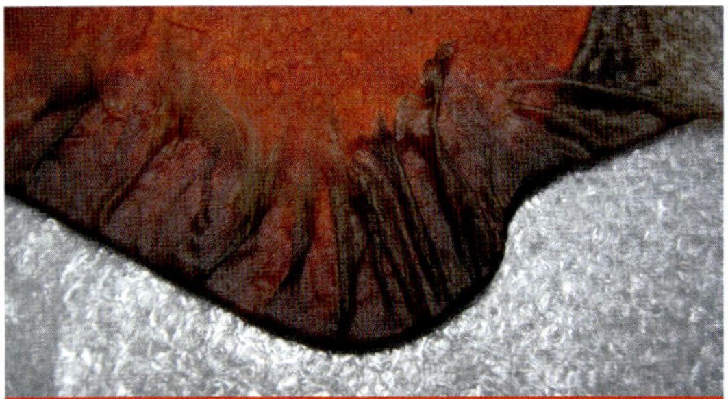

In den Ecken die Wolle raffen, nicht falten.

Die Ecken hier nicht wie Papier übereinanderfalten, sondern gleichmäßig rund in Falten legen.

Lang und schmal

Bei langen, schmalen Stücken ist zu beachten, dass die Längsseite des Filzstücks in der Regel weniger schnell schrumpft als die breite Seite. Wie wäre es, wenn Sie sich an Ihr erstes größeres Stück wagen?

Solch ein Tischläufer ist ein gutes Objekt, um den oben beschriebenen Effekt zu erleben und gleichzeitig einen guten Gebrauchsfilz in Händen zu halten.

Tischläufer

Für diesen Tischläufer brauchen wir 100 Gramm Merinowolle, ca. 19 bis 21 mic. Ich habe hier 50 Gramm grüne und 50 Gramm graue Merinowolle auf einer Fläche von 156 mal 52 cm ausgelegt. Grau liegt längs dachziegelartig, Grün in der Breite.

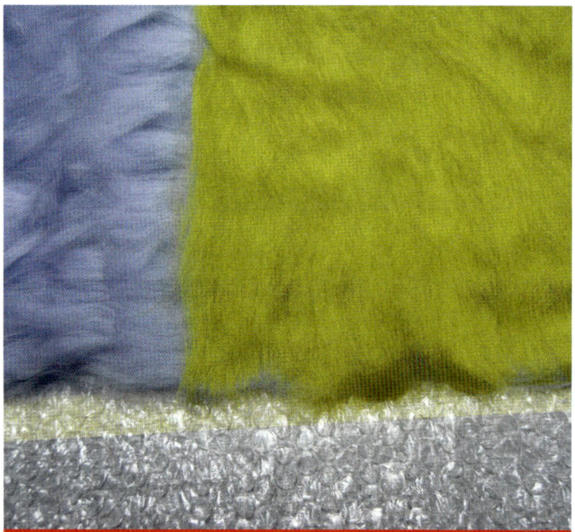

Auslegebild Tischläufer

Außerdem habe ich in der gleichen Qualität aus unterschiedlichen Farben ein Kreismotiv aufgelegt.

Solche Muster brauchen beim Anfilzen besonderen Schutz, weshalb ich auch hier immer erst auf der Noppenfolie anreibe. Dann wende ich das gute Stück und filze von „links“ die Ränder an (siehe Kapitel „Anfilzen und mehr“, S. 24 f.).

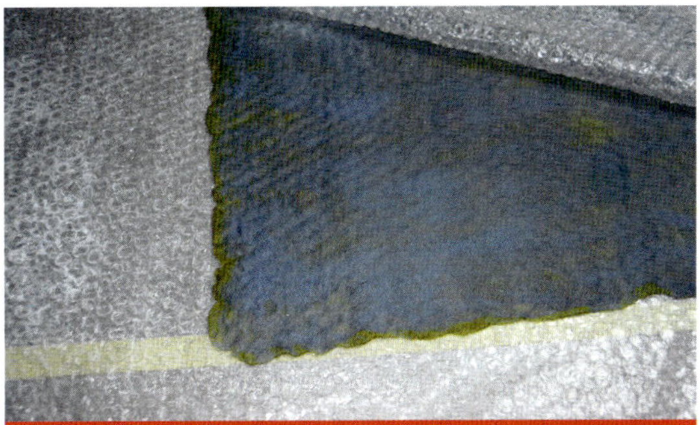

Von der Rückseite her arbeiten – das schont die Musterung.

Für den nächsten Schritt erst wieder wenden, Noppenfolie mit Noppen auf das Filzstück auflegen und über einen Walkkern von der Breitseite her aufrollen. Ganz behutsam 50-mal rollen.

Aufwickeln und von der anderen Breitseite aufrollen, wieder 50-mal rollen, etwas mehr Druck. Diesen Vorgang mehrmals wiederholen, zwischendurch unbedingt das Werkstück in Form ziehen und nachmessen. Wir streben ein Fertigmaß von 120 cm Länge und 40 cm Breite an, das ergibt einen SF von 1,3.

Es ist anzunehmen, dass die Breite mitschrumpft, sodass wir kaum längs rollen müssen. Wenn dies notwendig sein sollte, faltet man das Stück am besten einmal über die Mitte, damit es sich kontrollierter aufrollen lässt.

Gut zu wissen

Wenn sich auf einer gefilzten Oberfläche kleine Wollkügelchen, so genannte Pillings, bilden, greifen wir zum Einwegrasierer oder zum Fusselrasierer. Bitte auf keinen Fall die Wollansammlungen abzupfen, da wir sonst sofort die Keimzelle für das nächste Pilling aus der Oberfläche ziehen.

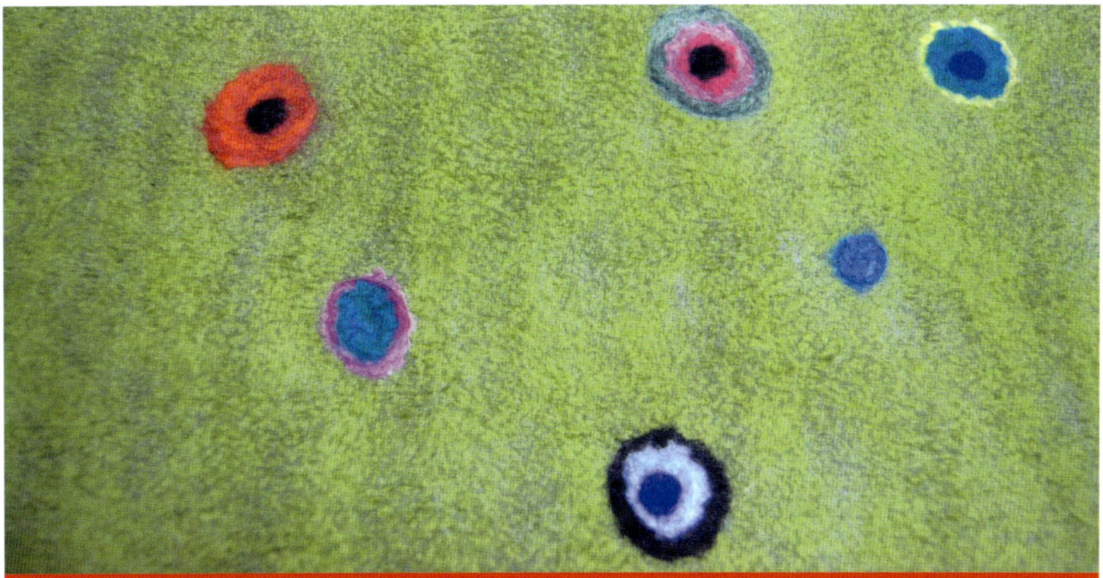

Sorgfältig gelegte Kammzug-Kreise bringen Farbe auf den Tisch.

Platzdeckchen

40 mal 30 cm Fertigmaß, SF 1,3. Wir benötigen also eine Fläche von 52 mal 39 cm. Bei den Platzdeckchen rate ich zu mehr Wolle pro Quadratzentimeter. Deshalb gestalten wir die Platzdeckchen mit 60 Gramm Wolle. Das Muster ist aus Kammzugstücken entstanden. Dazu habe ich jedes Bündel in Seifenlauge getaucht, damit sich dieses Strichbild zeichnen lässt. Viel Spaß beim Experimentieren!

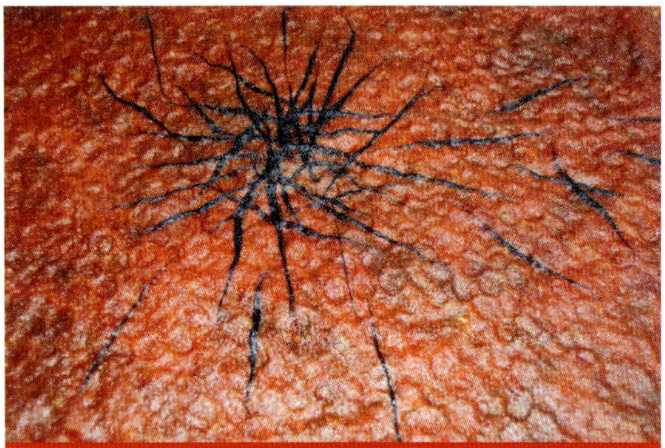

Kammzug-Strähnchen, nass aufgelegt

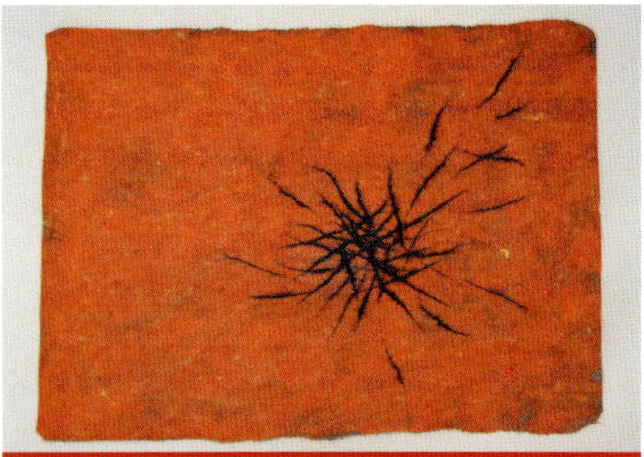

Auf die Plätze, fertig, deckt!

Grundsätzlich könnte man auch mit 240 Gramm Wolle eine Fläche von 160 mal 52 cm belegen, bemustern, filzen und am Ende des Filzprozesses vier gleich große Deckchen zurechtschneiden. Dann nur noch die Kanten nachfilzen und fertig!

Raum für bedeckende Notizen

Muster – mal gelegt, mal genadelt

Auf den Läufer habe ich ein erstes Muster mit einfachsten Mitteln aufgebracht, indem ich mit Kammzugsträhnen Kreise gelegt habe. Generell sind Muster ein wichtiger Bestandteil der Gestaltung, aber leider nicht ganz ohne Risiken. Muster schrumpfen mit, Farben durchdringen sich und können sogar verschwimmen, sich nicht gut mit der Grundwolle verbinden und manchmal sogar schlicht abfärben. Bei der Planung eines gemusterten Filzstücks sind deshalb ein paar Grundregeln zu beachten.

Hellerer oder gar weißer Untergrund macht die Farben eher milchig.

Für dieses Deckchen habe ich 80 Gramm weiße Merinowolle im Vlies (21 mic) auf einer Fläche von 55 mal 55 cm ausgelegt und gewässert. Nachdem die Ränder sehr behutsam in Form gebracht und minimal angefilzt worden waren, habe ich mit Hilfe eines Mehrfarbenkammzugs das Muster aufgelegt. Der dreifarbige Kammzug ist in eine Richtung komplett ausgebreitet und gelegt worden. Dann habe ich einen Kammzug nach Farben wieder getrennt und diese quer aufgebracht. Nun wurden erst die überstehenden Enden der Kammzüge bearbeitet, um sie getrennt zu halten. Der Kreis im Muster wurde mit Vlieswolle kreiert, dazu kamen dann noch die schwarzen Kammzugstreifen. Dann erst wurde alles angefilzt und später gerollt. Das Fertigmaß beträgt 38 mal 36 cm in der weißen Fläche.

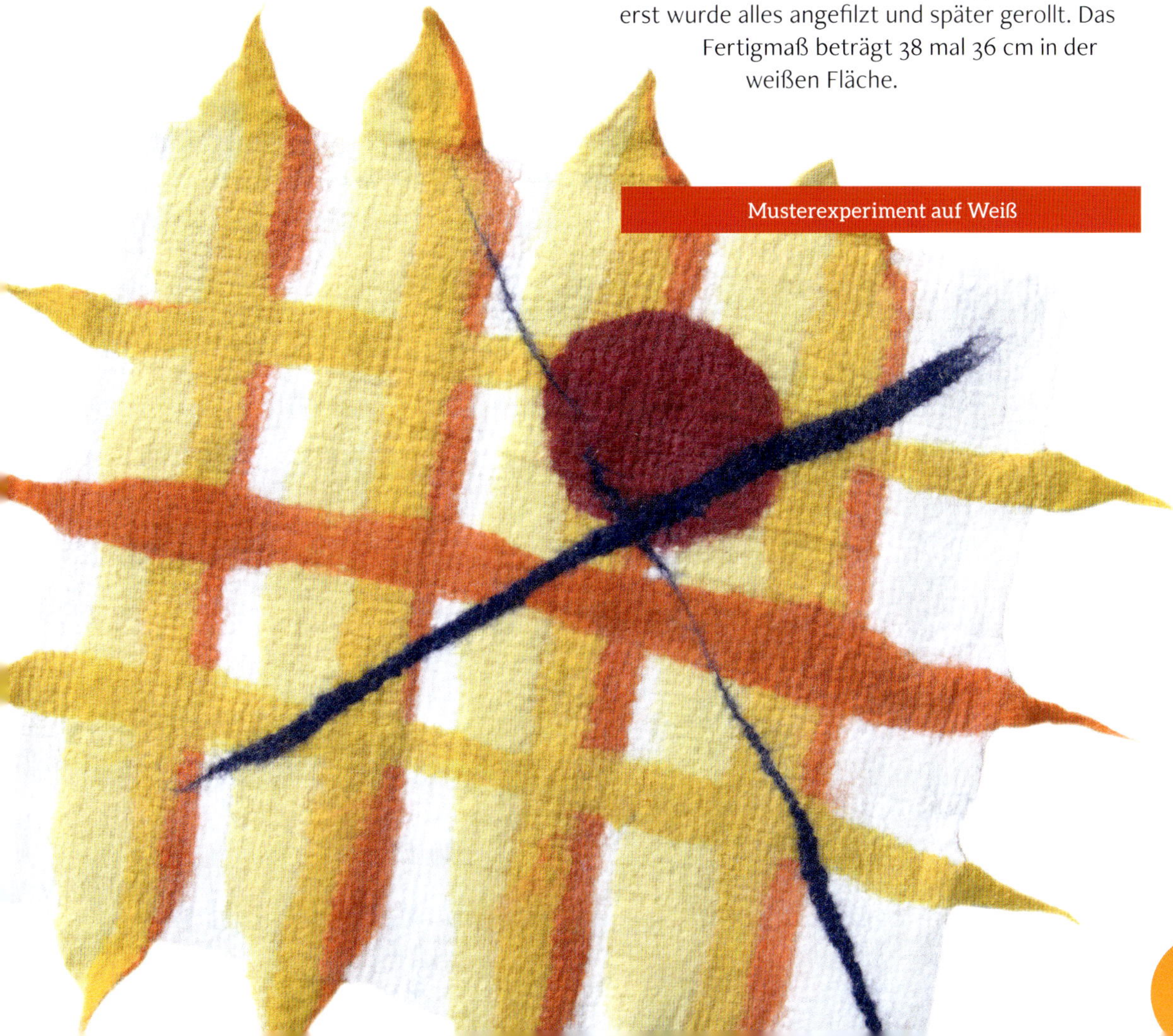

Musterexperiment auf Weiß

Konturen lassen sich mit schwarzen Grenzlinien betonen

Die Abstände zwischen den Bildelementen sollten nach dem angestrebten SF geplant werden. Die Motive oder Muster könnten sonst ineinanderrutschen.

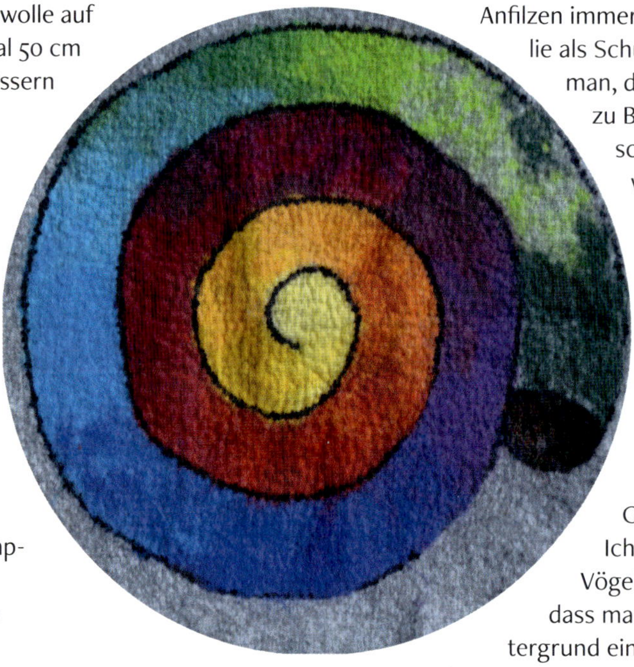

Für dieses Schneckenhaus wurden 60 Gramm graue Vlieswolle auf einer Fläche von 50 mal 50 cm verteilt. Nach dem Wässern und Seifen wurde mit einem schwarzen Wollgarn die Schneckenform vorgelegt und mit den farbigen Vlieswollen ausgefüllt. Die südafrikanische Vlieswolle hat ungefähr 20 mic. Ich habe hier mit dem Farbverlauf gearbeitet und die Farben zum Teil überlappen lassen, um die Übergänge weicher zu gestalten.

Diese leichte Musterplatte ist auf 35 cm Seitenlänge heruntergeschrumpft worden und kann z. B. zu einem Kissen weiterverarbeitet werden. Hierzu filze ich ein unifarbenes Gegenstück und nähe die Flächen rechts auf rechts zusammen. Wenden, über ein Kissen ziehen und eventuell zunähen.

Anfilzen immer mit einer Noppenfolie als Schutzlage, so verhindert man, dass sich das Motiv zu Beginn der Arbeit verschiebt. Auch sollten wir mit dem Rollen warten, bis die Zupfprobe negativ bleibt.

Feinere Motive lassen sich mit Hilfe der Filznadeltechnik gut vorbereiten und dann auf die Grundwolle auflegen. Ich habe hier einmal ein Vögelchen vorbereitet, dass man dann in einen Hintergrund einarbeiten kann. Dazu benötigen Sie Filznadeln von mittlerer und feiner Stärke und eine Schaumstoffunterlage. Ich mache immer wieder die Erfahrung, dass Vlieswolle für das Nadelfilzen besser geeignet ist als Kammzugwolle. Das Arbeiten mit der Filznadel „verdichtet und verknotet“ die Wollfasern miteinander. Es ist also ein anderer Prozess als das Nass-

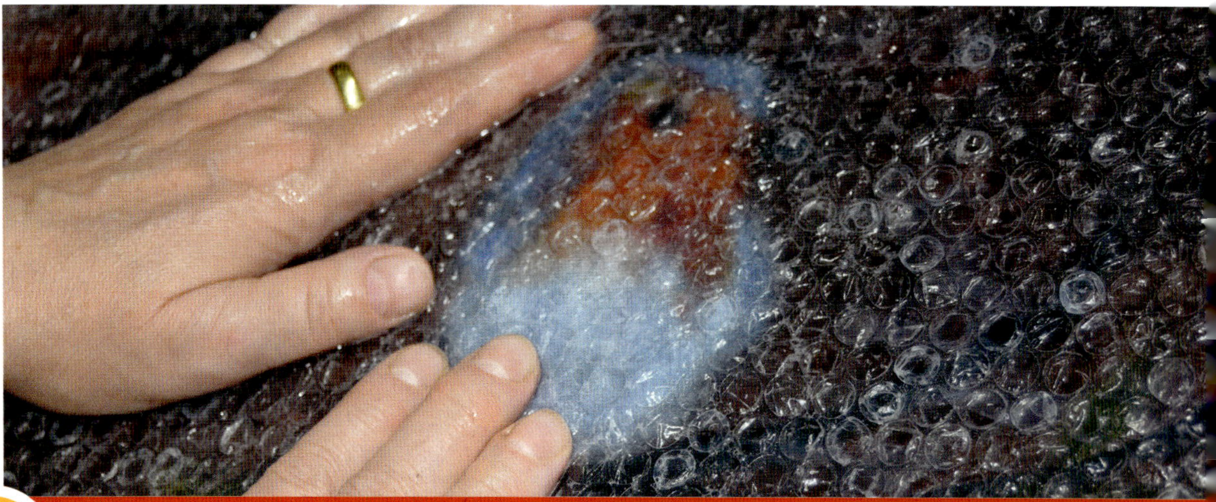

filzen. Da er sich jederzeit wieder auflösen lässt, eignet er sich hervorragend für die Ausgestaltung von Motiven.

Beginnen Sie mit kleinen Mengen, die äußeren Konturen anzudeuten, und füllen dann nach und nach den Innenraum mit den entsprechenden Farben auf. Immer wieder mit der Filznadel durch die Wolle in die Schaumstoffunterlage stechen, um das Motiv zu sichern. Wenn alles zu Ihrer Zufriedenheit ausgestaltet ist, wird das Motiv vorsichtig von der Unterlage abgehoben. Bitte langsam und Stück für Stück arbeiten, denn einige Fasern halten sich gerne an der Unterlage fest.

Wenn ein solches vorgenadeltes Motiv in eine Filzarbeit integriert werden soll, helfen kleine Holzstäbchen oder ein Spatel, um die Konturen zu glätten und passend zu schieben.

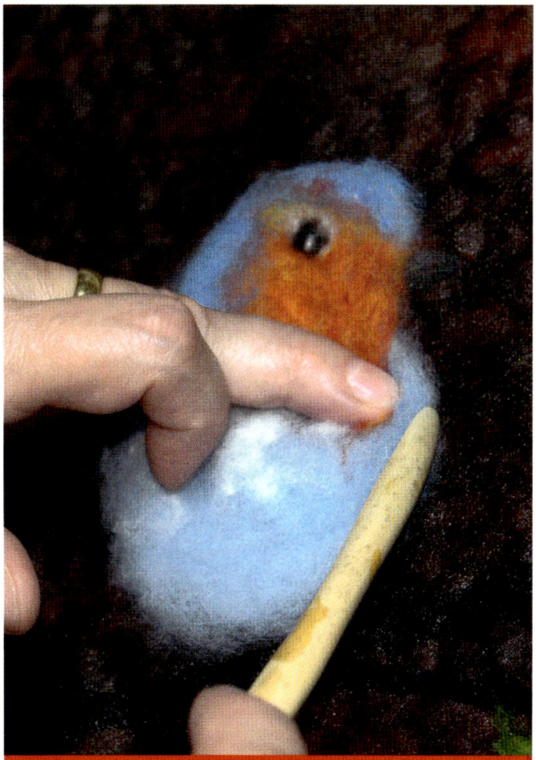

Behutsam die Kanten des Motivs versorgen.

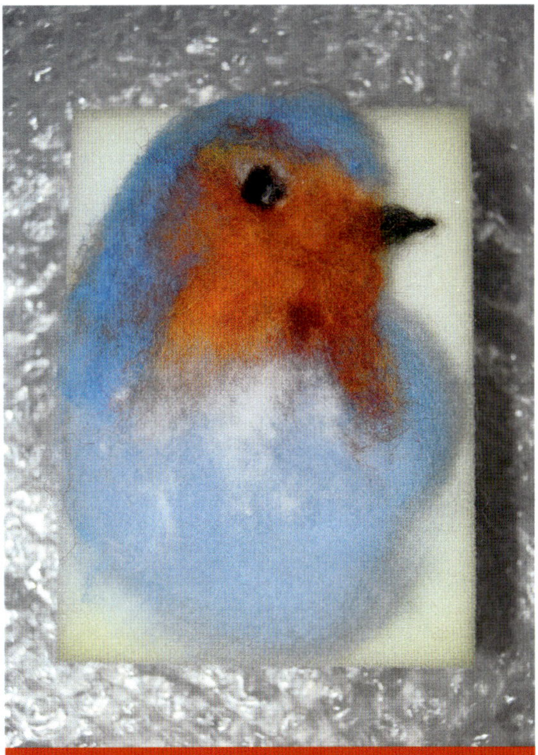

Nadelgefilztes Motiv bereit zur Übersiedlung

Gut zu wissen

Wenn Sie am Ende des Filzprozesses angekommen sind, spülen Sie die Arbeit immer gut aus. Gönnen Sie vor allem dickeren Filzen ein Bad in Essigwasser. Das macht aber nur Sinn, wenn die Wolle dort eine Zeit verweilen darf. Um die Lauge zu neutralisieren, braucht es, je nach Dichte des Filzes, doch zwei bis drei Stunden. Nach dem Trocknen darf gebügelt werden, aber bitte mit Dampf oder einem Zwischentuch. Es gab schon Momente, wo ein Bügeleisen die Arbeit von drei Stunden „hitzelächelnd“ ruiniert hat.

Raum für mustergültige Notizen

Fertig gefilzt, sieht das Vögelchen dann so aus:

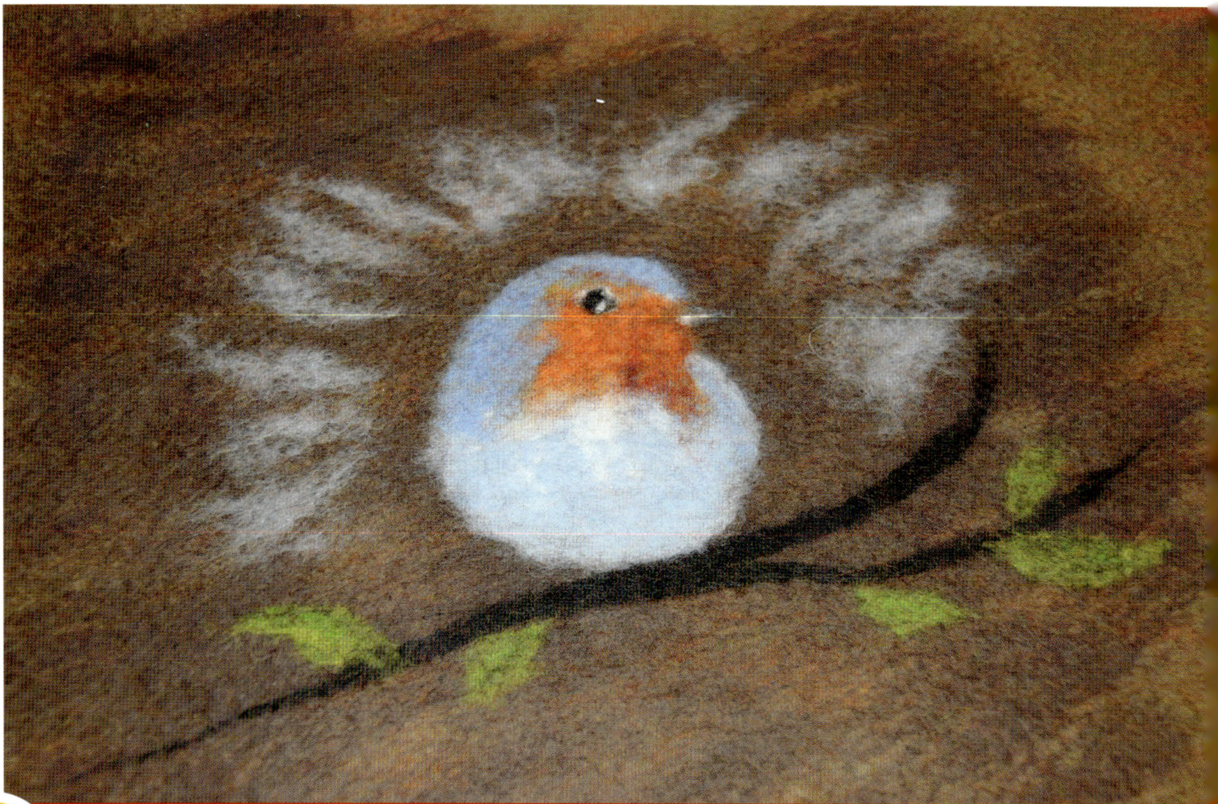

Ein Rotkehlchen zum Verlieben

Filzen mit der Schere

Um noch mehr Spielraum zu bekommen, was die Bemusterung der Arbeiten angeht, darf ruhig mal zur Schere gegriffen werden. „Filzwolle darf auf keinen Fall geschnitten werden, denn dann filzt sie nicht mehr!“ Diesen Satz habe ich mir jahrelang zu Herzen genommen, denn die Dame, die mir diese Worte mit auf meinen Filzweg gab, war eine Handarbeitslehrerin und musste es ja wissen.

Heute weiß ich, dass es auch anders geht. Eigentlich ist es ja auch logisch. Wenn geschnittene Wolle nicht mehr filzen würde, dann würde sie ja gar nie filzen, denn Wolle kommt vom Schaf und wird dem Schaf „abrasiert“. Es heißt ja auch Schafschur! Und ich habe nachgeschaut im Wörterbuch. Schur kommt von scheren und das bedeutet schneiden. Und somit kann eine scharfe Schere oder eine andere scharfe Klinge ein ganz wunderbares Werkzeug für die Filzerin sein!

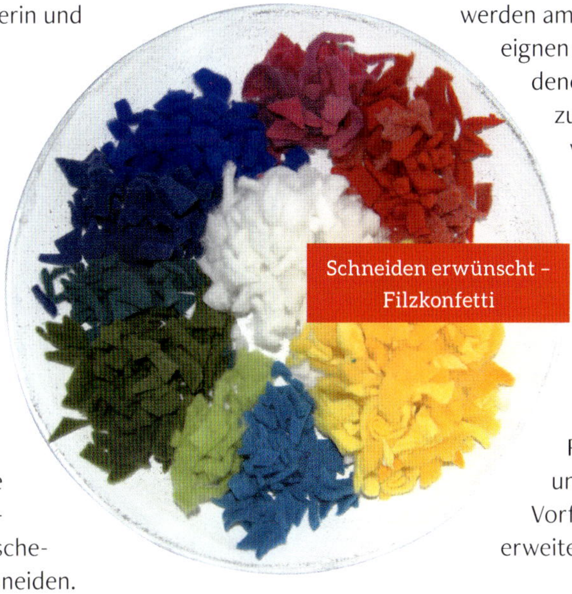

Schneiden erwünscht – Filzkonfetti

Ich kann Kanten schneiden und nachfilzen. Später werden wir ganze Hohlkörper aufschneiden. Und ich kann Wollfasern klitzeklein schneiden, um zum Beispiel Falten (in der Filzarbeit) aufzufüllen oder Muster zu legen, die mit den langen Fasern nicht gut zu handhaben wären.

Arbeiten mit Nadelvliesen und eigenen Vorfilzen

Wenn wir schon dabei sind, mit der Schere zu arbeiten, dann schauen wir doch auf ein Spezialmaterial, das uns viele Gestaltungsmöglichkeiten schenkt und kaum Grenzen kennt. Die Rede ist von Nadelvliesen, die bereits in vielen Farben im Handel zur Verfügung stehen. Nadelvliese oder Vorfilze, wie sie manchmal bezeichnet werden, sind in aller Regel aus feinen Merinofasern maschinell zu Flächen genadelt worden und werden am Meter verkauft. Sie eignen sich für viele verschiedene Techniken, da sie gut zuzuschneiden sind und vor allem gleichmäßige Flächen ermöglichen. Hier sollen sie nun in kleinste Stücke geschnitten werden. Die Schnipsel zu schneiden, macht etwas Arbeit, die sich aber lohnt. Sie können so Reststücke verarbeiten und natürlich mit eigenen Vorfilzen die Farbpalette erweitern.

Aus diesen Schnipseln lassen sich wunderbare Bilder entwickeln, sie können Akzente setzen und Lücken füllen.

Muster können im Filz auf vielfältige Art entstehen. Wie wir bereits erprobt haben, kann man eine Fläche mit Farbverläufen bemustern, mit Wollflocken und Farben spielen, ich kann Motive vorher nadeln und dann auf der zu

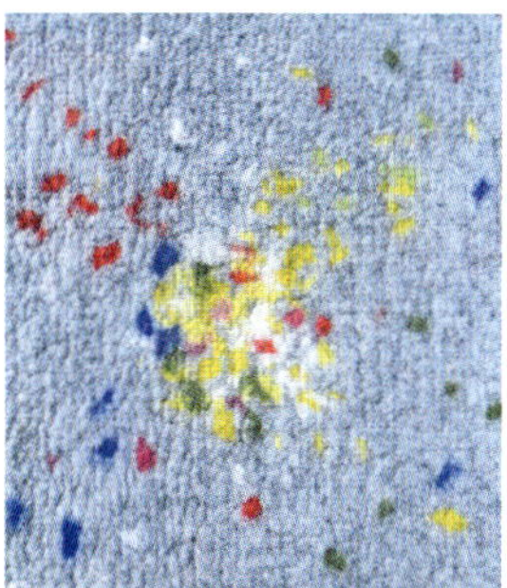

Konfetti auf Grau

filzenden Arbeit platzieren. Eine weitere Technik erlaubt klarer abgegrenzte Motive und exakte geometrische Formen. Wenn ich aus Vorfilzen oder zugekauften Nadelvliesen Motive ausschneide, kann ich diese auf die ausgelegten Wollen auflegen und mit einfilzen.

Ich habe hier einen Filz vorbereitet mit SF 1,1 und, ihn gut geseift, trocknen lassen. Dann habe ich aus diesem Filz eine symbolisierte Rose ausgeschnitten und auf die vorbereitete Fläche montiert.

Das fertig gefilzte Probestück sieht dann so aus:

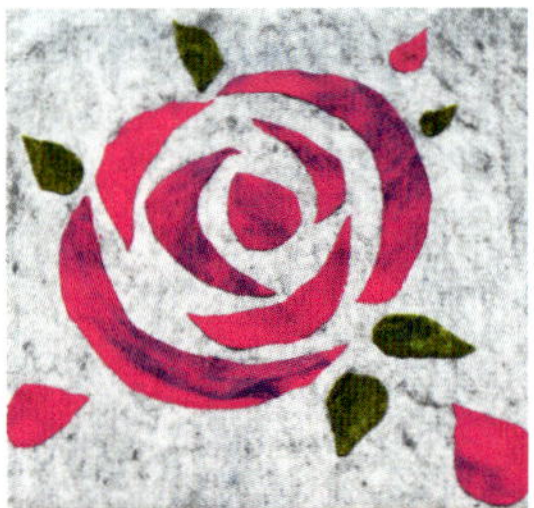

Rose vor ...

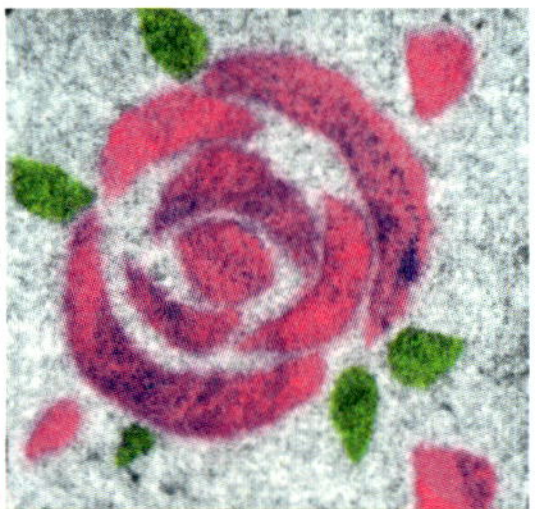

... und nach dem Schrumpf

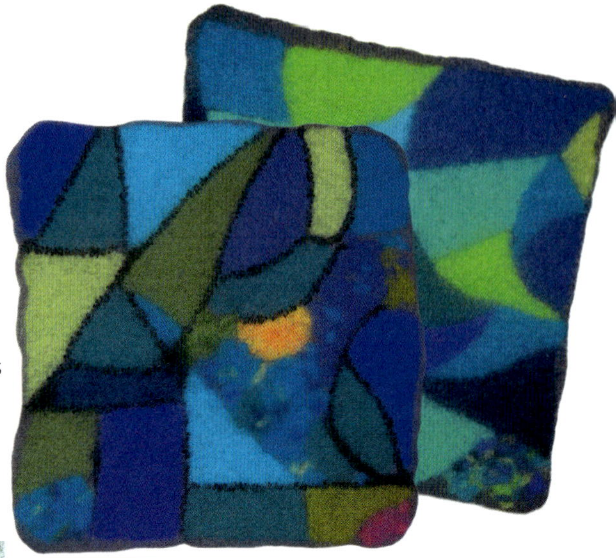

Vorfilzexperimente mit Schwarzmalerei

Zwei weitere Proben zeigen das Arbeiten mit geometrischen Formen aus gekauftem Nadelvlies, einmal mit und einmal ohne schwarze Umrandung der Flächen. So wird, glaube ich, der gestalterische Effekt besonders sichtbar. Und hier kamen auch wieder die Konfettischnipsel zum Einsatz.

Raum für einschneidende Notizen

....

....

....

....

....

....

....

....

....

....

Sitzkissen „einfach“ mehrfach

Nun nehmen wir uns ein klassisches Sitzkissen vor. Sitzkissen können als Stuhlauflage im Wohnbereich ihren Dienst tun, auf einer Ofenbank zum Verweilen einladen oder als Wanderkissen im Rucksack Platz finden.

Unser erstes Sitzkissen ist ganz klassisch rechteckig. In der Regel braucht man für eine genormte Sitzfläche 35 bis 40 cm Seitenlänge. Ich habe mich hier für 40 cm Seitenlänge entschieden.

Dazu benötigen wir mindestens 200 Gramm Wolle, die wir auf einer Fläche von 50 mal 50 cm auslegen. Pro Quadratzentimeter ergibt das 0,08 Gramm Wolle. Auch dieser Vorgang braucht Aufmerksamkeit.

Wer mehrere Stücke, z. B. als Serie, filzen möchte, der kann sich eine Halteform vorbereiten, das macht auf alle Fälle das Auslegen leichter. Mein Mann hat mir hier aus einfachen Holzleisten und Winkeleisen einen quadratischen Rahmen von 50 mal 50 cm hergestellt, damit man nicht jedes Mal von vorne abmessen muss.

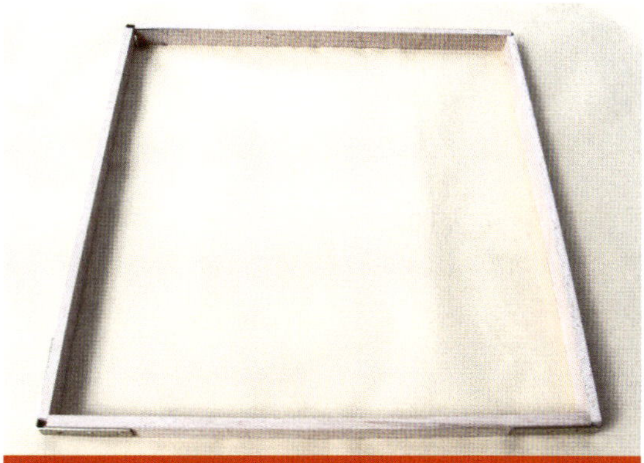

Hilfsmittel machen das Leben leichter.

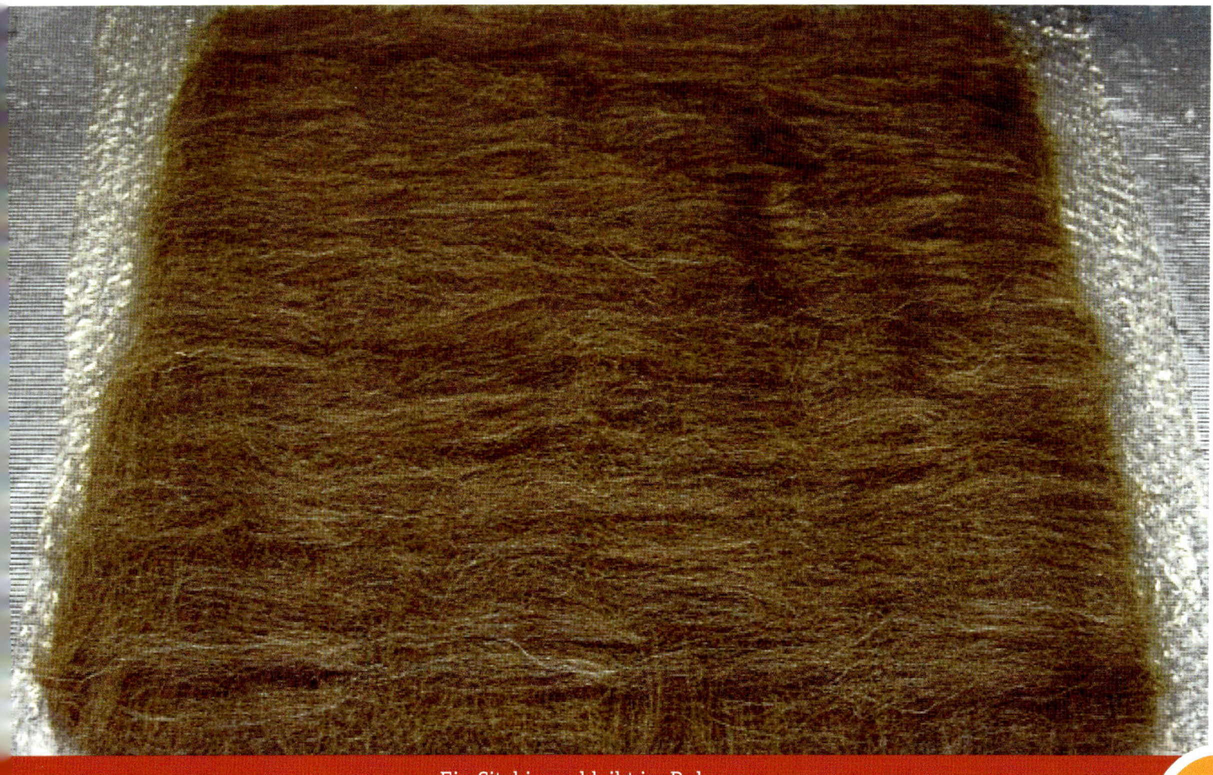

Ein Sitzkissen bleibt im Rahmen.

Gut zu wissen

Bei Serien, egal welcher Art, empfiehlt es sich, vor Beginn der Filzarbeit Skizzen anzufertigen. Ich kann so die Bemusterung und die notwendigen Vorfilze besser planen und vorbereiten.

Sitzkissen für alle Fälle und Räume

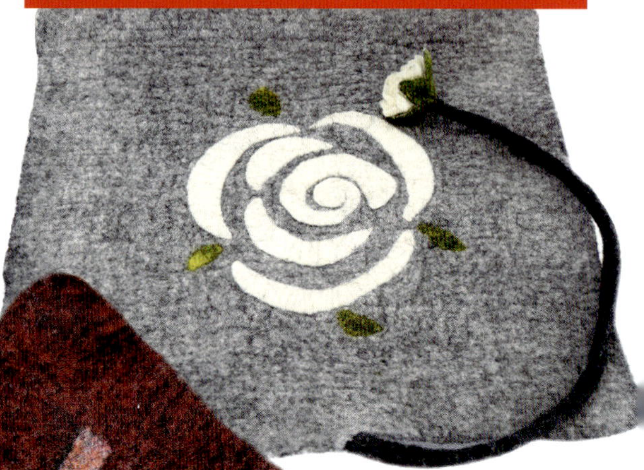

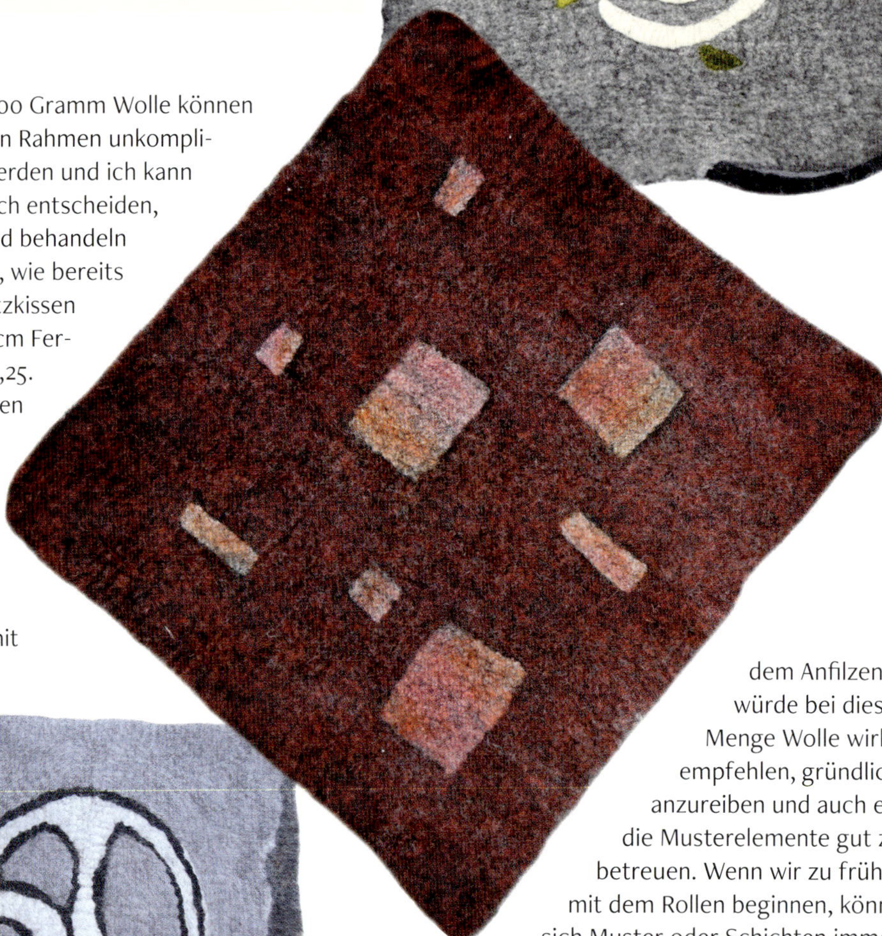

Die verteilten 200 Gramm Wolle können in einem solchen Rahmen unkompliziert genässt werden und ich kann dann immer noch entscheiden, wie ich den Rand behandeln will. Das Ziel ist, wie bereits erwähnt, ein Sitzkissen von 40 mal 40 cm Fertigmaß mit SF 1,25. Nach dem Nässen legen wir die vorgesehenen Musterelemente auf und beginnen, wie gewohnt, mit dem Anfilzen. Ich würde bei dieser Menge Wolle wirklich empfehlen, gründlich anzureiben und auch erst die Musterelemente gut zu betreuen. Wenn wir zu früh mit dem Rollen beginnen, können sich Muster oder Schichten immer noch verschieben. Man kann an diesem Sitzkissen gut erkennen, was passiert ist. Zu früh gerollt und dadurch hat sich die Rückseite nach vorne verschoben, also besser so nicht!

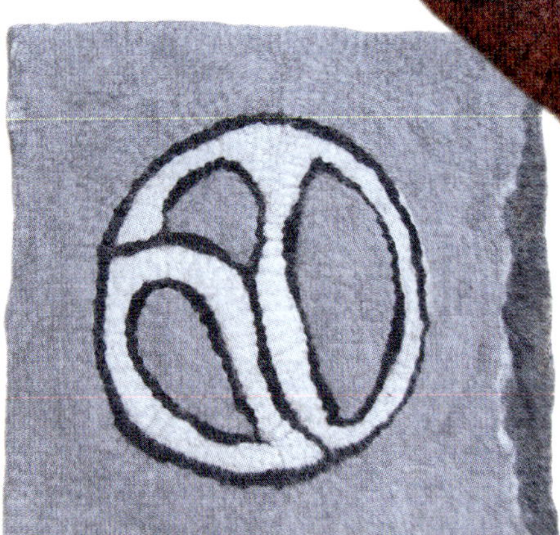

So nicht – wenn die Unterseite nach oben wandert

Um hier anzukommen, braucht es einfach etwas Geduld und Ausdauer in den Armen.

Projekt Sitzbank
Für eine Sitzbank soll eine Auflage entstehen. Das Fertigmaß beträgt 136 mal 40 cm. Wenn wir die oben bei den Sitzkissen genutzten Einheiten zugrunde legen, erreichen wir ein Auslegemaß von 170 mal 50 cm. Das wiederum ergibt einen Wollbedarf von 680 Gramm. Hier sind 500 Gramm graues Bergschaf im Vlies als Grundwolle gelegt worden. Dann folgten 180 Gramm Merinokammzug, multicolor, einseitig im Fischgrätmuster. Ich habe auch hier nur längs gerollt und die Breite schrumpfte schneller, als mir lieb war. Viel Spaß beim Befilzen der eigenen Sitzgelegenheit!

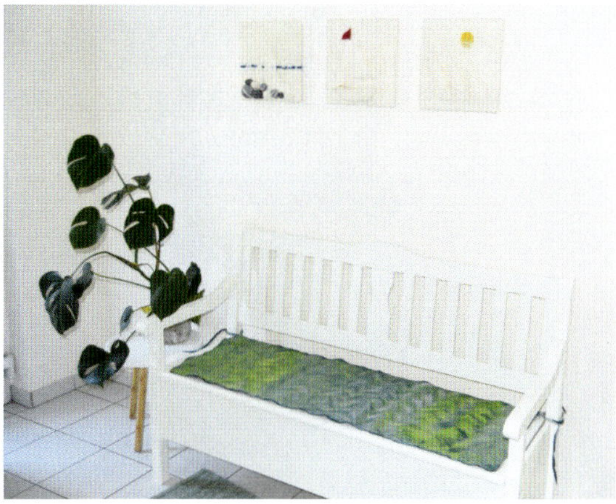

Raum für sesshafte Notizen

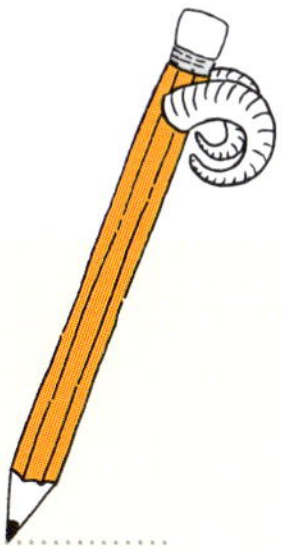

Mischen und verwandeln

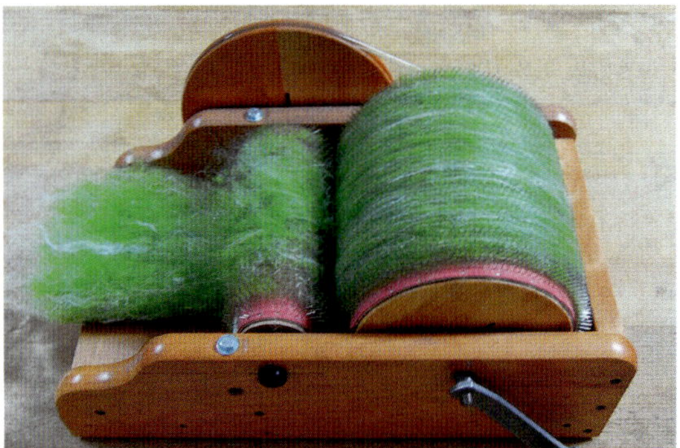

Wollmischung in der Kardiermaschine

Es wird Zeit, mit Ihnen „Mischungen" zu erkunden. Mischungen von Wolle mit Wolle, Wolle mit anderen Fasern und Wolle mit Stoffen.

Mischfasern oder Mischgewebe entstanden aus dem Wunsch, Eigenschaften einzelner textiler Rohstoffe so zu kombinieren, dass sich die Eigenschaften des Endprodukts verwandeln. Man hat Seidenfasern zur Wolle gemischt, um mehr Glanz zu erzielen und den Griff geschmeidiger zu gestalten. Baumwolle und Leinen wurden im Gewebe gemischt. Die stabilen Leinengarne bildeten den Schussfaden auf dem Webstuhl, der Baumwollfaden den Kettfaden. So entstand das so genannte Halbleinen, das stabiler als Baumwolle und preiswerter als reines Leinen war. Auch die negativen Trageeigenschaften der synthetischen Fasern kann man durch Beimischung von Naturfasern positiv beeinflussen, genauso können ungünstige Pflegeeigenschaften von Naturfasern durch Kunstfaserbeimischungen verringert werden.

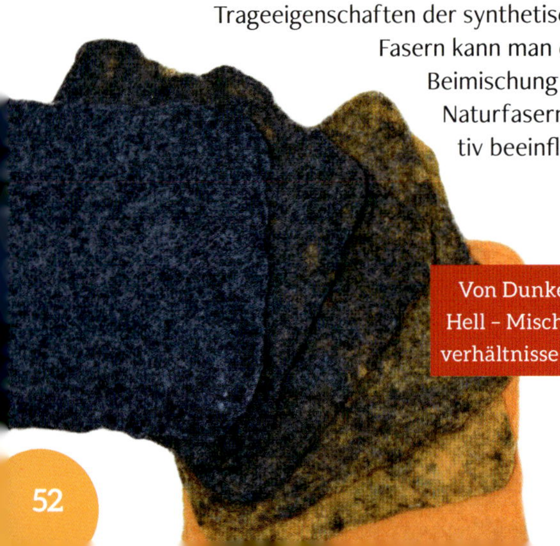

Von Dunkel bis Hell – Mischungsverhältnisse gefilzt

Für jedes Filzstück wünscht man sich bestimmte Eigenschaften. Eine Tasche sollte zuerst einmal stabil, fest und strapazierfähig sein. Bei einer Filzweste achte ich eher auf Leichtigkeit und Geschmeidigkeit. So stellt also jede Filzarbeit an das Material und den Handwerker andere Anforderungen. Mit der Zeit zeigten sich mehrere gangbare Wege, Wolle untereinander oder Wolle mit anderen Fasern zu kombinieren bzw. sie zu mischen und so das gewünschte Ergebnis zu erzielen. Man kann das Oberflächenbild beeinflussen, die Filzeigenschaften verbessern und auf die Stabilität oder die Griffigkeit einwirken und nicht zuletzt auch eigene Farben herstellen.

Dann beginnen wir doch mit **Farbmischungen.**

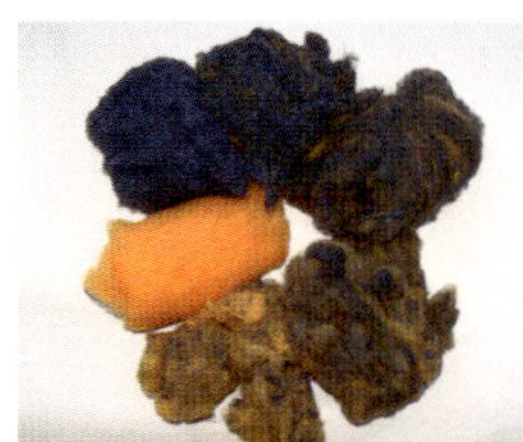

Mischungsverhältnisse kardiert – von Hell bis Dunkel

Die hier vorgestellten Farbmischungen sind immer 10 Gramm schwer. Begonnen habe ich mit Orange pur. Dann habe ich 2 Gramm Grau und 8 Gramm Orange miteinander vermischt.

Man muss keine Kardiermaschine haben, um Farben zu mischen. Eine Handkarde reicht bei kleinen Mengen ebenso aus.

Die Mischungen sind dann 4 zu 6, 6 zu 4 und 2 zu 8 bis zum Grau pur.

Mit dieser Technik erweitert man die persönliche Farbpalette ungemein.

Gut zu wissen

Das Farbkardieren eignet sich hervorragend, um Wollreste aus derselben Farbfamilie zu verarbeiten. So vermeiden wir Ausschuss und entwickeln lebendige Farbmischungen, die für Landschaften und Bilder bestens geeignet sind.

Weitere Möglichkeiten, mit Fremdfasern zu arbeiten, sind das Belegen, um das Oberflächenbild nach den eigenen Vorstellungen zu beeinflussen, oder das Schichten, um die Eigenschaften des Produktes von innen heraus zu verändern. Man kann mit Seidenfasern, Leinenfasern, Bambusfasern, Wollgarnen, verschiedenen Stoffe, aber auch mit anderen Wollsorten arbeiten. Das heißt, dass man das Werkstück vorbereitet, die gewünschte Wollsorte auslegt, nässt und zum guten Schluss das Oberflächenmaterial aufbringt oder zwischen zwei Lagen Wolle das gewünschte Material einarbeitet. Alle diese Techniken führen zu einem veränderten Schrumpfverhalten. Das sollte man bedenken und gut testen, bevor man größere Stücke erarbeitet.

Nun gibt es Werkstücke, bei denen ich unbedingt genau berechnen will, wie die Wolle zu verteilen ist. Bei Werkstücken, die über eine Schablone gefilzt werden, arbeite ich ungern mit Schichten unterschiedlicher Wollen. Es kann nämlich durchaus geschehen, dass sich eine Schicht feine Merinowolle nicht gut mit einer Schicht Süddeutscher Merinowolle verbindet und so habe ich dann zwei Kugeln, statt einer. Oder eine scheinbar stabilisierende Schicht Bambusfasern verhindert eine gute Verbindung. So bliebe nur, sich auf eine Wollsorte zu beschränken. Das wäre nun wirklich schade. Ich habe mir daher angewöhnt, Leinen, Bambus, Seide und noch viele andere Fasern mit meiner Wolle zu mischen. Sehr gut lässt sich auch Wolle mit Wolle mischen und so in den Eigenschaften beeinflussen, wenn nicht sogar verwandeln. Dazu nutze ich meine handbetriebene kleine Kardiermaschine, denn größere Wollmengen mit der Handkarde zu mischen, ist sehr anstrengend.

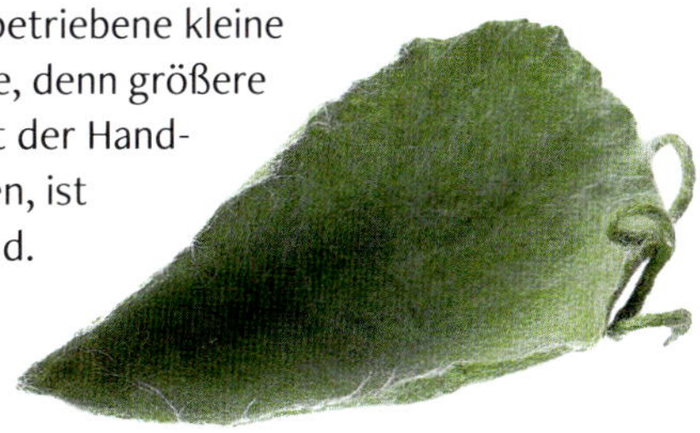

Für dieses kleine Blattobjekt habe ich bis zu 20 Gramm Merinowolle je 10 Gramm Leinenfasern und 10 Gramm Mohair beigegeben und das Ganze mindestens 10-mal durch die Walzen geschickt. So erreicht man eine gleichmäßige Verteilung der Materialien, kann gezielt auslegen und mit dem Filzen beginnen. Mohair fasert wunderschön aus und die Leinenfasern halten die Form zusammen, speichern auch selbst viel Feuchtigkeit und verhindern so, dass die Schale in feuchter Luft „lappig“ wird. Wie man aus der Fläche in die 3. Dimension kommt, berichte ich im Kapitel „Spielen mit dem Schrumpf“, S. 64 ff.

Raum für gemischte Notizen

Wolle und Stoff – eine wunderbare Freundschaft

Wenn wir schon beim Mischen und Verwandeln sind, nutzen wir die Gelegenheit und beschäftigen uns mit dem so genannten Nunofilzen. Bei Nunofilz handelt es sich um eine Kombination aus Wollfasern und geeigneten Stoffen. Geeignet ist ein Stoff dann, wenn die Wolle ihn durchdringen kann, das heißt also, dass er nicht zu eng gewebt sein darf. Bei Seidenstoffen gibt es sehr unterschiedliche Qualitäten. Die leichteren Stoffe, vor allem wenn sie leinwandbindig gewebt sind, vertragen sich hervorragend mit Wollfasern.

Wir können auch einige Baumwollstoffe, Leinengewebe oder so genanntes Käseleinen (grob gewebtes, leinwandbindiges Baumwoll- oder Leinengewebe) einarbeiten. Es kommt immer darauf an, was wir vorhaben.

Auch Wollstoffe, vor allem Wolletamin (feiner, leichter Wollstoff, der nicht zu dicht gewebt wird), ist ein beliebter und unkomplizierter Mixpartner für unsere Schafwolle. Wolletamin lässt sich wie selbstverständlich mit einfilzen, da er eine Leinwandbindung hat und sich sowohl mit der ungesponnenen Wolle gut verbindet als auch die Fasern durch das Gewebe dringen können. Diese Form des Wollstoffes eignet sich hervorragend, um erste Nunofilz-Experimente zu wagen. Die kleine Probe zeigt das typische Bild, wenn sich Wollfasern und Wolletamin miteinander verbinden.

Aber erst einmal erarbeiten wir uns einen kleinen Schal, FM 15 mal 180 cm. Ein Stück Etamin de Laine in der Wunschfarbe muss bei einem Schrumpffaktor von 1,3 dann 20 cm breit und 230 cm lang sein. Unbedingt daran denken, dass die Webkante vorher entfernt wird. Webkanten kann man aber gut zur Oberflächengestaltung gebrauchen, also aufheben.

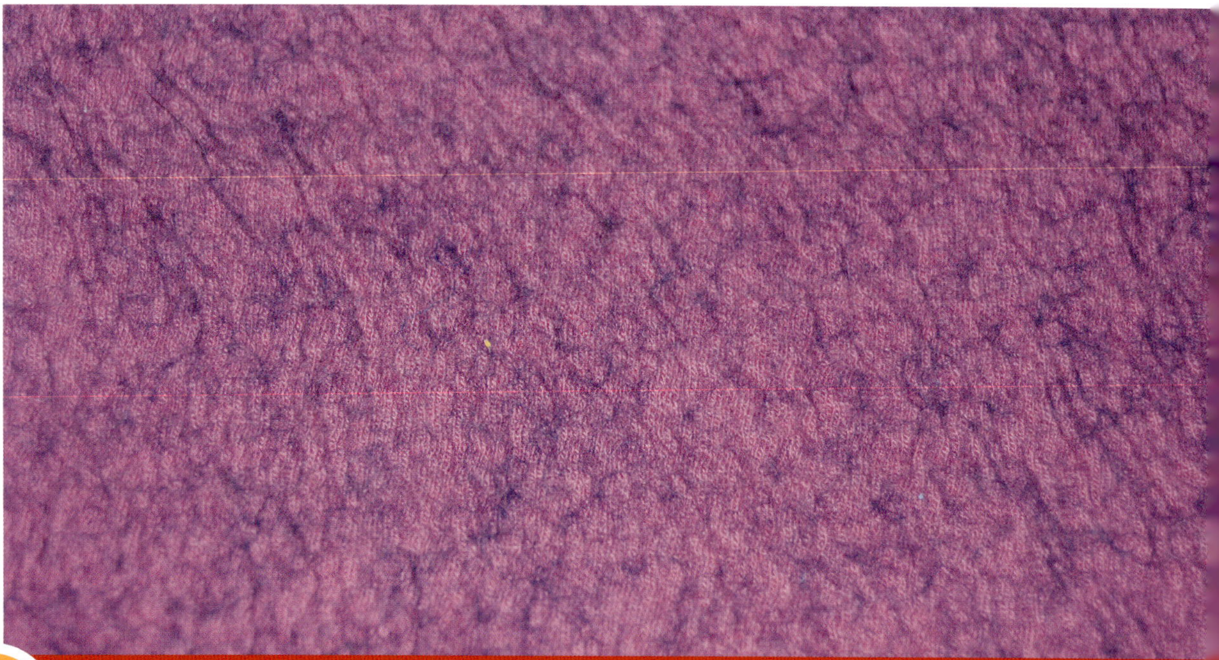

Textur eines Nuno-Filzes auf der Basis von Wolletamin

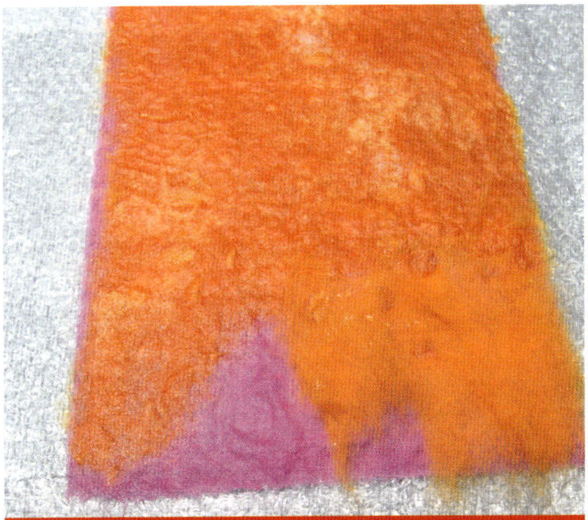

Mit Vlieswolle belegt

Ich habe mich für den ersten Schal zu einer sehr fröhlichen Farbkombination überredet – Pink mit Orange. Der Stoff wurde erst nass gemacht und dann auf der Noppenfolie ausgelegt. Im nassen Zustand lassen sich die Stoffe faltenfrei ausstreichen. Die orange Merinowolle hat 18 mic und stammt von südafrikanischen Schafen. 40 Gramm davon sind auf dem Stoff verteilt worden. Beim Nunofilzen bitte mit lauwarmem Wasser arbeiten, denn die Wolle braucht Zeit, um sich mit dem Stoff zu verbinden. Wenn wir zu heiß beginnen, dann schließt die Wolle die Oberfläche und weigert sich mitzuarbeiten.

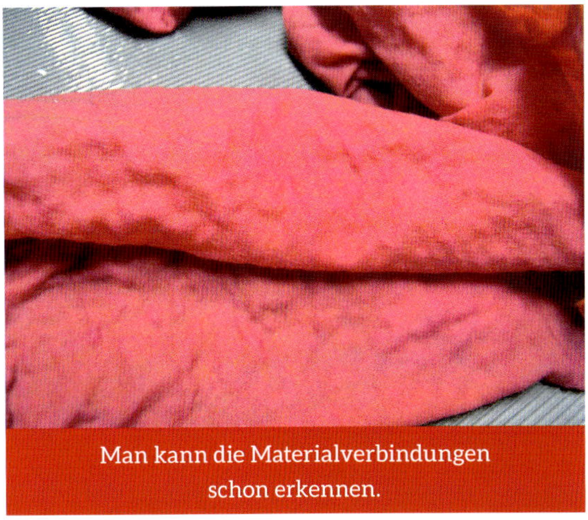

Man kann die Materialverbindungen schon erkennen.

Nun nässen wir auch die Wolle und beginnen mit Hilfe der Noppenfolie alles glatt zu streichen. Wie bei „Lang und Schmal“ wird der Schal lediglich der Länge nach gerollt. Erst mit Kern, später ohne, bis die Wolle sich durch den Stoff durchschiebt und die ersten Anzeichen einer Blasenstruktur erkennbar sind.

Ab jetzt können Sie werfen und rollen im Wechsel, bis der Schal die gewünschte Länge und Breite erreicht hat.

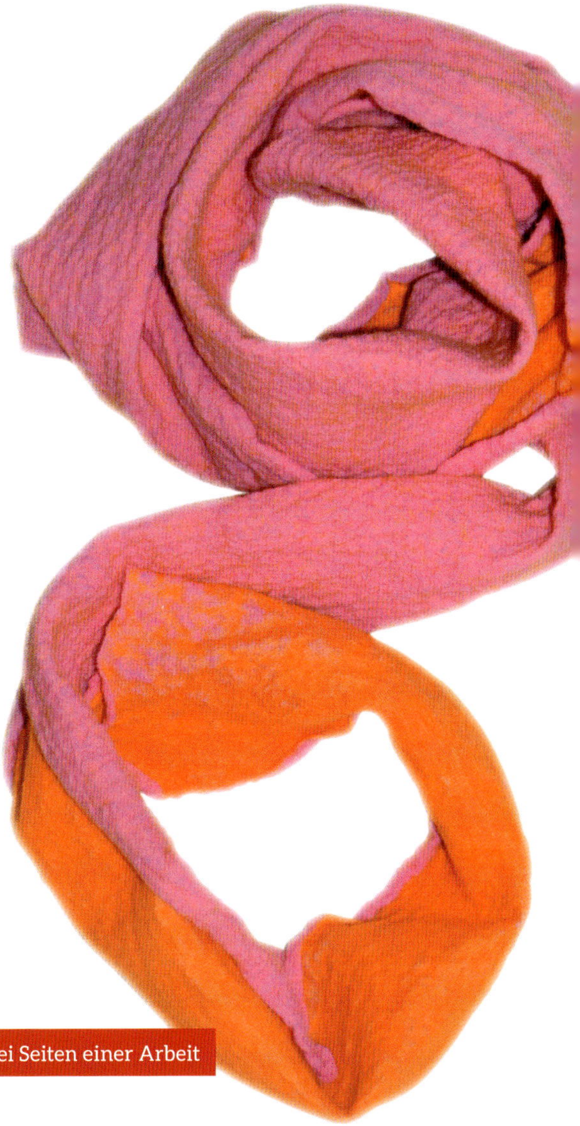

Zwei Seiten einer Arbeit

Projekt Umschlagtuch Katze

Für das hier vorgestellte Umschlagtuch mit dem Endmaß 1,60 mal 0,50 m habe ich eine Etamin-Stoffbahn von 2,20 mal 0,70 m bereitgelegt.

Wolletamin und Vorfilz sind gute Partner.

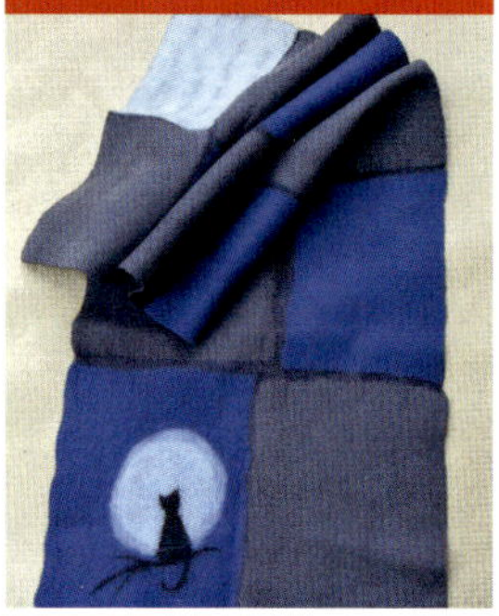

Der Effekt entstand durch unterschiedlich große, rechteckige Vorfilzstücke, die ich mit einigem Abstand zueinander auf den Stoff gelegt habe. Zum Schluss fand noch eine ebenfalls aus Vorfilz ausgeschnittene Katze ihren Weg auf das Tuch.

Projekt Zusammengesetzter Schal

Und weil es so viel Spaß macht, mit Etamin zu arbeiten, kommt hier noch ein Schal, der aus verschiedenen Stücken Etamin und selbstgearbeiteten Vorfilzen zusammengesetzt wurde. Auch hier kam der SF 1,3 zum Einsatz und ein paar Schnitte im Vorfilz lockern den Schal zusätzlich auf.

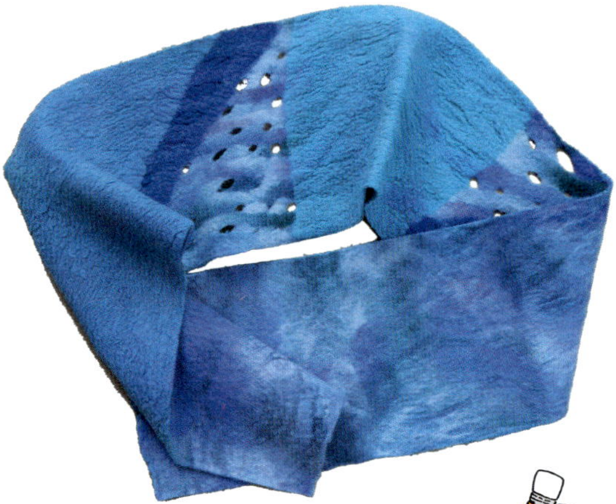

Raum für umhüllende Notizen

Wolle und Seidenstoffe

Eine besondere Beziehung hat Wolle zur Seide. Seide allein filzt nicht, doch mit Wollfasern als Partner lassen sich, im wahrsten Sinne, glanzvolle Effekte erzielen. Die wohl beliebtesten Seidenstoffe, die sich gerne mit Schafwolle zu Nunofilz verbinden lassen, sind Seidenchiffon und Pongé-Seide. Auf dem Foto rahmen sie den Wolletamin ein.

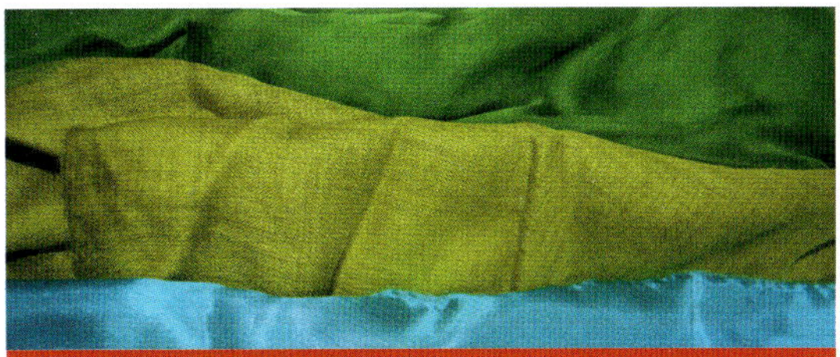

Von oben nach unten: Chiffon, Etamin, Pongé

Die beiden Seidenstoffe verhalten sich unterschiedlich zur Wolle und so erzielt man, je nach Wahl des Stoffes, ganz verschiedene Ergebnisse. Wo sich der Seidenchiffon vollständig mit der Wolle verbindet, wird die Pongé-Seide von der Wolle im Herstellungsprozess zusammengezogen und es entsteht eine materialtypische Struktur, die an vom Wind gekräuseltes Wasser erinnert.

Projekte mit Chiffon

Ein leichter Sommerschal entsteht, indem wir eine Bahn Chiffonseide von 2 m Länge und 42 cm Breite auf unserer Noppenfolie auslegen. Wir arbeiten mit einem Schrumpffaktor von 1,4 und belegen die gesamte Fläche mit einer Merino-Kammzugwolle von 16 oder maximal 19 mic. Wir benötigen 80 Gramm, um die Stoffbahn zu belegen. Es ist darauf zu achten, dass unbedingt sehr fein und gleichmäßig ausgelegt wird.

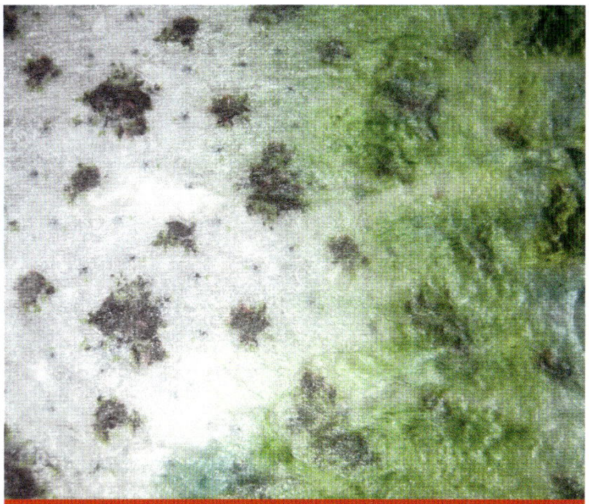

Chiffon mit Druckmuster belebt die Wolle.

Textur eines Nuno-Filzes auf der Basis von Pongé

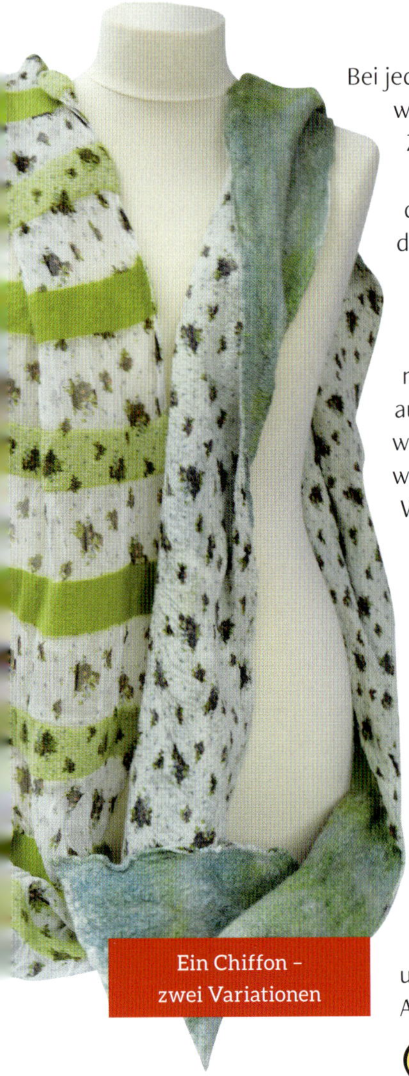

Ein Chiffon – zwei Variationen

Bei jedem Nunofilz müssen wir der Wolle sehr viel Zeit geben, das Stoffmaterial zu durchdringen. Deshalb darf das Anfilzen nur durch eine zweite Lage Noppenfolie, die mit den Noppen nach unten gewandt auf der Wolle platziert wird, durchgeführt werden. Wenn die Wolle zu schnell ihre eigene Oberfläche schließt, kann sie sich mit der Seide nicht mehr verbinden. Deshalb denken Sie daran, nicht zu schnell und nicht zu heiß anzufilzen!

Die nächsten Schritte bestehen aus wiederholtem und beharrlichem Anheben der Noppenfolie und der Kontrolle, ob sich die Wolle und die Seide bereits verbunden haben. Wenn die Wollfasern die Seide durchdrungen haben, kann mit dem Rollen und Walken begonnen werden.

Bei dem vorgestellten Projekt wurde bedruckter Chiffon benutzt. Hier empfiehlt es sich dann, eine unifarbene Wollschicht zu verarbeiten. Unifarbene Seidenstoffe können mit farbigen Wollen belegt werden. Chiffonseide eignet sich auch, um nur partienweise mit Wollfasern oder Vorfilzen belegt zu werden.

Variante Chiffonschal

Der zweite Chiffonschal ist mit dem gleichen Druckchiffon entstanden, aber hier habe ich schmale Vorfilzstreifen verteilt. Das Auslegebild hat an einen Zebrastreifen erinnert. Bei dieser Art, nur Partien der Stoffe mit Wolle zu belegen, erzielt man immer einen duftigen Gesamteindruck. Auch sind der Fantasie kaum Grenzen gesetzt.

Projekt mit Pongé

Im Prinzip ist der Pongé-Schal genauso entstanden, wie die vorher erarbeiteten Nunos. Immer wieder, und hier besonders, gilt die Regel, dass man der Wolle viel Zeit lassen muss. Der Augenblick aber, in dem die für diesen Stoff so charakteristische Oberflächenstruktur aufscheint, begeistert mich immer wieder aufs Neue.

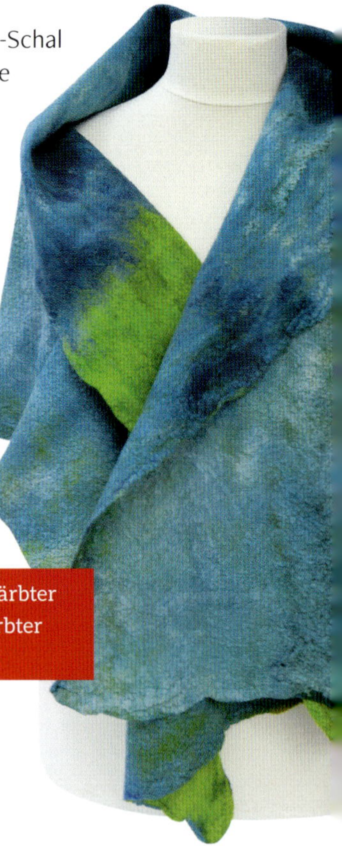

Farbrausch – handgefärbter Pongé mit handgefärbter Kammzugwolle

Gut zu wissen

Nunofilze sind dann fertig, wenn sich die Wolle nicht mehr vom Trägerstoff lösen lässt. Das ist besonders bei Kleidung wichtig, um eine gewisse Strapazierfähigkeit zu gewährleisten. Deshalb arbeiten wir mit einem SF von mindestens 1,3 und können je nach Feinheit auch bis zu einem Schrumpf von 2 gehen

Die Farbspannung entstand durch eine handgefärbte Wolle-Seide-Mischung. Ich liebe es, mit diesen Verlaufsfarben zu arbeiten, denn die Wirkung ist in jedem Strang eine andere. Bezugsquellen für solche besonderen Farben finden Sie am Ende dieses Buches.

Einen kleinen Effekt will ich noch anhand einer Probe zeigen. Seide kann auch als Faser von der Wolle angenommen werden und sie zum Glänzen bringen. Ganz außerordentlich edel wird ein Pongé-Schal, wenn wir die Wolle wie in einem Sandwich verstecken, indem wir Seidenfasern auf die Wollseite auflegen.

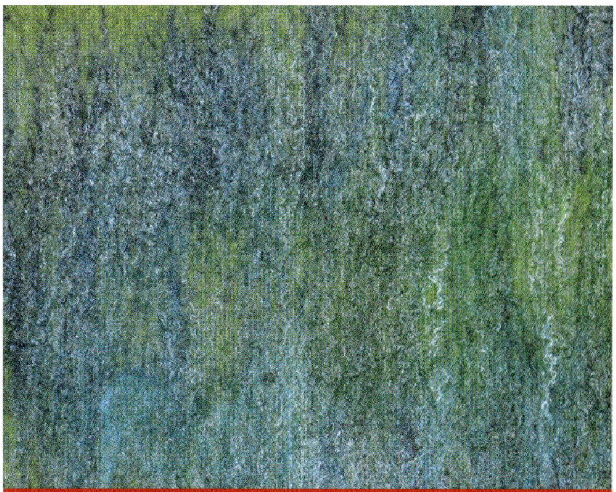

Seidenfasern auf Wolle gelegt – Glanz frei Haus

Raum für Notizen am laufendenden Meter

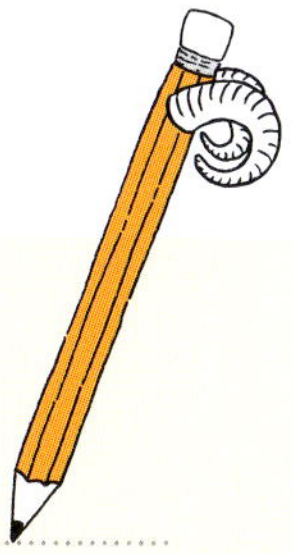

Was man sonst so alles mit Flächen machen kann ...

Flächen sind so vielfältig einsetzbar, dass es mir gar nicht gelingen kann, alle spannenden Möglichkeiten aufzuzählen.

Nun haben wir sicherlich schon eine Menge Proben erarbeitet und nicht alle müssen in unserem persönlichen Filznachschlagewerk abgeheftet werden. Wie wäre es, wenn Sie sich andere Verwendungsmöglichkeiten dafür aussuchen?

Angefangen hat bei mir alles mit einem kaputten Mousepad. Also habe ich mir eine Filzprobe von einer gut schließenden Merinowolle genommen und herumexperimentiert. Es hat schon gut funktioniert, nur rutschte das Pad mehr als die Mouse. Und dann fiel mir die Latexmilch im Schrank ein. Gekauft hatte ich sie für Kinderhausschuh-Sohlen.

Für Mousepads genügen davon zwei Aufstriche. Unbedingt zwischendurch trocknen lassen.

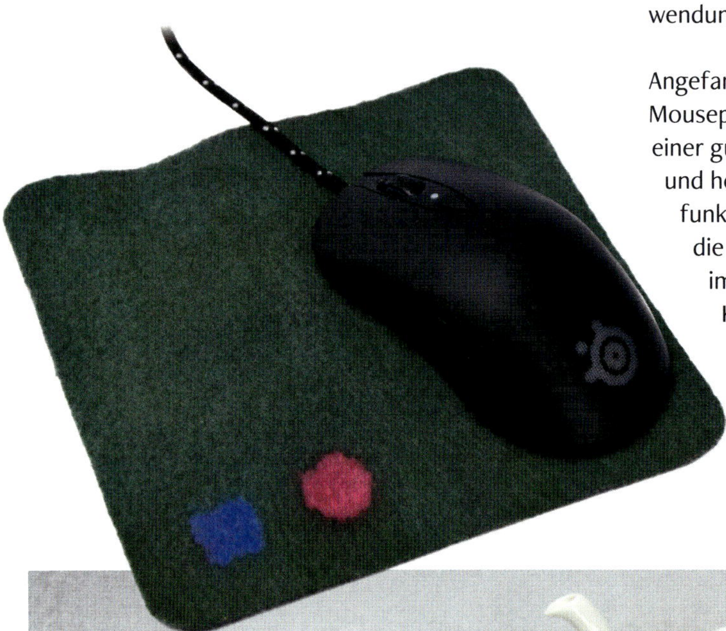

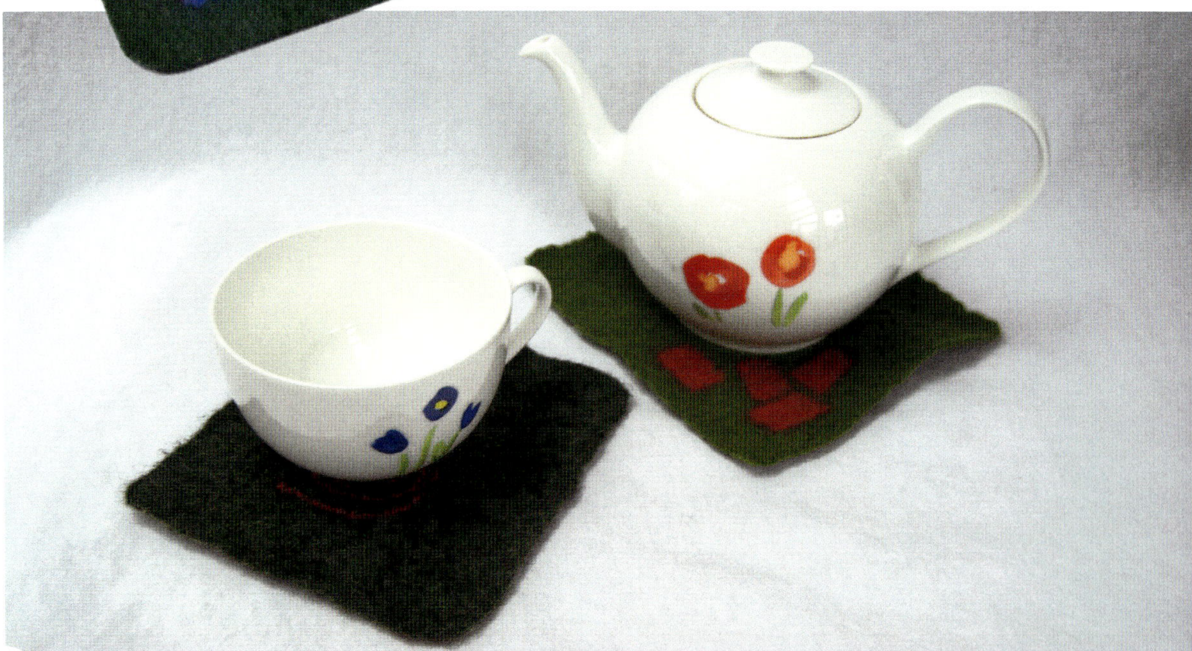

Filzproben im Einsatz

Dickere Proben lassen sich zu Untersetzern umfunktionieren. Wolle isoliert wirklich gut und leitet die Hitze auch nicht so ohne Weiteres ab.

Eine weitere Möglichkeit, „zu viel" Gefilztes zu verwerten, sind so genannte Nuggets. Einfach die Filze in kleine Quadrate schneiden und dann, wenn man eine ausreichende Menge zusammen hat, in einen Wäschebeutel hineingeben und in die Waschmaschine legen. Einfach irgendwo mitwaschen. Durch den Waschvorgang, also die ständige mechanische Beanspruchung in der Waschtrommel, runden sich bei den geschnittenen Filzstücken die Kanten ab und sie verfilzen noch mehr, sodass sie stabil werden und nicht mehr ausfransen können.

Nuggets sind wahre Allrounder. Man kann sie zum weiteren kreativen Arbeiten außerhalb der Filzwerkstatt nutzen, ich habe sie schon unter Keramikschalen geklebt, die sonst den Tisch zerkratzt hätten. Und man kann damit weiter filzen. Sie lassen sich als Struktur- und Mustergeber weiterverwenden. Doch davon später mehr.

Dünnere Filze lassen sich gut zurechtschneiden, an den Schnittkanten gut nachfilzen und dann als Flicken, z. B. auf einer Strickweste, verwenden.

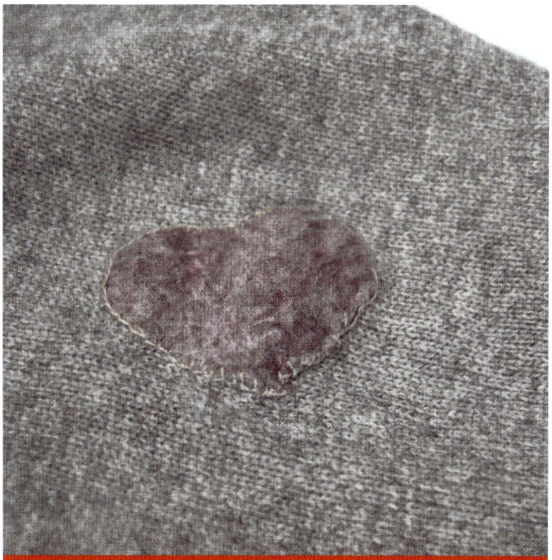

Mit Herz geflickt

Filze lassen sich im Allgemeinen sehr gut besticken. Auch hier sind der Fantasie und Ihren Wünschen kaum Grenzen gesetzt. Ich kenne Filzerinnen, die aus den hergestellten Flächen auch

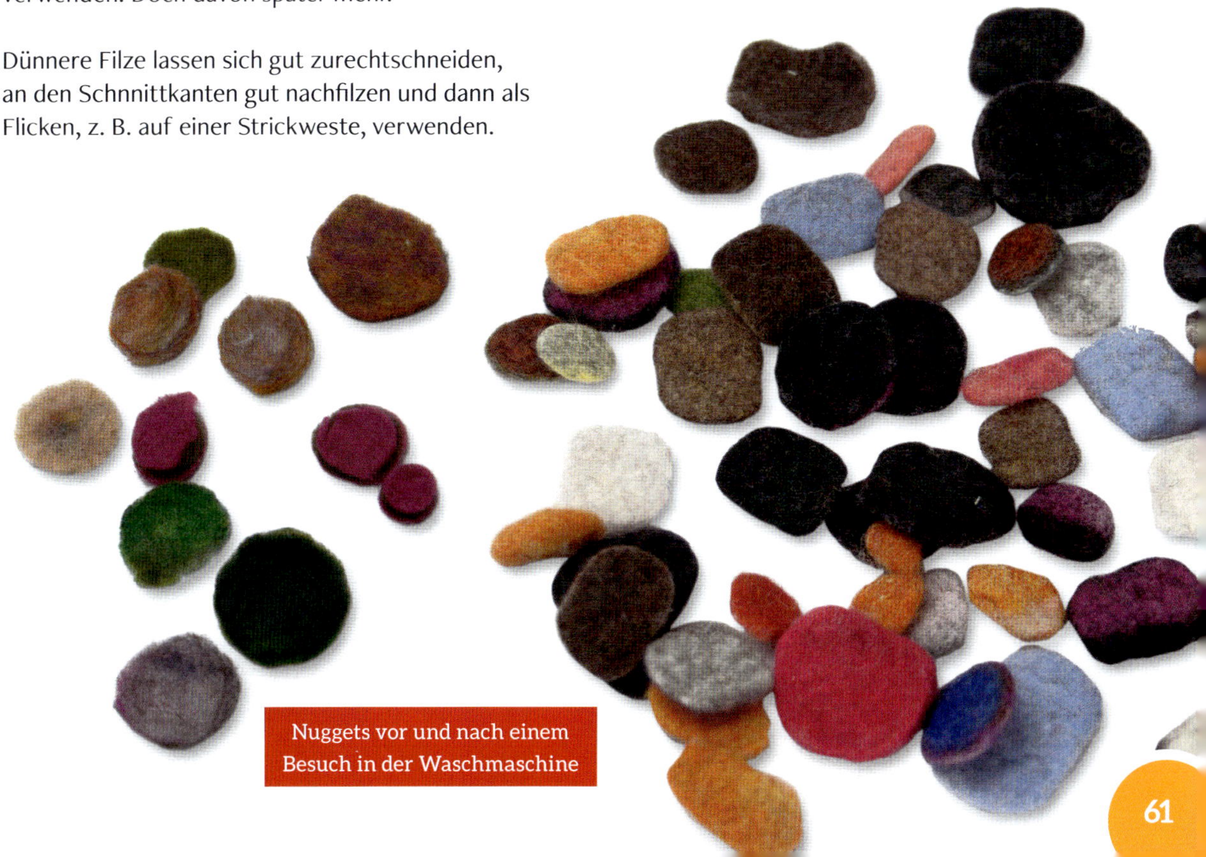

Nuggets vor und nach einem Besuch in der Waschmaschine

Kleidungsstücke nähen oder alte, geliebte Stücke damit wieder neu gestalten. Die kleine Decke hat einen Durchmesser von 30 cm und als Wollgrundlage 30 Gramm Bergschafwolle, die auf einer Kreisfläche von 40 cm ausgelegt wurde.

Runde Flächen

Es hat sich für mich herausgestellt, dass es wirklich einfacher ist, runde Flächen auch rund auszulegen.

Ich kann z. B. durch das Auslegen im Kreis eine runde Form unterstützen und einen sauberen Rand bekommen. Auch hier gilt wieder die Regel, erst am Rand anfilzen, bevor der Rest der Arbeit unter Druck geraten darf.

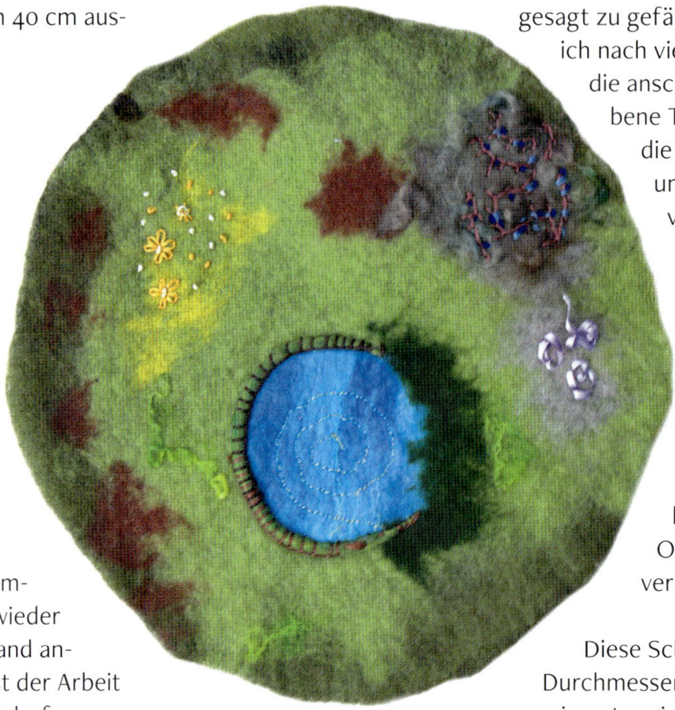

Adventsspirale

Vor vielen Jahren, als die Kinder noch klein waren, hatten wir eine Spirale, bestückt mit 24 Kerzen als Adventskalender. Mir war das ehrlich gesagt zu gefährlich und so habe ich nach vielen Experimenten die anschließend beschriebene Technik entwickelt, die eine ganz und gar ungefährliche Adventsspirale möglich macht.

Für dieses Projekt empfiehlt sich eine Schablone mit der Zeichnung einer Spirale, damit wir beim Auslegen die Orientierung nicht verlieren.

Diese Schablone hat einen Durchmesser von 45 cm. Wir legen sie unter eine Noppenfolie und

Auslegeschema für runde Flächen – ohne und mit Wolle

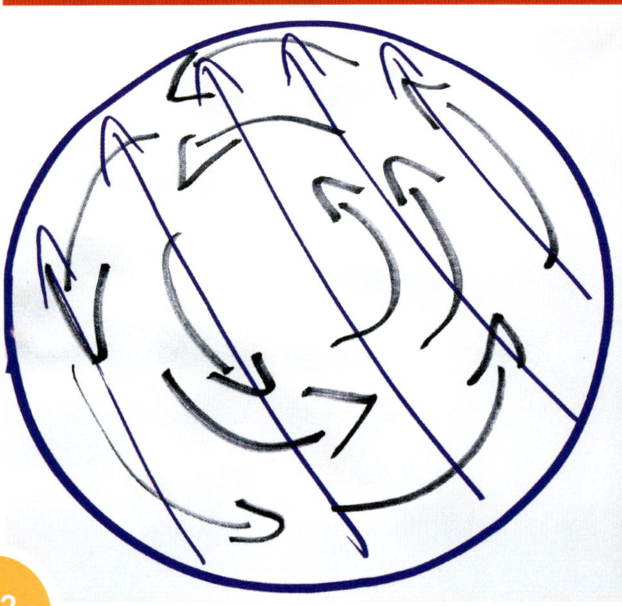

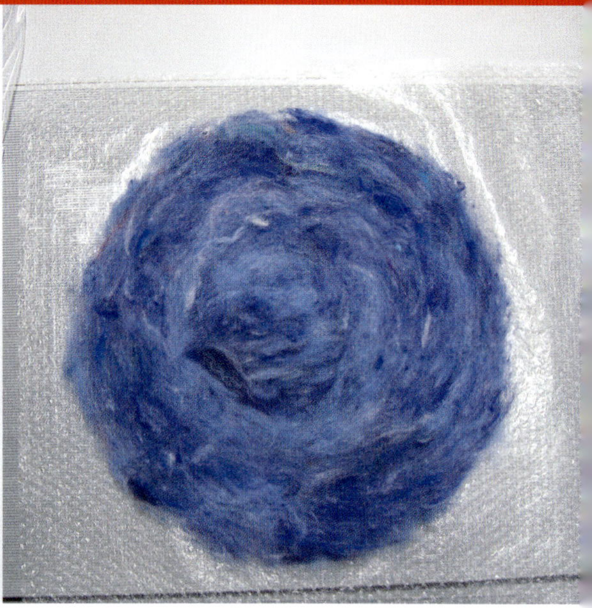

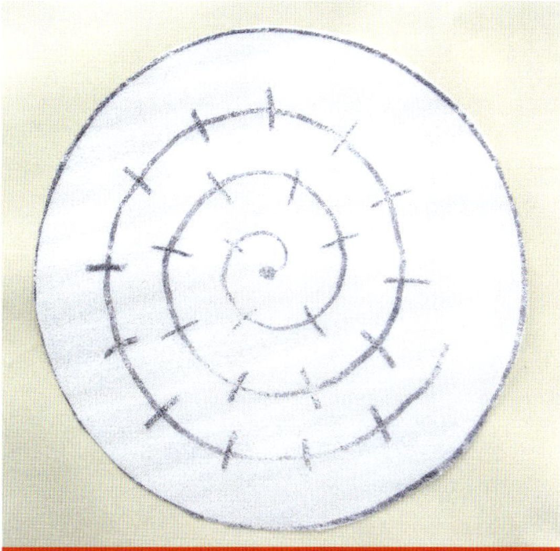

Besser vorher zeichnen und zählen, ...

Raum für ideenreiche Notizen

beginnen von der Mitte her mit dem Auslegen. Sobald das Rund ganz ausgefüllt ist, wird noch eine zweite Lage Wolle aufgebracht. Ich habe hier 50 Gramm grüne Wolle hinterlegt. Nun wird das Werkstück mit Seifenwasser bearbeitet und Luftblasen werden entfernt. Im Anschluss schneiden wir aus einem Nadelfilzkreis eine Spirale aus. Diese wird vom Mittelpunkt aus auf die genässte Fläche aufgebracht. Danach verteilen wir 24 Nadelfilz-Kreise oder -Sterne auf dem Adventsweg. Nach behutsamem Anfilzen schrumpfen wir das Werkstück auf 35 cm.

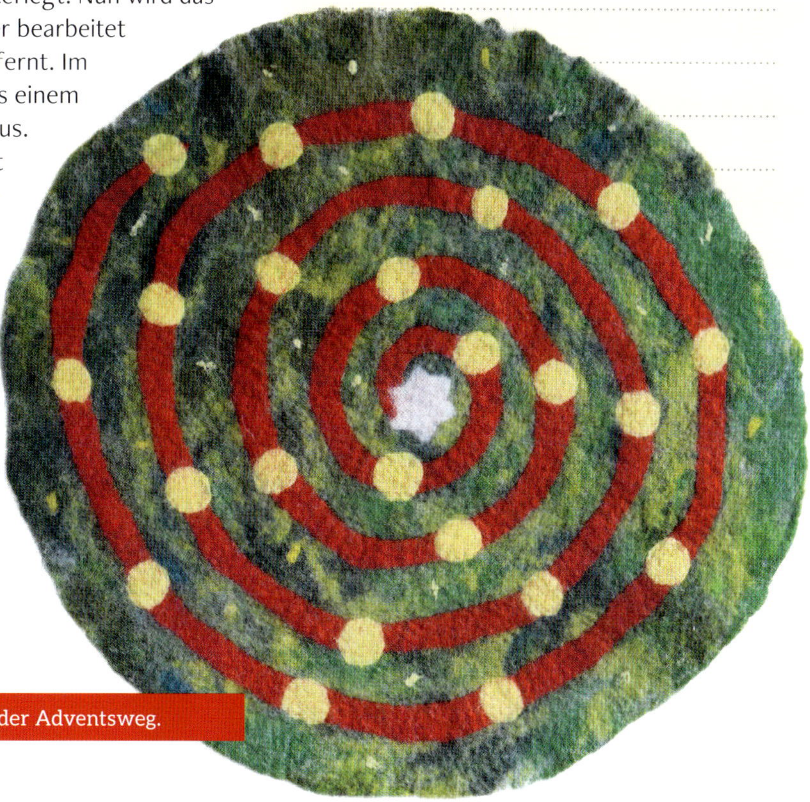

... dann stimmt auch der Adventsweg.

Spielen mit dem Schrumpf

Unterschiedliche Wollmengen, auf einer Filzarbeit verteilt, verändern das Schrumpfverhalten der jeweiligen Abschnitte. Auch unterschiedliche Wollqualitäten filzen verschieden schnell und dies hat ebenfalls Auswirkungen, mit denen man spielen kann. Um einen solchen Effekt zu zeigen, habe ich bei dieser Probe Folgendes gemacht:

Auf eine Fläche von 30 mal 30 cm habe ich 5 Gramm Merinowolle, Stärke 16 mic, verteilt und dann Wollknubbel mit je 2 Gramm Merinowolle in der Stärke von 21 mic aufgelegt.

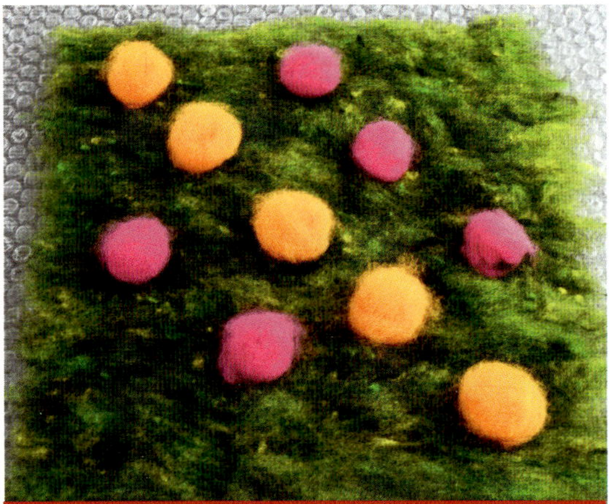

Verschiedene Wollen schrumpfen verschieden.

Das Probenstück hat dank der sehr feinen Untergrundwolle einen Schrumpf von 2,5 erreicht. Es ist jetzt nur noch 12 mal 12 cm groß. Aber die Bubbel sind weniger schnell geschrumpft und haben dadurch eine blasige Oberfläche erzielt. Mit dieser Technik kann wunderbar gespielt werden.

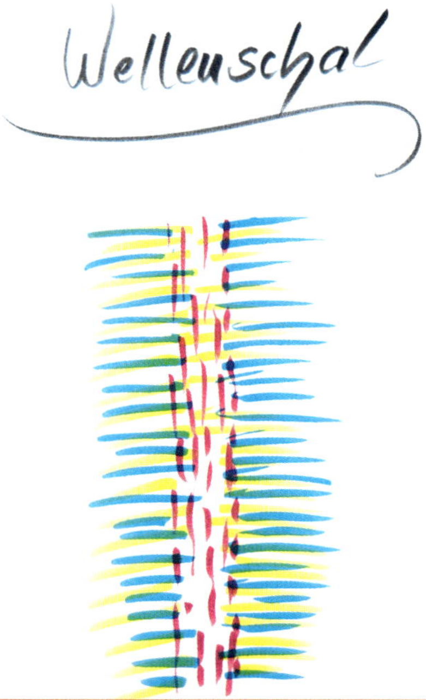

Gut verteilt ist halb gewellt.

Wellenschal

Um einen solchen Schal herzustellen, spielt man ebenfalls mit dem Schrumpf. Der Schal wird gedanklich der Länge nach gedrittelt. Im mittleren Drittel legen wir auf einer Länge von 180 cm und einer Breite von 20 cm 30 Gramm feine Merinowolle längs aus. Dann beginnen wir von beiden Seiten, Wolle quer dazu anzulegen. Wesentlich für den Welleneffekt ist, dass im mittleren Drittel kaum noch Wolle dazukommt. Insgesamt verteilen wir am Rand pro Längsseite 50 Gramm, aufgeteilt auf Vorder- und Rückseite.

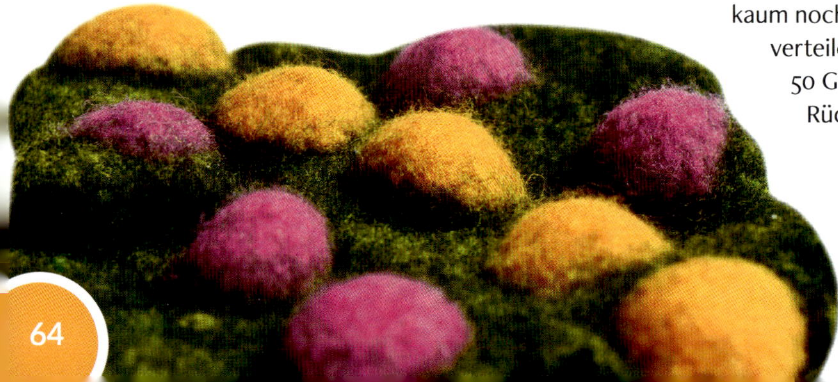

Wasser, Seife und dann sofort rollen. Behutsam und mit Kern, nicht mit Druck arbeiten. Erst wenn die Zupfprobe grünes Licht gibt, kann ohne Kern weitergerollt werden. Auch Werfen ist später erlaubt.

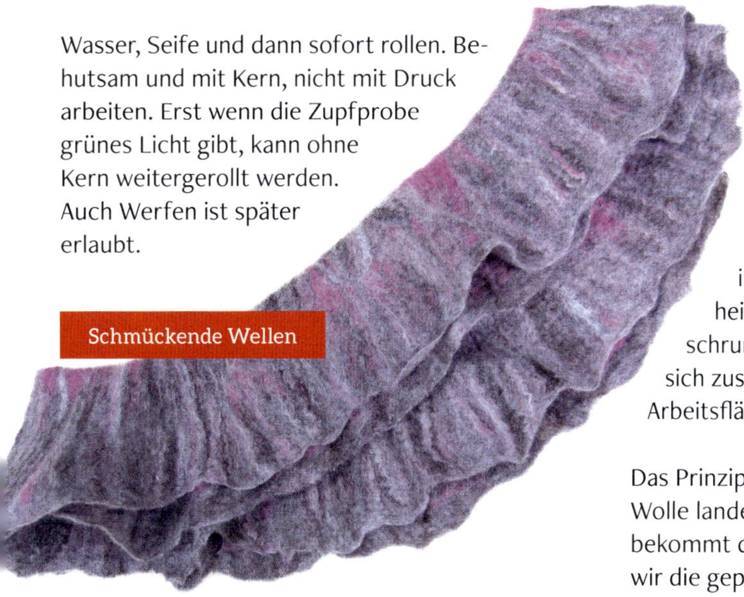

Schmückende Wellen

Um das zu demonstrieren, erinnern wir uns noch einmal an die Gesetze des Schrumpfens.

Um nun aus der Fläche in die Höhe zu kommen, müssen wir überlegen, was „ansteigen“ soll. Bei einer Schale ist das in erster Linie der Rand. Die Konsequenz heißt, dass der Rand auf jeden Fall stärker schrumpfen muss als die Basis. Wenn der Rand sich zusammenzieht, dann hebt er sich von der Arbeitsfläche ab. Hört sich einfach an. Ist es auch!

Das Prinzip lautet: „Der größte Teil der benötigten Wolle landet im Zentrum der Schale, der Rand bekommt deutlich weniger Wolle ab. Dazu teilen wir die geplante Fläche erst einmal auf. Ein Drittel Fläche wird Rand, zwei Drittel bezeichnen wir ab sofort als Zentrum.

Noch mehr Schrumpf-Experimente

Wie wir bereits in unseren vorangegangenen Experimenten erfahren haben, führen unterschiedliche Wollmengen in einer Filzarbeit zu verändertem Schrumpf und können so formgebend wirken. Wenn wir die richtigen Handgriffe kennen und ein paar Spielregeln beachten, erreichen wir damit nicht nur Effekte in Länge und Breite, sondern kommen dadurch auch in die dritte Dimension. Diese Techniken machen wir uns bei der Herstellung von ersten Gefäßen zu Nutze. Ich möchte ihnen zeigen, wie aus einer Fläche mit verteilten Wollmengen Schalen entstehen können.

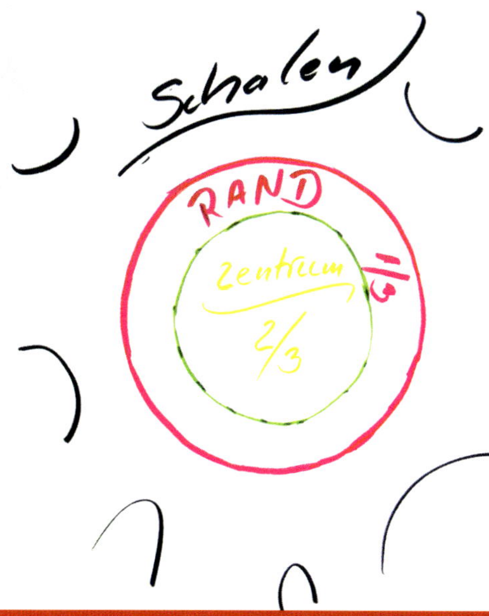

Aus der Fläche in die Höhe

Gut zu wissen

Starken Schrumpf erleben wir bei sehr feinen Wollqualitäten und wenn Wolle dünn ausgelegt ist. Dickere Wollfasern und große Mengen Wolle schrumpfen langsamer. Und dann gilt noch, dass Wolle immer in die Richtung schrumpft, in die ich sie reibe oder walke.

Nun bereiten wir die Wolle vor. Auch hier dritteln wir wieder. Ein Drittel der benötigten Wollmenge verteilen wir im Randbereich, zwei Drittel werden ins Zentrum gelegt.

Nochmal: das Verhältnis: ein Drittel zu zwei Drittel begegnet uns bei der Wollauswahl. Es empfiehlt sich, einen Teil Kammzug und zwei Teile Vlieswolle zu wählen. Ich habe für die folgende Arbeit insgesamt 90 Gramm Wolle verarbeitet.

Als Nächstes zeichnen wir uns auf eine Schablone das Auslegeschema und legen die Schablone wie gewohnt unter die vorbereitete Noppenfolie.

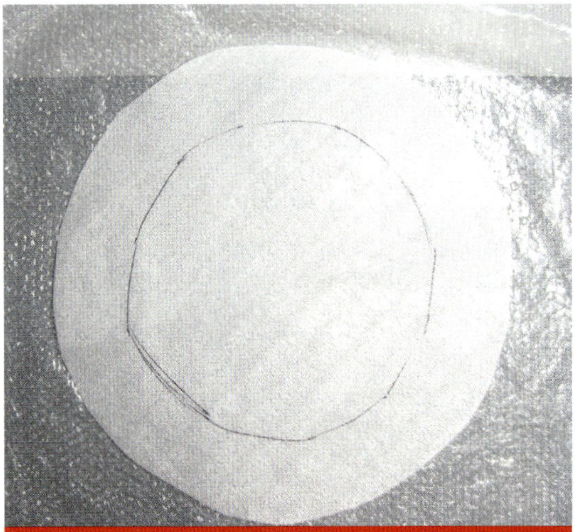

Kern und Rand vorzeichnen.

Wir legen die Wolle in drei Schichten aus. Die erste Schicht legen wir kreisförmig aus, wie bei den runden Flächen. Um das Prinzip zu verdeutlichen, habe ich für den Rand rote Wolle gewählt und für das Zentrum braune.

Der Rand bekommt zuerst 10 Gramm rote Wolle und das Zentrum 20 Gramm braune Vlieswolle.

Schicht für Schicht ...

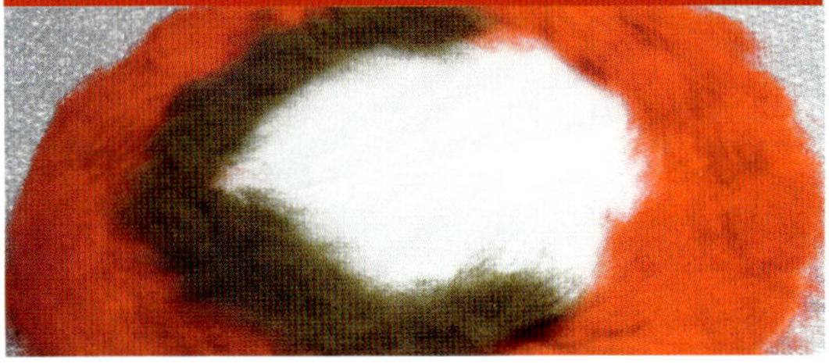

Die zweite Lage legen wir mit Kammzug. Wieder sind 10 Gramm auf dem Rand zu verteilen und 20 Gramm im Zentrum.

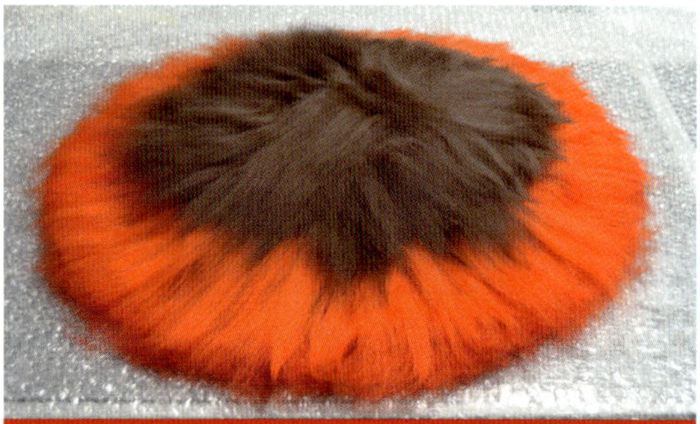

... belegen.

Und die dritte Schicht besteht aus dem restlichen Vlies. Bitte immer darauf achten, dass das Zentrum, also der zukünftige Boden der Schale, gut mit Vlies bestückt wird.

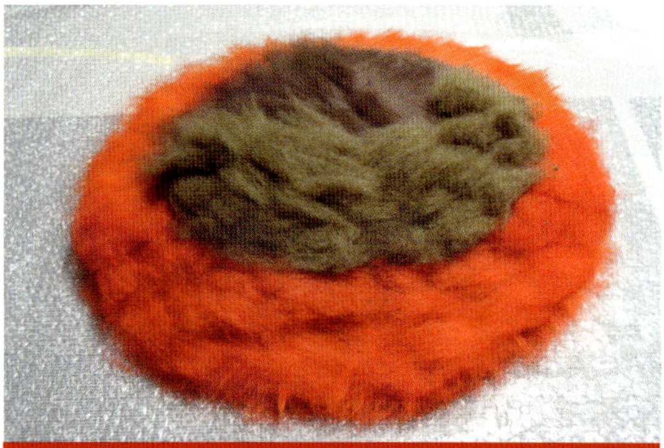

Und noch eine Schicht

Nun behutsam und von der Mitte her nässen und einseifen.

Angefilzt wird, wie so oft, vom Rand aus. Wir reiben so lange, bis sich die Oberfläche verschlossen hat und sich keine Fasern mehr verschieben können. Dann darf von allen Seiten im Uhrzeigersinn mit Kern gerollt werden, bis die Fläche stabil ist und ohne Bedenken bewegt werden kann.

Um nun in die Höhe zu kommen, wenden wir eine spezielle Falt- und Walktechnik an: Die Fläche wird über die Mittellinie zusammengeklappt und zweimal gefaltet.

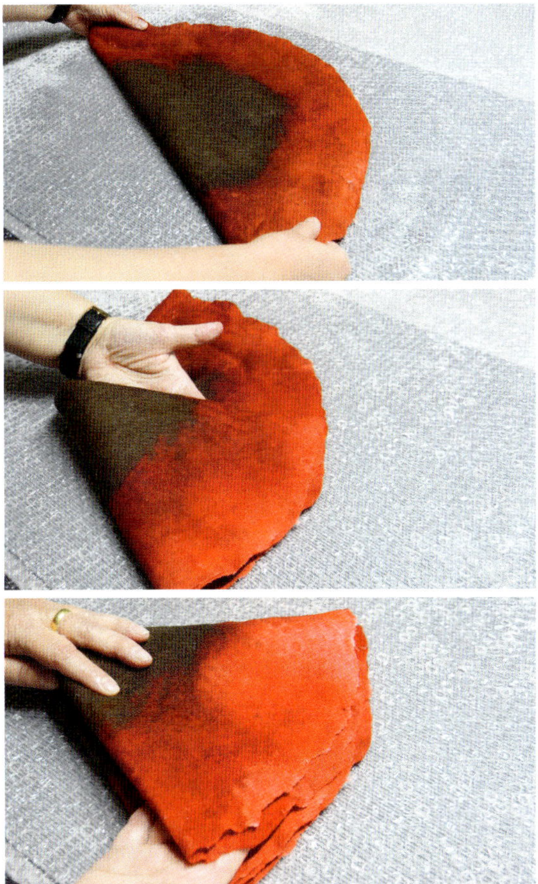

Falten für die Höhe

Dieses so entstandene Päckchen wird mit verteiltem Druck gewalkt. Wir wenden immer mehr Kraft in der Randregion auf, als im Kern der Schale. Das muss mehrmals und im Uhrzeigersinn wiederholt werden. Bitte immer wieder den Rand begutachten und in Form ziehen.

Die meisten Schalen stellen sich mit der Zeit von ganz allein auf.

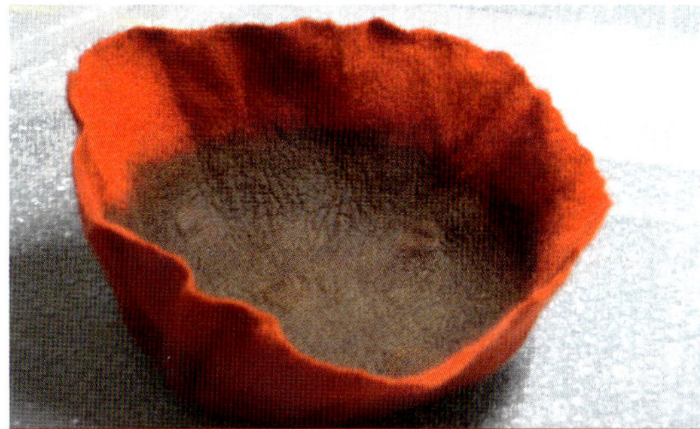

Schon bald hebt sich der Rand.

Sollte die Schale im Rand noch zu viel Höhe haben, kann sie ohne Bedenken noch einmal von allen Seiten, quasi als Fläche, gewalkt werden. So verkürzen Sie den Bereich, der sich später als Rand hochstellt. Zunächst muss dann aber wieder die oben beschriebene Falttechnik zum Einsatz kommen.

Zum Schluss stülpen wir die Schale über eine Form und bearbeiten eventuelle Falten mit der Walkmaus.

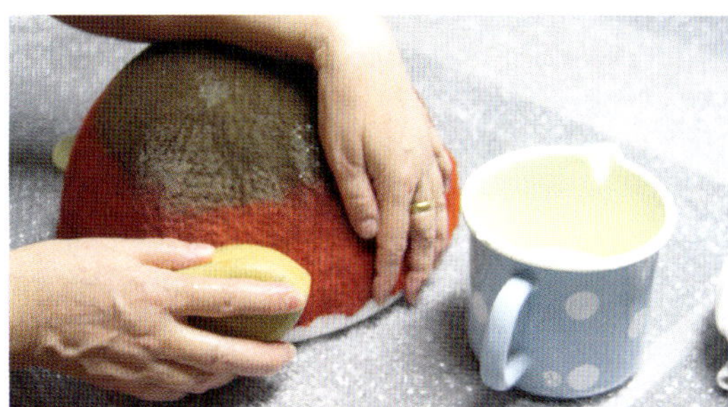

Abschlussarbeiten mit der Filzmaus

Im Inneren der Schale habe ich schon mal ein wenig vorgegriffen. Wie im Kapitel „Filzen mit Folien und Schere“, S. 77 f., beschrieben, habe ich kleine Folien-Scheiben mit orangener Wolle umwickelt, sie im Zentrum der Schale ausgelegt und dann die letzte Lage Wolle darüber verteilt.

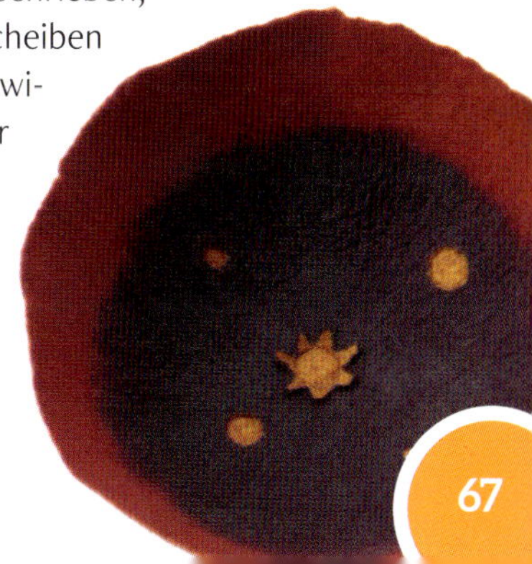

Nach dem Filzprozess wurden alle Einfilzungen aufgeschnitten und sorgten bei dieser Schale für zusätzliche Effekte.

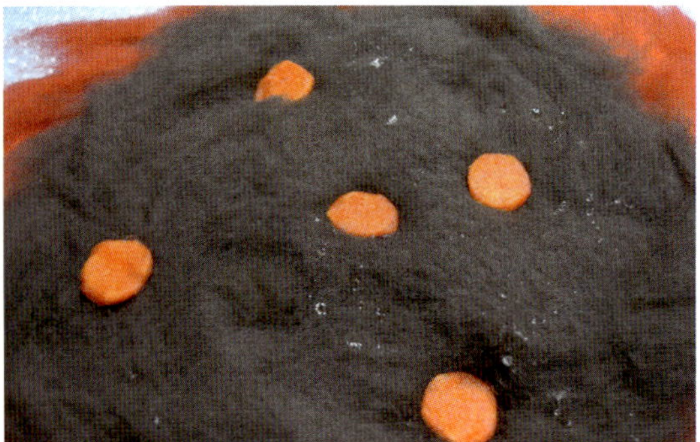

Zwischen den Schichten wird ein Muster versteckt.

Soweit die Praxis. Nun müssen wir noch einmal kurz über die rechnerischen Herausforderungen für unsere Gefäße reden. Ich rechne bei Schalen aus der Fläche mit einem SF von mindestens 1,4. Wenn also die Schale einen Flächendurchmesser von 30 cm haben soll, dann brauchen wir eine Kreisschablone von 42 cm Durchmesser. Ein Drittel von 42 ist 14. Also ist der Abstand von der Kreiskante zum Zentrum, unser Rand, 7 cm breit.

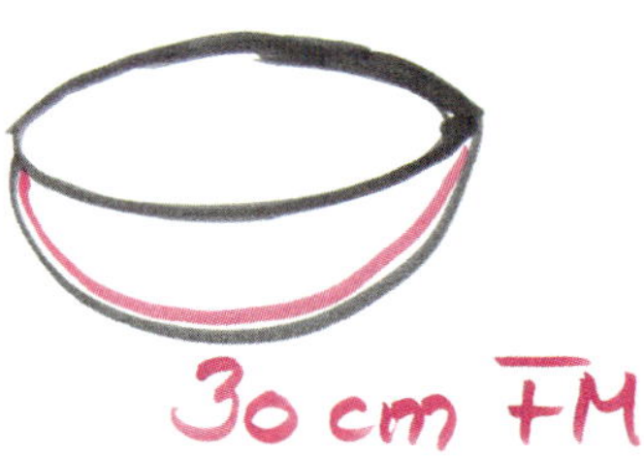

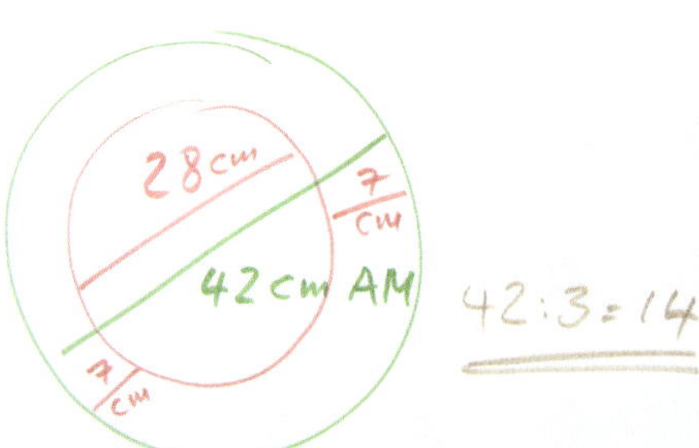

Und wenn Sie nun die Wollmenge für Ihre ganz persönlichen Schalen berechnen wollen, dann brauchen Sie diese Formel:

Kreisfläche = Radius^2 x 3,14

Für unsere 42 cm Durchmesser bedeutet dies: 21^2 x 3,14 = 1.384,7 cm^2

Klingt furchtbar kompliziert. Deshalb im Filztagebuch die Formel vermerken oder einfach im Internet nach Kreisflächenberechnung suchen.

Wir haben also bei der Vorführschale 90 Gramm Wolle benutzt, das sind 90 : 1.384,7 = 0,065 Gramm Wolle pro cm^2. Wenn Sie Lust verspüren, eine solche Schale nachzuarbeiten, suchen Sie entsprechende Qualitäten aus. Ich habe südafrikanisches Merinovlies mit 21 mic und einen entsprechenden Kammzug mit 18 mic verarbeitet.

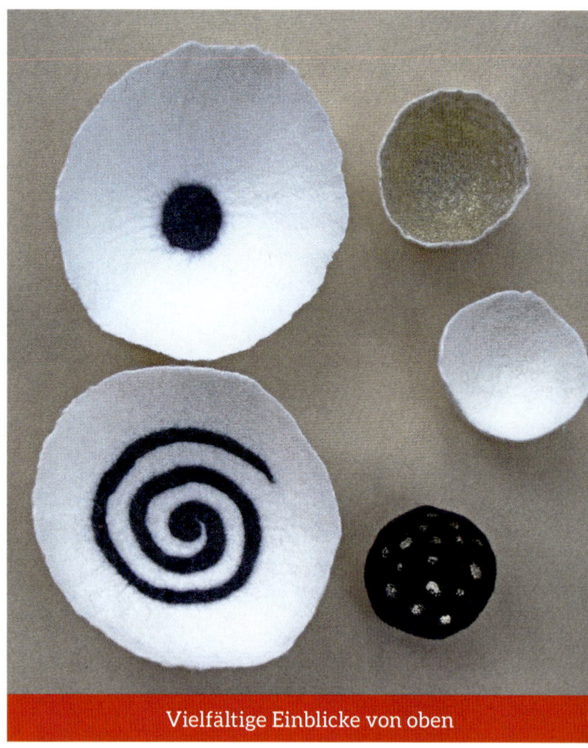

Vielfältige Einblicke von oben

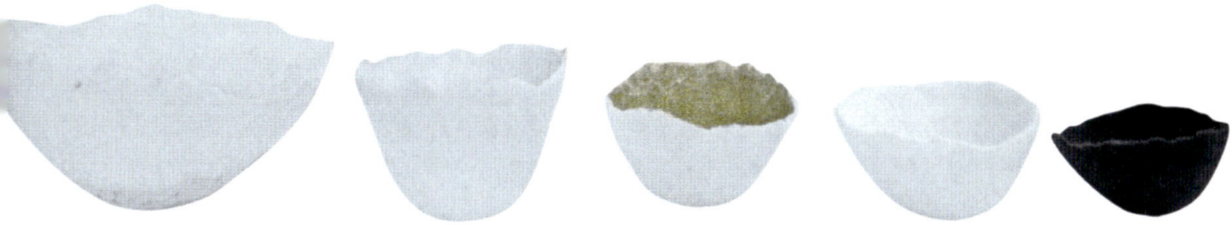

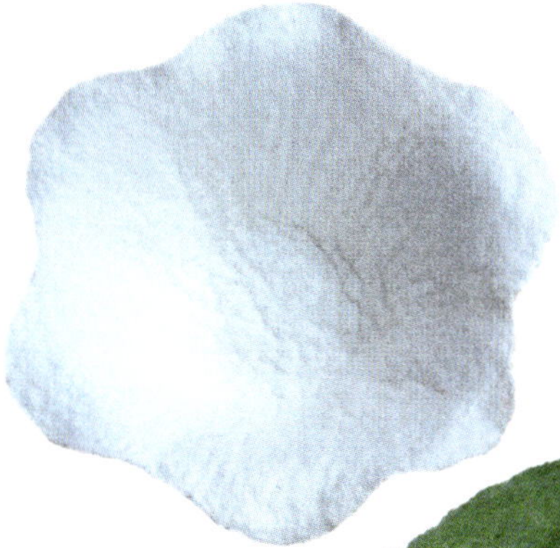

Was groß geht, geht auch klein …

Der Spielfreude sind bei solchen Gefäßen Tür und Tor geöffnet.

Die kleinste, schwarze Schale hat 8 Gramm Kap-Merinowolle verbraucht und hatte ein AM von 15 cm im Durchmesser.

Die weißen Schalen sind aus 3 verschiedenen Wollqualitäten entstanden, jeweils mit dem Auslegemaß von 18 cm und 12 Gramm Wolle.

Vielfaltige Seitenansichten

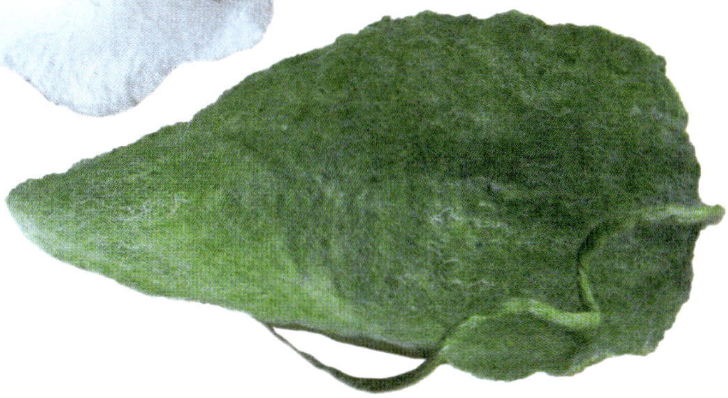

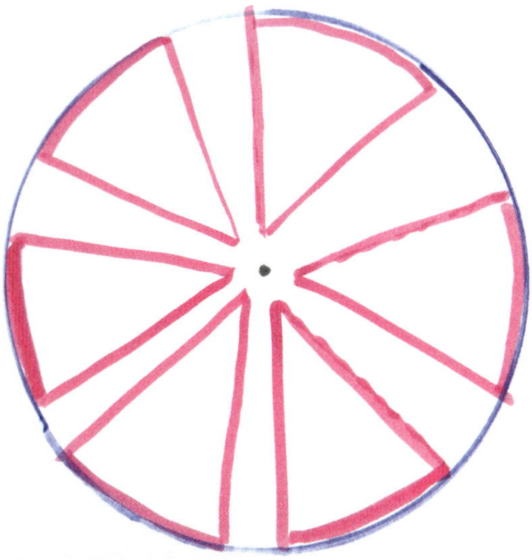

Doppeltes Spiel mit dem Schrumpf braucht Berechnung.

Und dann habe ich doppelt mit dem Schrumpf gespielt. Bei der Wellenrandschale sind auf einen Kreis mit 25 cm Durchmesser zunächst 30 Gramm Wolle nach dem bekannten Schema ausgelegt worden. Dann habe ich aus einem Vorfilz einen Kreis mit dem Durchmesser von 18 cm ausgeschnitten und ihn wie einen Kuchen in sechs gleich große Stücke geschnitten. Diese Kuchenstücke sind dann auf dem Rand der Schal verteilt worden.

Mit dem Schrumpf kommt der Welleneffekt. Für die Blattschale habe ich 30 Gramm selbstgemischte Woll-Leinen-Mischung mit einem Schrumpffaktor von 1,5 auf eine ovale Schablone ausgelegt und dabei die Mittelachse als zukünftigen Boden mit 2/3 der Wolle belegt. Dadurch stellen sich die Seitenwände einfach auf.

Gut zu wissen

Mit Gold zu arbeiten, hat einen besonderen Reiz. Das hier aufgetragene Gold ist Reichbleichgold, wird mit Wasser angerührt und mit dem Pinsel verteilt. Nach dem Trocknen kann Überzugslack auf Wasserbasis den Vorgang abschließen. Goldige Zeiten!

Vor dem Anfilzen wurden noch schwarze Chiffon-Kreise auf der Wollmischung platziert. Für die Fertigstellung einer solchen Schale benötigt man vom Auslegen bis zum letzten Finish in etwa 2,5 bis 3 Stunden.

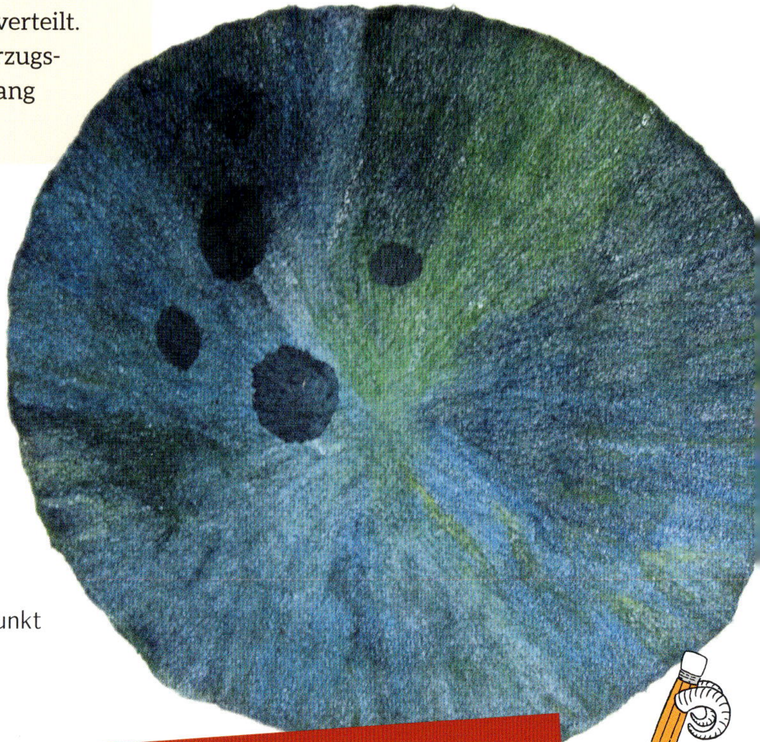

… und wieder groß!

Für diese Schale benötigen wir 360 Gramm Wolle. Das Auslegemaß beträgt 88 cm im Durchmesser. 250 Gramm Wolle werden in der Grundfarbe Schwarz nach dem bereits vertrauten Muster von innen nach außen ausgelegt. Ich habe hier mit 110 Gramm handgefärbter Wolle – einer Tencel-Mischung – den schwarzen Untergrund vom Mittelpunkt aus strahlenförmig bedeckt.

Raum für dreidimensionale Notizen

Dünn – dünner – transparent

Wolle kann nicht nur zu stabilen, strapazierfähigen und robusten Filzen verarbeitet werden, sondern auch in lichtdurchlässige, zarte und feine Strukturen verwandelt werden. Transparente Filze entstehen, indem Sie mit 0,004 Gramm Wolle pro Quadratzentimeter auskommen. Wenn Sie es nun noch schaffen, diese geringen Wollmengen in zwei oder drei Lagen zu verteilen, ist Ihnen der Erfolg sicher.

Wir beginnen mit einer Probe und verwenden hierfür eine Wolle Ihrer Wahl. Wir belegen 30 mal 30 cm mit maximal 4 Gramm.

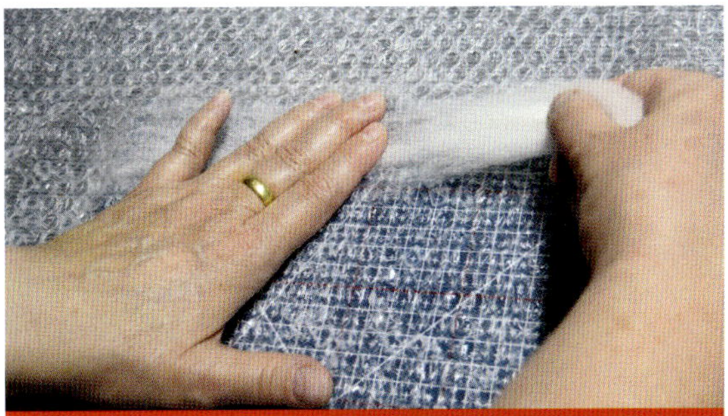

Zartes braucht Halt.

Wenn wir sehr zarte Wollflocken oder Wollstränge verteilen möchten, können wir, statt aus der Hand zu zupfen, die Wolle auch auf der Unterlage halten und dort ausziehen. So wird die Verteilung gleichmäßig und wir kommen mit sehr wenig Material aus.

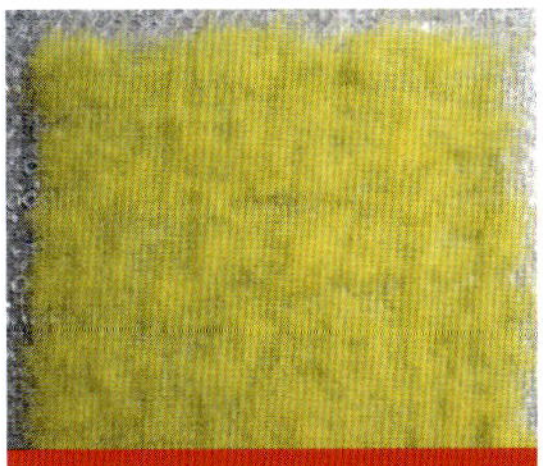

Vlieswolle superdünn gelegt

Im ersten Schritt schrumpfen wir lediglich mit einem Schrumpffaktor von 1,2 und erhalten am Ende eine Fläche von maximal 25 mal 25 cm. Dieses gut mit Seife beglückte Stück darf sich über Nacht auf einem Handtuch ausruhen.

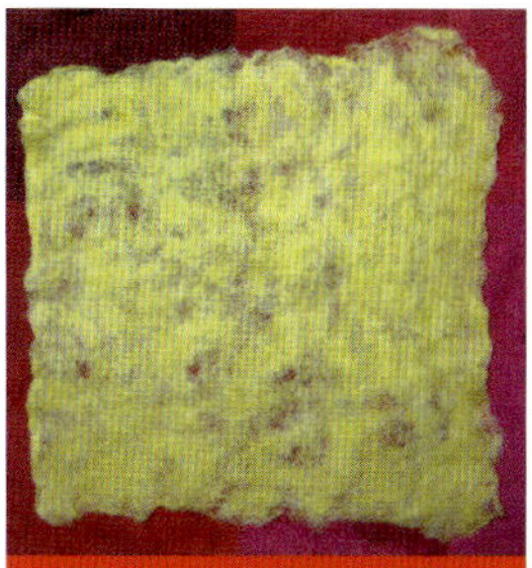

Nur angefilzt ...

Wir wiederholen diese Übung mit zwei weiteren Wollqualitäten. Diese drei vorgefilzten Transparentstücke fügen wir nun zu einem Ganzen zusammen.

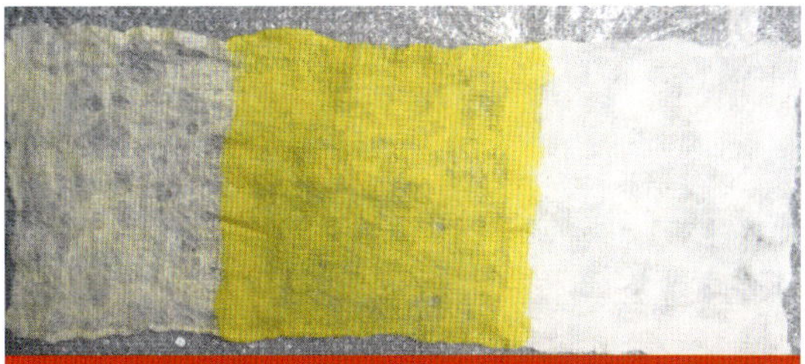

... lassen sich die Vorfilze wunderbar verbinden.

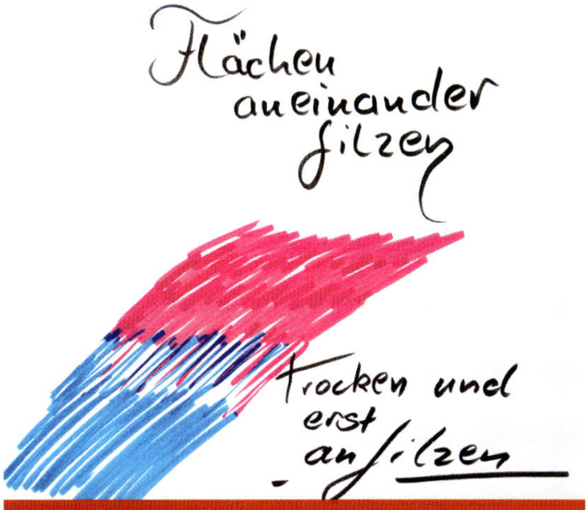

Auf die Überlappung achten, sonst muss geheftet werden.

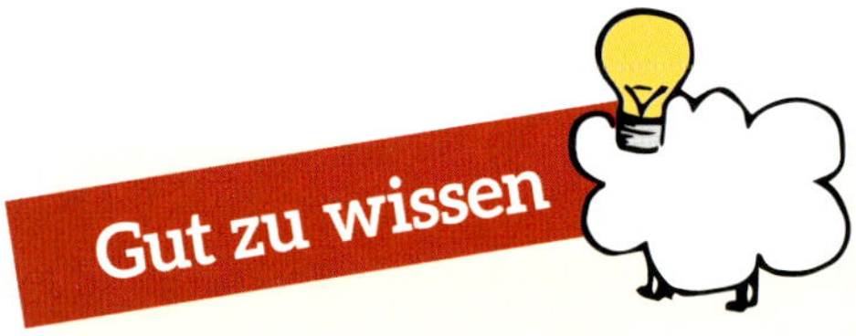

Flächen aneinanderzufilzen, funktioniert auf zwei verschiedenen Wegen, nicht nur bei den transparenten Filzen. Einmal lassen sich Vorfilze übereinanderschieben und zu einem Ganzen zusammenfilzen. Die zweite Methode besteht darin, die Seite, an die wir ein weiteres Stück anfilzen wollen, als Anschlussstelle ungefilzt zu lassen, also trocken. Diese Technik hat sich besonders bewährt, wenn wir wenig Raum zum Auslegen eines kompletten Arbeitsstücks zur Verfügung haben. Auf diese Weise können wir dennoch lange Flächen erreichen. Einzige Voraussetzung ist eine gute Skizze für den Musterverlauf und eine gleichmäßige Mengenberechnung.

Grundsätzlich gilt bei transparenten Filzen die Regel, dass durch Rollen geschrumpft wird. Werfen oder zu starkes Reiben würde die Strukturen nachhaltig verändern und wir würden dabei auch leicht die Kontrolle verlieren.

Projekt Gardine

Wenn wir mit transparenten Filzen ein Fensterkleid gestalten möchten, brauchen wir eine Idee, wie ein solcher Sichtschutz gehalten werden soll. Immer wieder hat sich für mich dabei ein Tunnel bewährt, durch den später eine Haltestange geschoben werden kann. Dazu benötigen wir einen breiteren Folienstreifen, denn auch der Tunnel schrumpft ja mit.

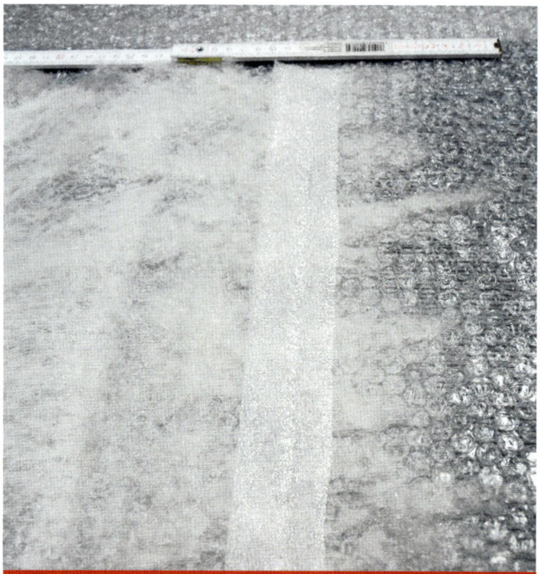

Folienstreifen als Platzhalter

Eine weitere Methode besteht darin, dass wir das transparente Gebilde an ein festeres Filzstück anfilzen, ihm also quasi einen Rahmen bieten. Dieser kann später dann an Klammern geführt werden.

Wenn die Entscheidung getroffen ist, messen wir die Fensterfläche aus, die geschmückt werden soll, und berechnen das Auslegemaß. Jetzt hilft ein Entwurf. Soll alles in einem Stück entstehen oder zusammengesetzt werden?

Das Beispiel war im Auslegemaß 100 cm lang und 30 cm breit. Weil ich eine weiße Gardine wollte,

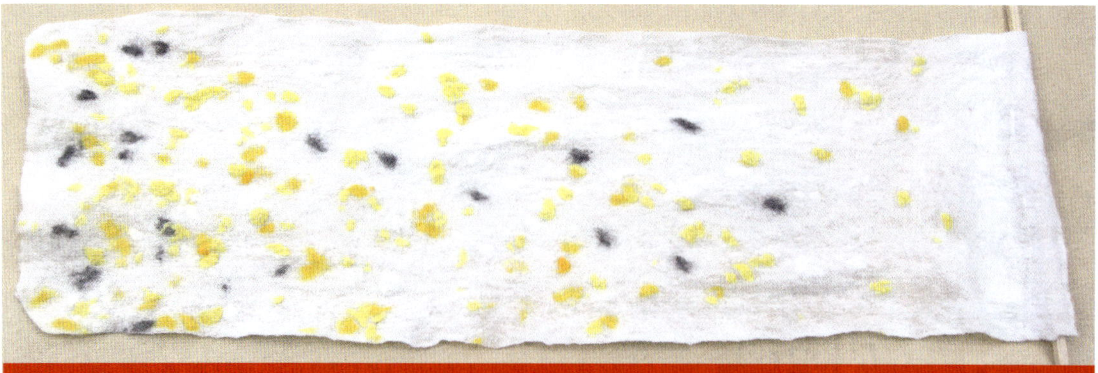

Tunnel mit Haltestange

kam südafrikanische Merino zum Einsatz. Ich habe 20 Gramm gearbeitet, um Wolle für den Tunnel übrig zu haben, den ich am oberen Rand eingearbeitet habe. Als Musterelement wurde wieder mit Konfetti gespielt.

Der Tunnel muss auch dann immer wieder kontrolliert und unbedingt offengehalten werden, wenn die Schablone zu groß geworden ist und deshalb entfernt wurde. Nehmen Sie bei transparenten Filzen ein glattes Holz oder einen Metallstab.

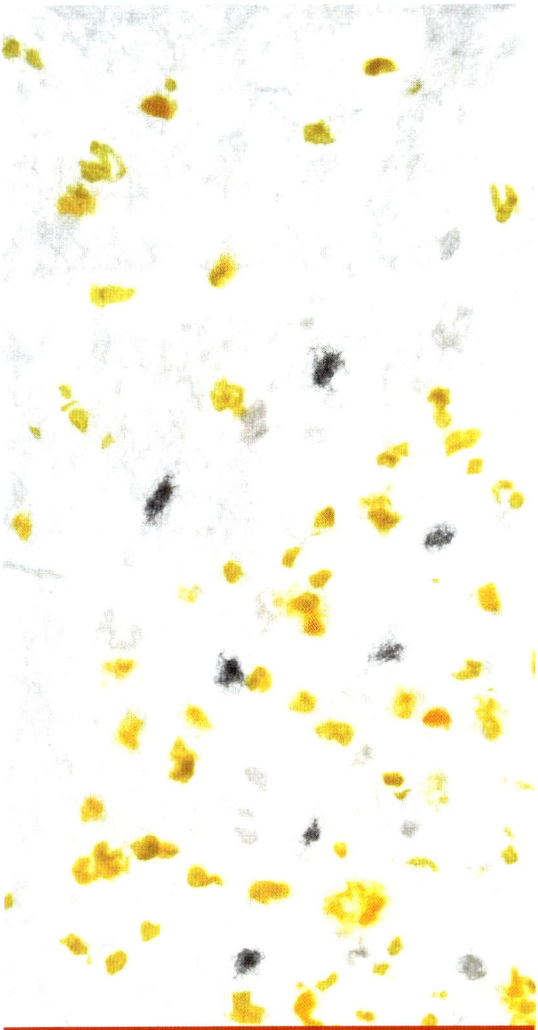

Vor dem Fenster

Gut zu wissen

Für große Fenster empfiehlt sich ein transparenter Nunofilz. Wählen Sie Organza oder Seidenchiffon als Gewebeunterlage. Die Stoffe stabilisieren die transparenten Flächen. Bei den wunderbar zarten transparenten Filzen besteht sonst die Gefahr, dass die Gravitation dazu führt, dass sich eine große Fläche verziehen würde.

Raum für Notizen mit Durchblick

Flächen und Folien

Filze lassen sich nicht nur auf der gleichen Ebene miteinander verbinden, also horizontal nach allen Seiten, nein, sie lassen sich auch aufstocken. Etagenfilze entstehen durch den sinnvoll geplanten Einsatz von Folien. Erste Übungen dazu machen wir jetzt, indem wir Blüten filzen.

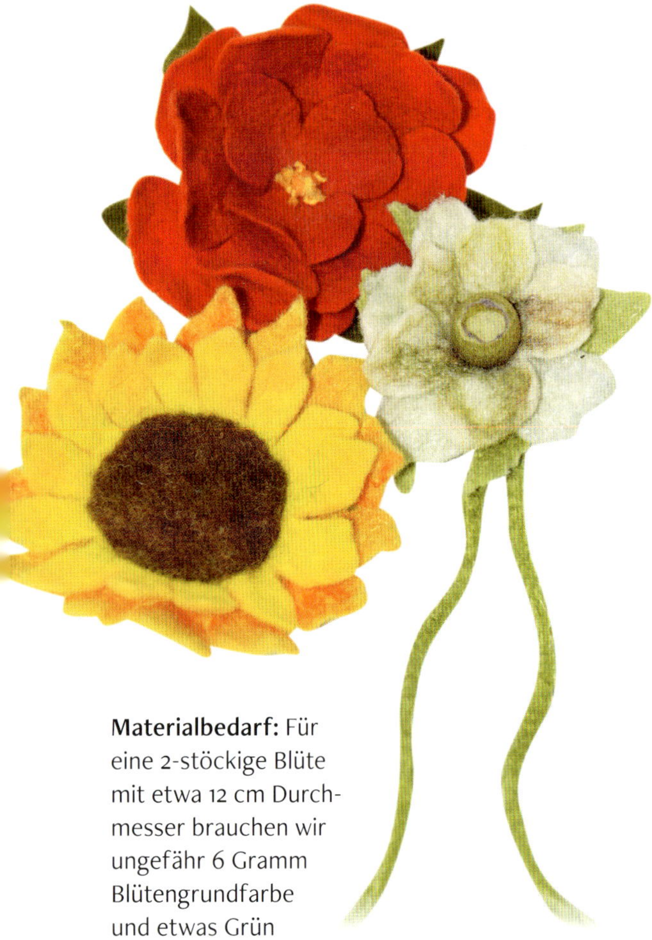

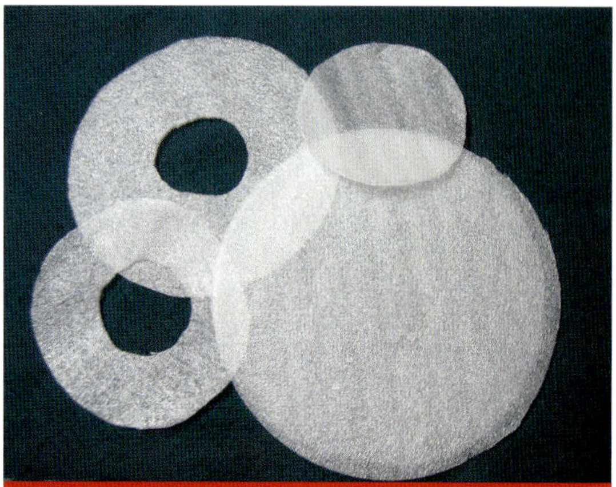

Vorbereitete Folienkreise

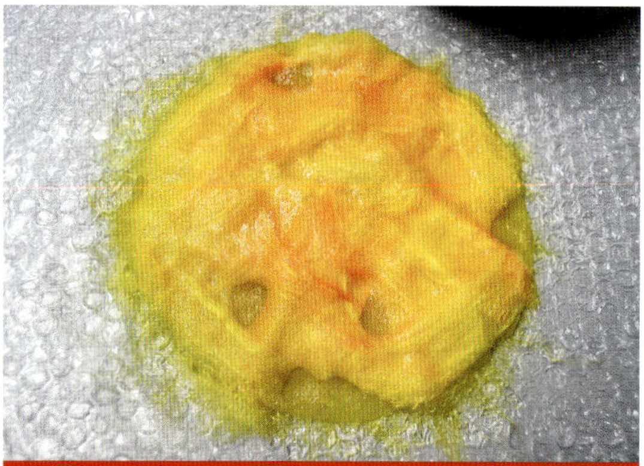

Blütenboden ausgelegt

Materialbedarf: Für eine 2-stöckige Blüte mit etwa 12 cm Durchmesser brauchen wir ungefähr 6 Gramm Blütengrundfarbe und etwas Grün für den Blütenboden. Für die Sonnenblume sollen es dann noch 2 Gramm braune Wolle für den Kernbereich sein. Auslegemaß der Basisschablone sind 18 cm im Durchmesser.)

Wir beginnen damit, dass wir die größere Kreisschablone als Vorlage für den Blütenboden nutzen und 4 Gramm Grundfarbe gleichmäßig im Rund verteilen. Wolle leicht nässen, Luft ausstreichen

Und dann die zweite Schablone auflegen. Diese Schablone hat in der Mitte ein kreisförmiges Loch.

Achtung! Das Loch muss ungefähr ein Drittel der Fläche haben. Wenn es zu klein ist, riskieren wir, dass sich die Schichten nicht verbinden.

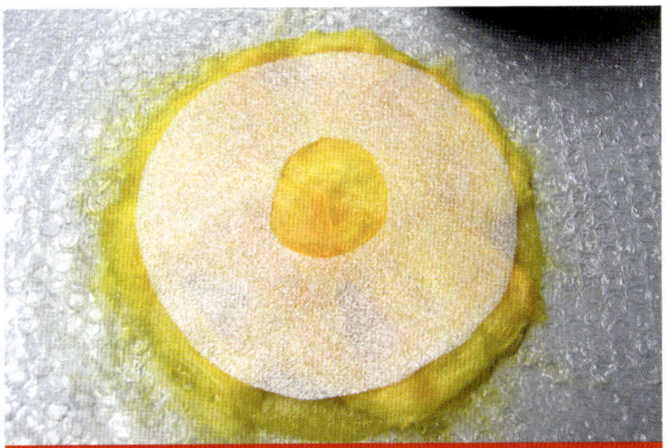

1. Etage

Auch die zweite Schablone wird wieder kreisförmig belegt. Bei der Sonnenblume legen wir nun mittig noch braune oder graugrüne Wolle auf, um das Kernfeld anzudeuten.

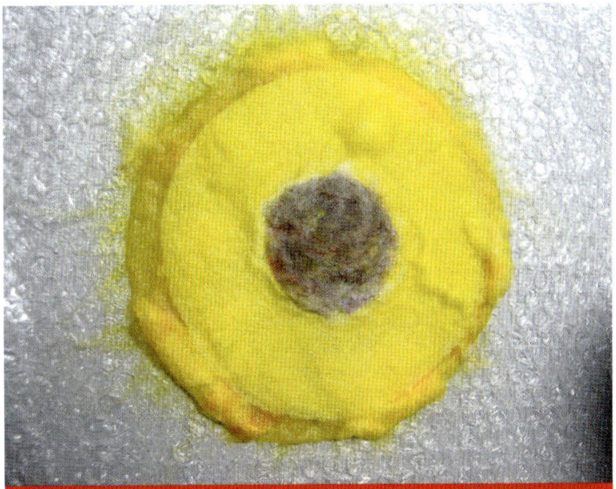

1. Etage, fertig belegt

Mit Gaze oder Noppenfolie abdecken und sorgfältig anfilzen. Ich beginne bei den Blüten immer mit dem Zentrum. Erst wenn ich hier durch beide (später dann durch mehrere) Schichten gefilzt habe, kann ich mich um den umliegenden Bereich kümmern.

Sind die Fasern so verfilzt, dass die Zupfprobe negativ bleibt, kann ich die Folie vorsichtig entfernen. Um Folie zu sparen, ziehe ich die Schablone ab, statt sie aufzuschneiden. So kann ich sie mehrmals verwenden.

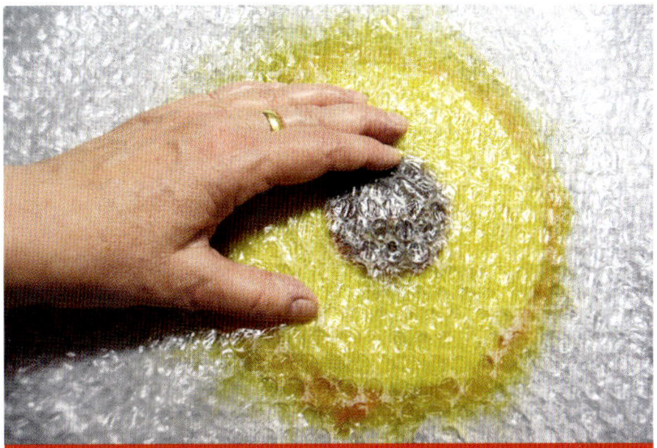

Unter Noppenfolie anfilzen.

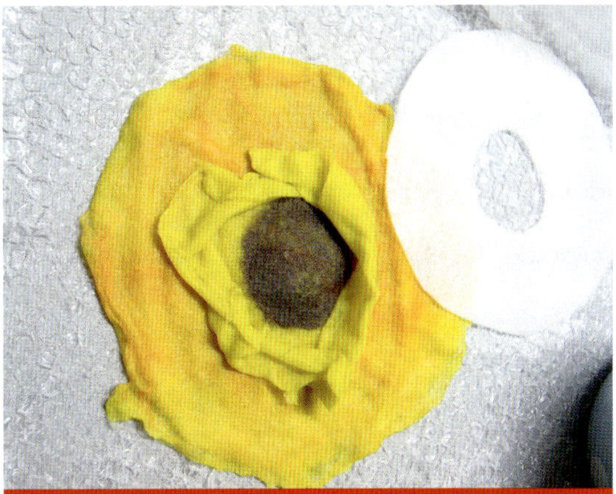

Ohne Folien stabil filzen.

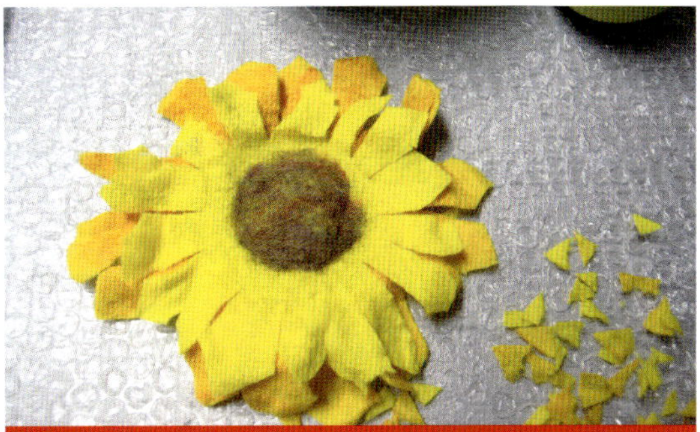

Die Blütenblätter schneiden und nachfilzen.

Nun kann die Blüte weiter verfilzt werden.

Im nächsten Schritt schneide ich die Blütenblätter auf.

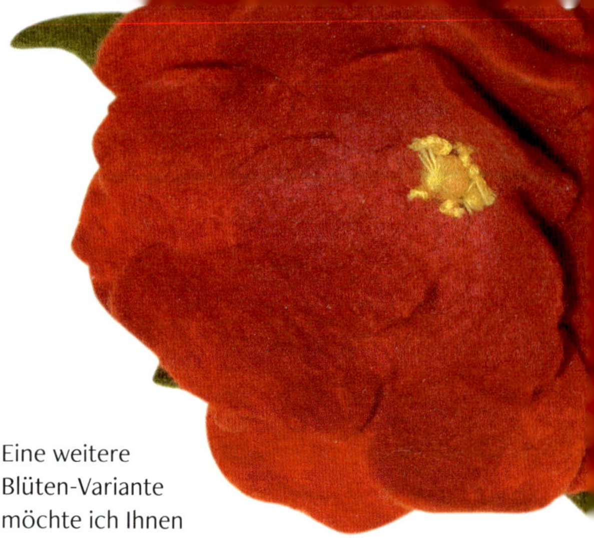

Nun werden die Ränder der Blütenblätter noch nachgefilzt, um die Kanten zu schließen. Das kann Blättchen für Blättchen manuell oder durch das Rollen der Blüte in mehrere Richtungen geschehen.

Zum Ende hin wird die Blüte gut ausgespült und wie gewohnt in Form gebracht.

Projekt Rose

Die hier vorgestellte Rose ist aus Nadelvliesen entstanden. Hier haben 4 Folien ihren Dienst getan. Zum guten Schluss erhielt sie eine Anstecknadel und dient heute als Brosche. Ich habe hier mit einem Schrumpf von 1,4 gearbeitet, damit die Blütenblätter Stand bekommen und erst relativ spät geschnitten.

Eine weitere Blüten-Variante möchte ich Ihnen auch nicht vorenthalten. Blüten können anstatt eines Blütenbodens oder einer Broschen-Nadel auch einen kleinen Tunnel oder Ring erhalten. Dann dienen sie als Serviettenringe oder hindern ein Halstuch am Verrutschen. Hierbei kommt ebenfalls eine Schablone zum Einsatz. Viel Spaß beim Blütenfilzen quer durch den Garten!

Serviettenrose von oben

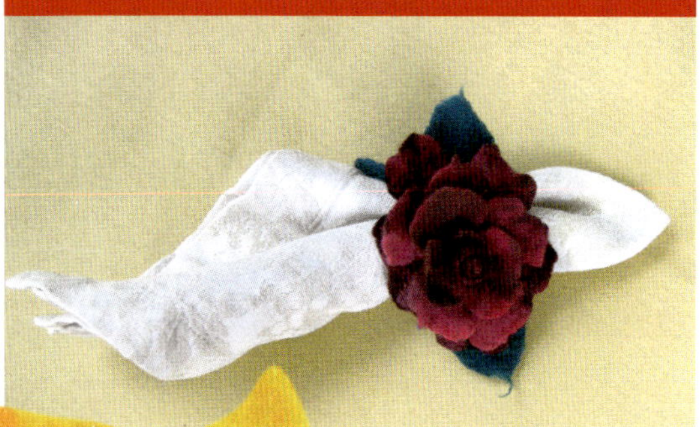

Serviettenrose von unten

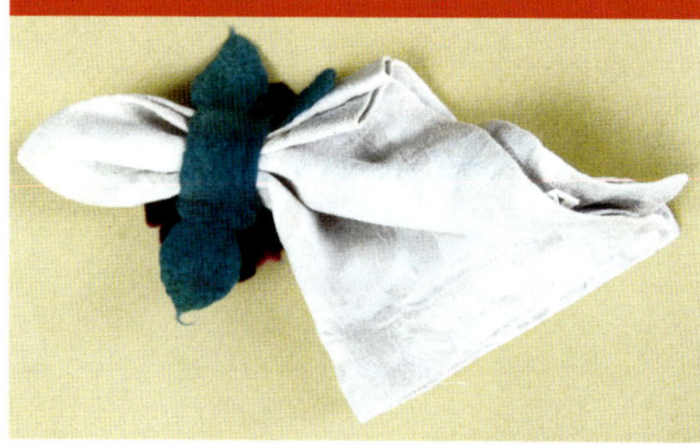

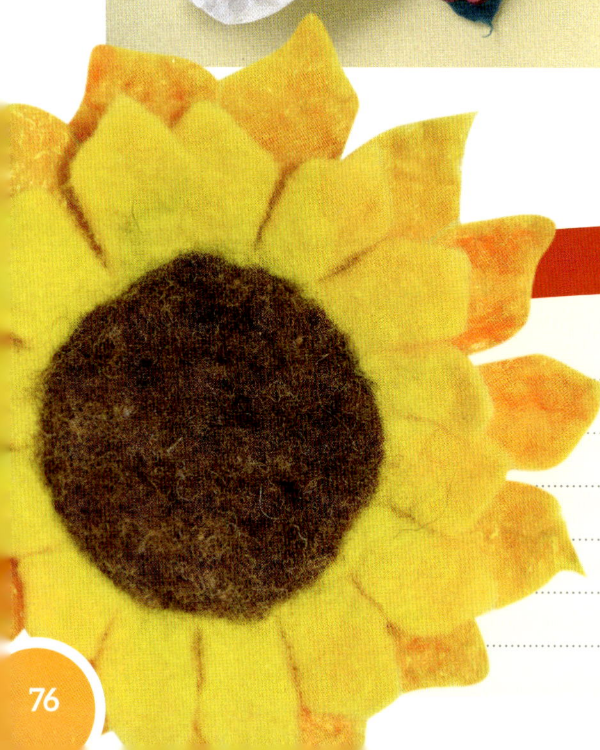

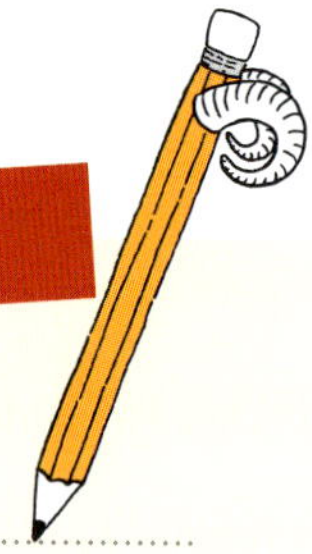

Raum für blühende Notizen

Filzen mit Folien und Schere

Egal ob in der Fläche oder auf einem Hohlkörper, mit Hilfe von Schablonen lassen sich interessante Effekte erzielen. Ich habe hier mal mit verschiedenen Farben und „Schnitttechniken" gespielt.

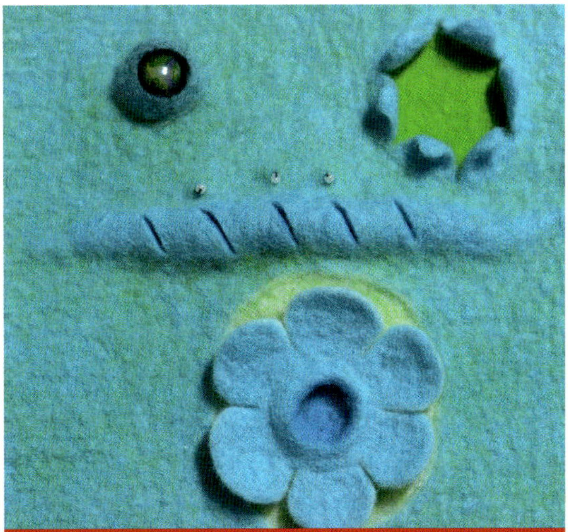

Noch mehr Schablonenideen zum Aufschneiden

Erst wurde die Fläche in grüner Wolle ausgelegt. Dann habe ich erst mal eine kreisrunde Schablone aufgelegt. Eine Ringschablone wurde mit weißer Wolle umwickelt und auf einen anderen Platz gelegt. Eine Murmel habe ich mit schwarzer Wolle umhüllt, einen Platz für sie gesucht und zum Schluss noch eine dunkelblaue Filzschnur in der Mitte platziert. Dann kamen über all diese Schablonen und Objekte noch zwei Schichten türkisfarbene Wolle oben drauf – und schon konnte losgefilzt werden.

Nachdem ich den geplanten Schrumpf fast erreicht hatte, schnitt ich die runde Schablone von der Mitte her sternförmig auf, die Ringschablone wurde am Rand geöffnet und eine Blüte aufgeschnitten. Auch die Murmel wurde oben aufgeschnitten. Mit einem Teppichmesser habe ich Kerben in die Filzschnur geschnitten. Dann noch mal überfilzen, um die Räder zu stabilisieren – und fertig. Man kann mit Schablonen wunderbar sauber arbeiten, klare Formen hervorbringen und experimentieren. Es können sogar mehrere Schablonen aufeinander verarbeitet werden. Hier muss man nur darauf achten, dass die Schablonen an einer Stelle jeweils mit dem Grundwerk oder der nächsten Schablone durch „Wollkontakt" verbunden sind.

Mit Folienstreifen arbeiten

Wenn man der Wolle vertraut und weniger präzise Muster erreichen will, dann kann man auch mit Folienstreifen, zusammengerollten Kunststofftüten oder Plastikschnüren arbeiten. Auch hier gilt wieder: Erst die Grundwolle auslegen, dann die Streifen platzieren.

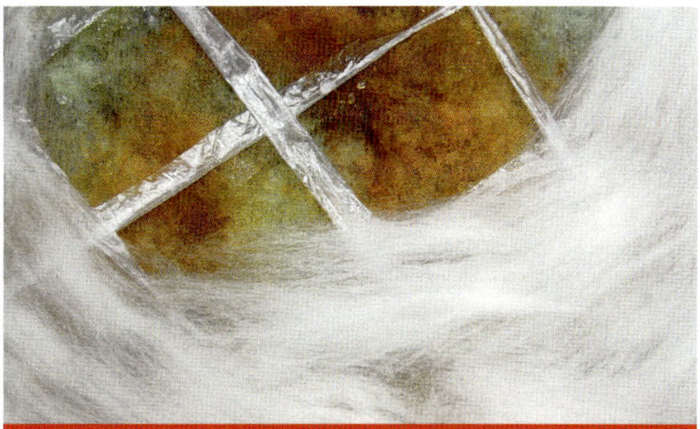

Folienstreifen für Schollentechnik

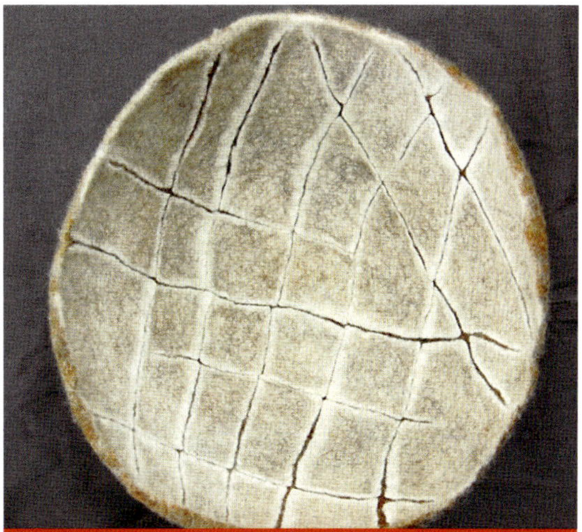

Schale in Schollentechnik

Danach legt man weitere Wollschichten auf, filzt an, und erst nachdem alles stabil verbunden wirkt, wird an den entstandenen Hohlräumen oder Kanälen entlang aufgeschnitten. Nun, wenn die Einleger entfernt sind, wird weiter gefilzt. So schiebt sich die dünnere Basiswolle noch weiter zusammen und die „aufgebrochene“ Struktur bildet so genannte Schollen. Hier gilt, je dünner die Wollschicht über die Folienstreifen gelegt wird, umso weniger deutlich wird die Schollenoptik. Also, ruhig etwas mehr Wolle auflegen.

Raum für schnittige Notizen

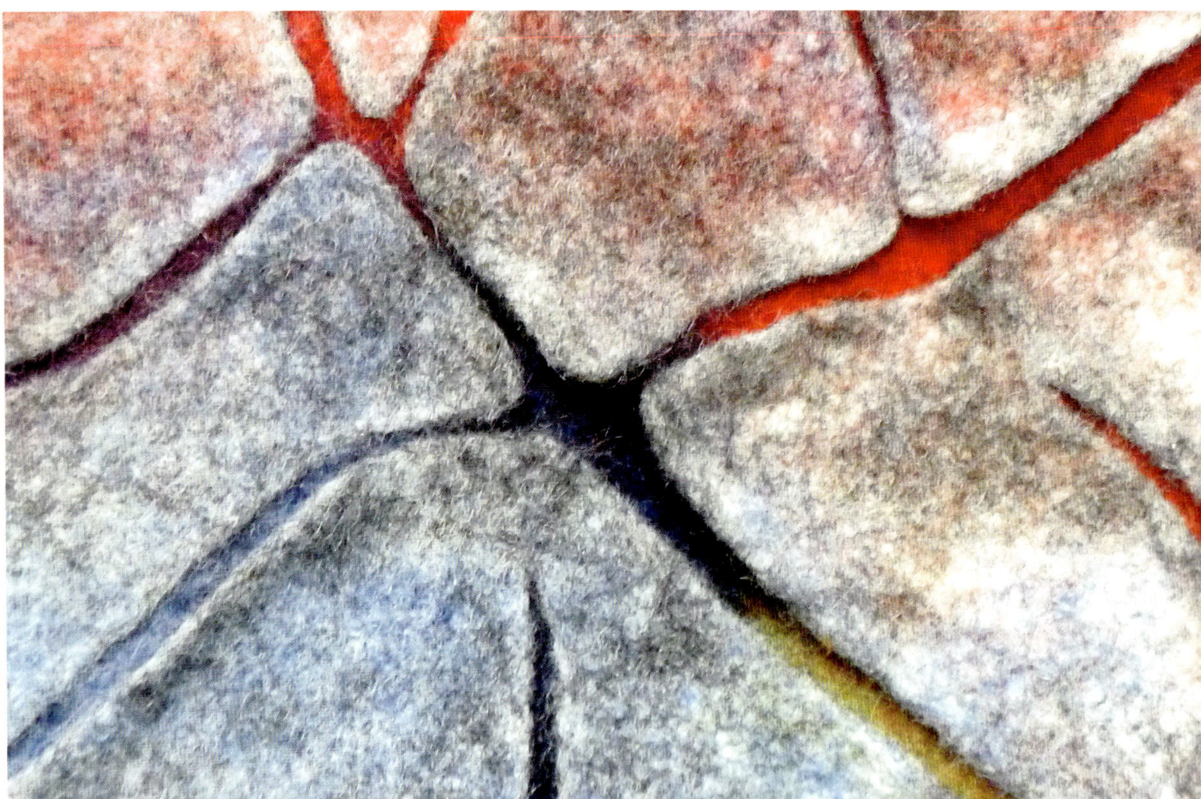

Farbspiele in Schollentechnik

Kompakte Filze

So lange man Wolle flächig übereinanderschichtet, entstehen Flächen. Wie wir bei den Schrumpfexperimenten gesehen haben, können sich Flächen auch in die dritte Dimension bewegen lassen.

Damit sind die Möglichkeiten der Wolle aber noch lange nicht erschöpft. Man kann die Wolle dazu überreden, sich zu einem dreidimensionalen Objekt zusammenzufilzen.

Vor vielen Jahren wollte ich so gerne einen Teddybären filzen. Ja, ich weiß, kleiner ging es nicht. Zu der Zeit gelangen Flächen ganz gut. Also wurde neue Wolle besorgt. Nach drei Versuchen habe ich die Geduld verloren und aufgegeben. Dann bin ich einer wunderbaren Filzerin und Filzlehrerin begegnet und fing an, durch sie die Wolle wirklich zu verstehen. Ihre Art mit unserem einzigartigen Material umzugehen, inspiriert mich bis heute zu immer neuen Arbeiten.

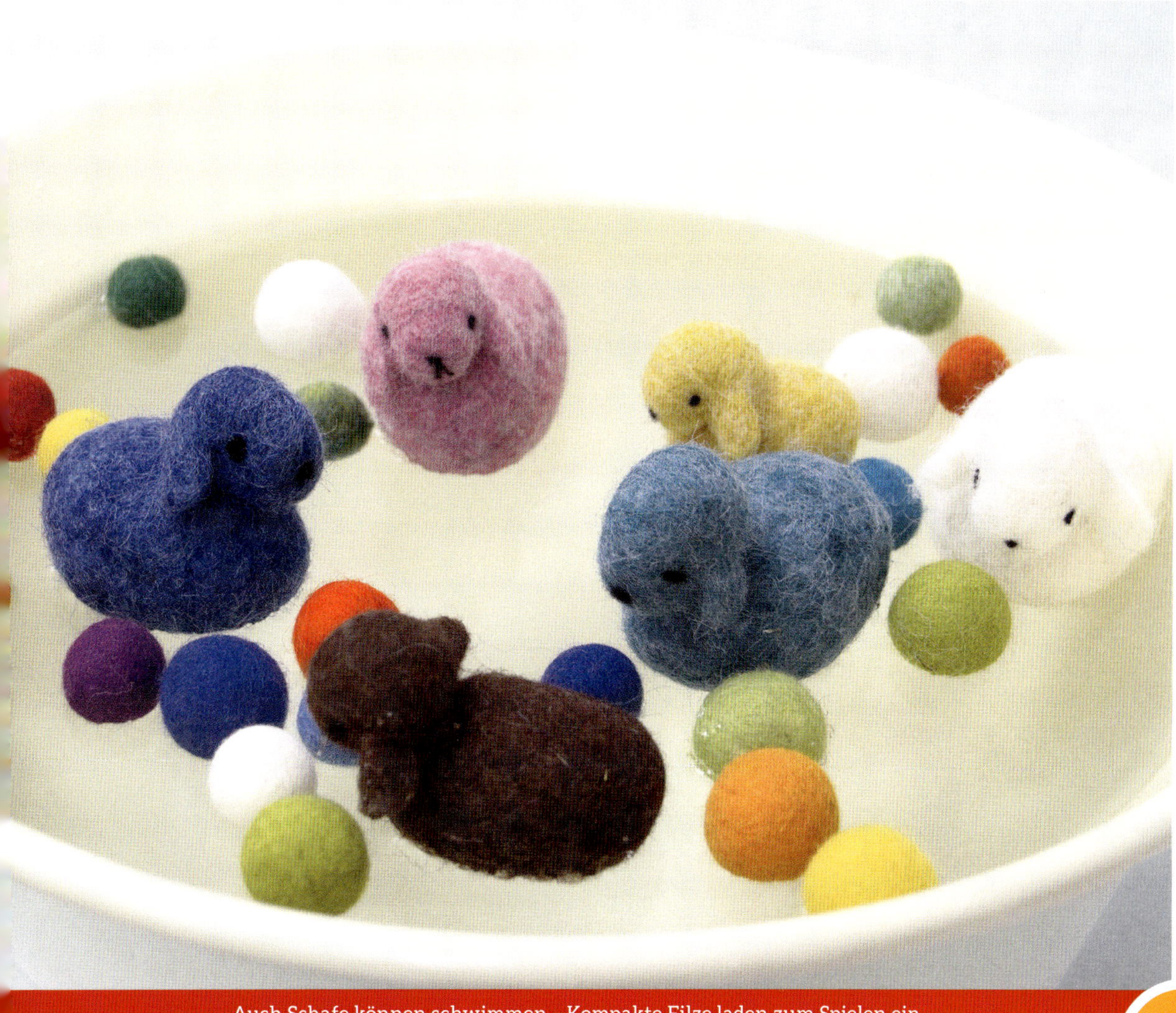

Auch Schafe können schwimmen – Kompakte Filze laden zum Spielen ein.

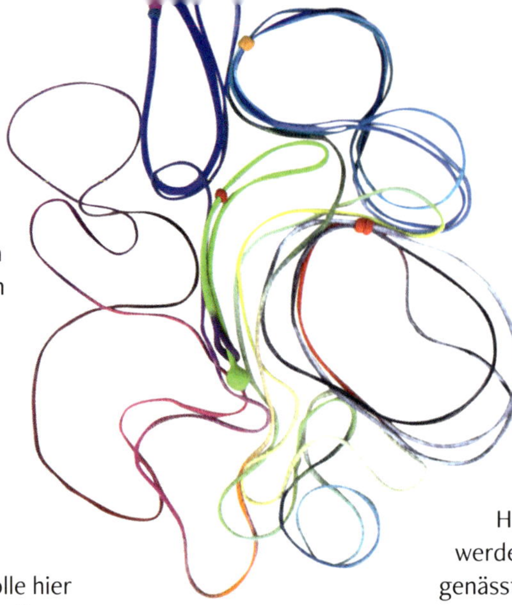

Als Einstieg in dieses Thema wollen wir uns mit Schnüren und Kugeln beschäftigen. Durch die beiden Produkte üben wir die grundlegenden Techniken und erhalten sofort Ergebnisse, die sich gleich in den Alltag integrieren.

Auch spielt die Wahl der Wolle hier wieder eine gestalterische Rolle. Besonders glatte und ebenmäßige Oberflächen erzielt man mit Wollen, die 21 mic zart oder noch feiner sind. Auch sind sie auf der Haut angenehm. Dafür sind Arbeiten aus gröberen Wollen spannender, was das Oberflächenbild angeht.

Die Schnur aus dem Kammzug

Eine Filzschnur herzustellen, geht mit Kammzugwolle oder Kardenband in der Regel recht unkompliziert, da die Wollmenge im Verlauf durch die maschinelle Zubereitung der Wolle vorgegeben ist.

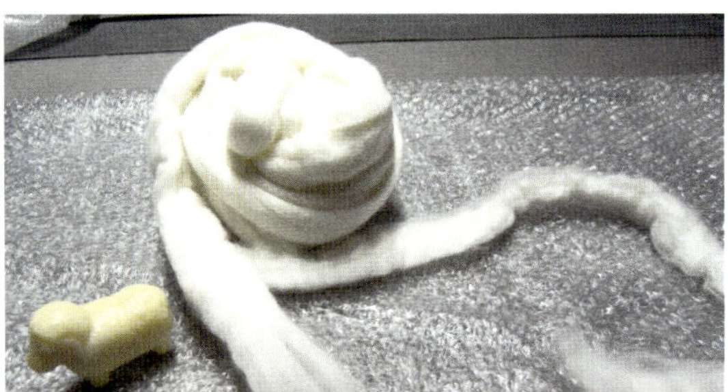

Vom Kammzug ...

Probieren wir es einmal aus: Wir legen den Kammzug in der gewünschten Länge vor uns auf die Arbeitsfläche. Bei dieser Schnur habe ich den Kammzug der Länge nach halbiert.

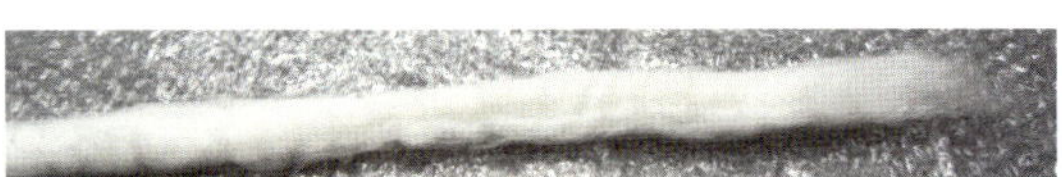

... teilt man ein Stück ab, ...

Erst einmal wird die zukünftige Schnur trocken gerollt. So kann man am schnellsten sehen, ob es dünne Stellen gibt oder einen Bereich, in dem zu viel Wolle liegt.

Hier sollte ausgeglichen werden. Dann erst wird die Wolle genässt und behutsam angerollt.

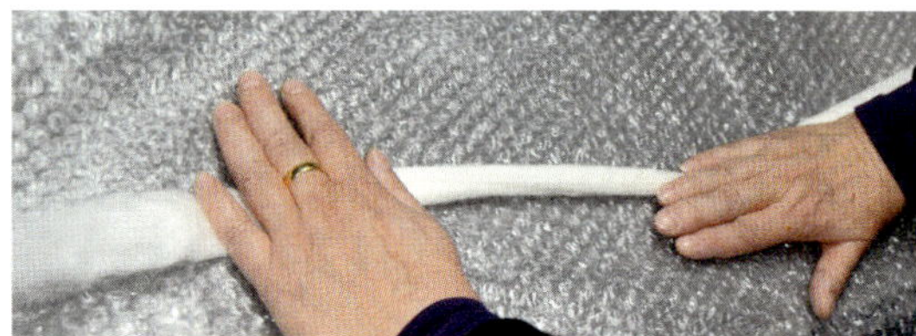

... rollt es trocken vor ...

Falten oder Überlappungen können nach dem ersten Anfilzen immer noch mit kleineren Wollzügen ausgeglichen werden.

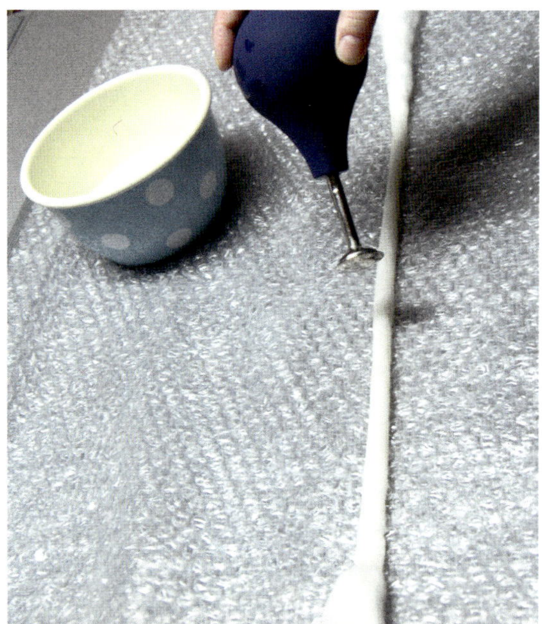

... und seift es ein.

Dann rollen wir immer fester und zum Schluss sollte die Schnur auch geknetet werden, um den Schrumpf auch in die Länge zu bringen.

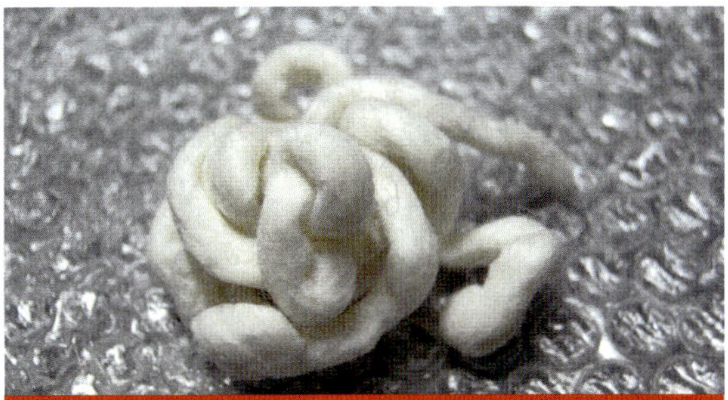

Dann knetet man die Schnur schon mal ...

Kammzugschnüre werden an ihren Enden immer schmaler. Wenn dies für die weitere Verwendung nicht gewünscht ist, schneiden wir die Endstücke einfach ab und verfilzen die Schnittkante gründlich.

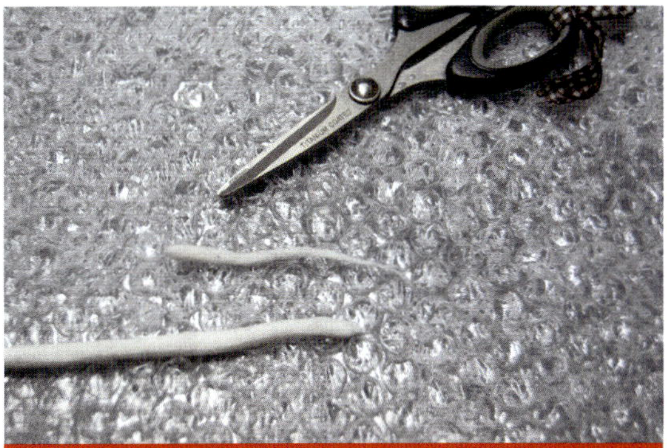

.... und kappt die spitzen Enden – fertig!

Die Schnur aus der Vlieswolle

Um eine Schnur aus Vlieswolle zu filzen, legt man eine gleichmäßig breite Fläche in der gewünschten Länge aus.

Je dicker die Schnur werden soll, umso breiter muss die ausgelegte Fläche sein. Ich empfehle hier, nur mit einer Wollschicht zu arbeiten. Die Fläche wird von unten nach oben wie ein Strudel aufgerollt.

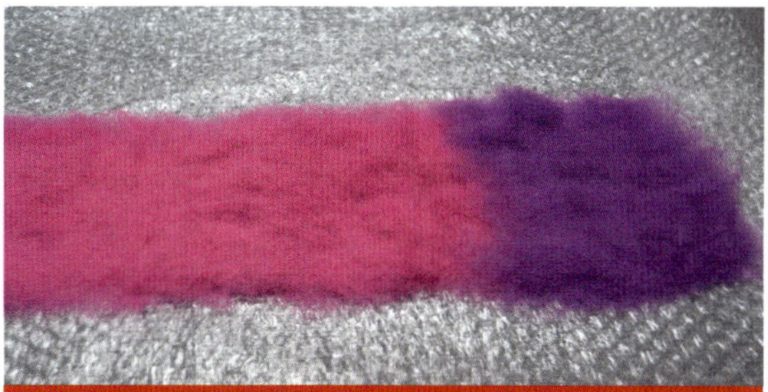

Vliese legt man flächig aus, ...

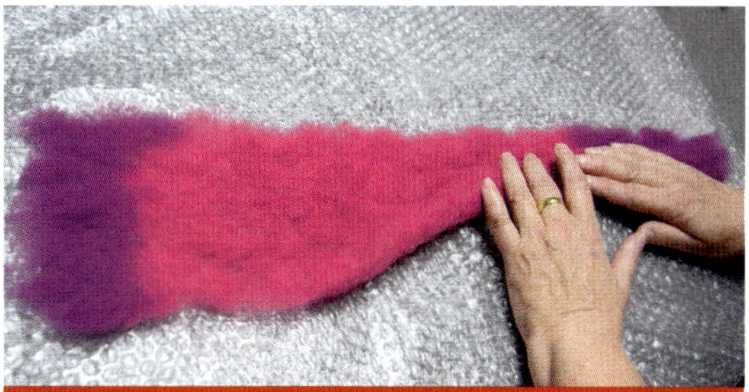

... rollt sie von der Längsseite auf ...

Die erste Stabilität bringen wir über das trockene Anrollen in die zukünftige Schnur. Dann wird diese genässt, um vorsichtig die Luft herauszuarbeiten. Dadurch wird die Schnur länger. Beim Rollen benötigen wir Geduld, um die zukünftige Schnur rund zu bekommen.

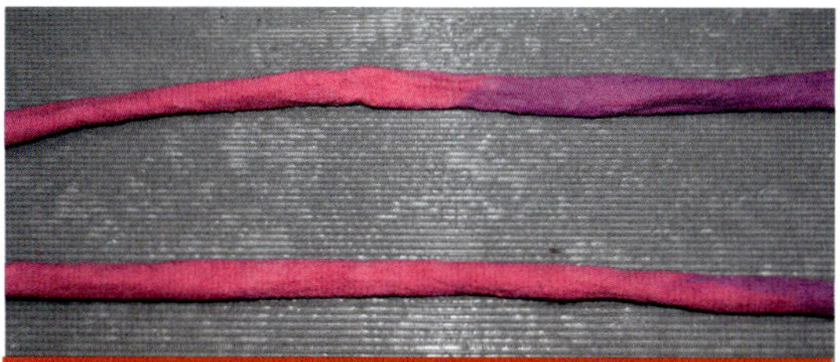

... und filzt dann die Schnur.

Es empfiehlt sich, Stück für Stück an der Schnur zu arbeiten. Hierbei hilft eine Filzmatte enorm, da sie genug Widerstand bietet.

Auch hier können Falten oder dünne Stellen natürlich nach dem ersten Anfilzen durch kleine Wollflocken ausgeglichen werden.

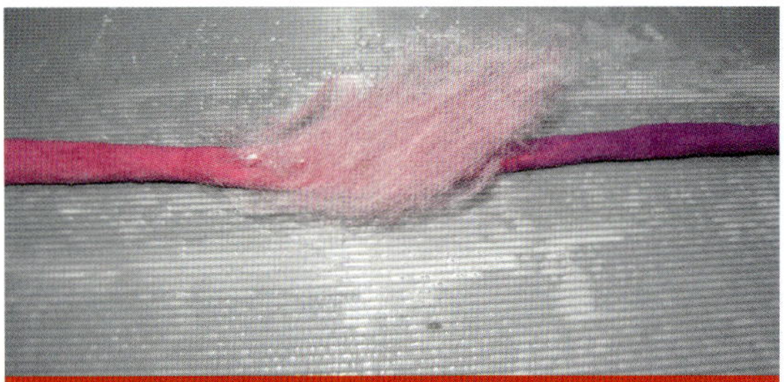

Dünne Stellen brauchen ein trockenes Pflaster.

Auch hier filzen wir bis zur gewünschten Festigkeit.

Projekt Kranz

Schnüre kann man immer gebrauchen. Als Geschenkband, als unentbehrlicher Helfer bei Rasterlocken, um Taschengriffe herzustellen, fürs Kinderzimmer ... Was auch wunderschön aussieht und kaum Gestaltungsgrenzen hat, ist das Umwickeln eines im Handel erhältlichen Strohkranzes, auch als Strohrömer bezeichnet, mit Filzschnüren. Man bekommt auch fertige Styroporrohlinge zu kaufen. Diese sind aber leider nicht ganz so stabil. Der fertig mit Schnüren bewickelte Kranz kann dann passend zu jeder Jahreszeit mit Blüten oder anderen Utensilien geschmückt werden. Die benötigte Wolle hängt natürlich von der Größe des Strohkranzes ab und der Dichte, mit der Sie den Kranz bewickeln wollen. Unabhängig davon helfen Metallkrampen, Drahtschlaufen oder Patenthaften aus dem Blumenladen die Schnurenden jeweils zu befestigen. Das geht natürlich auch mit Stecknadeln.

Wie geht endlos?

Auch bei Schnüren geht „endlos“. Und eigentlich ist es ja für Sie schon längst kein Geheimnis mehr.

Klar, wir brauchen zwei trockene oder zumindest ungefilzte Schnurenden. Diese fügen wir zusammen, befeuchten sie, seifen sie ein und belegen sie bei Bedarf mit etwas mehr Wolle. Auf diese Weise stellen wir eine gleichmäßige Grundlage her – und dann kann gefilzt werden.

Die gleiche Technik setzen wir zur Verlängerung einer Schnur ein.

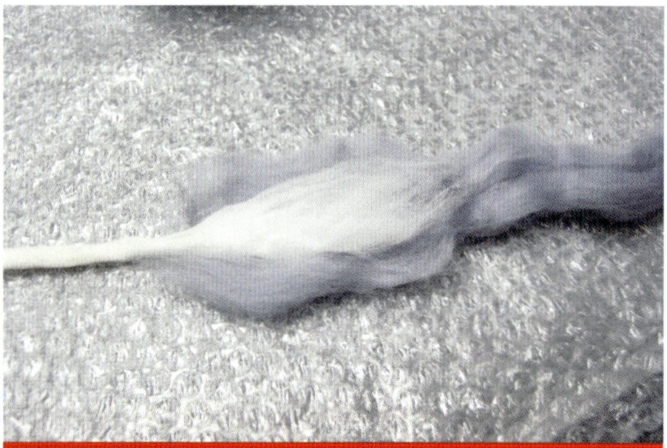

Trockene Enden machen endlos viel möglich.

Und schließen sie zum guten Schluss zu einer Kette.

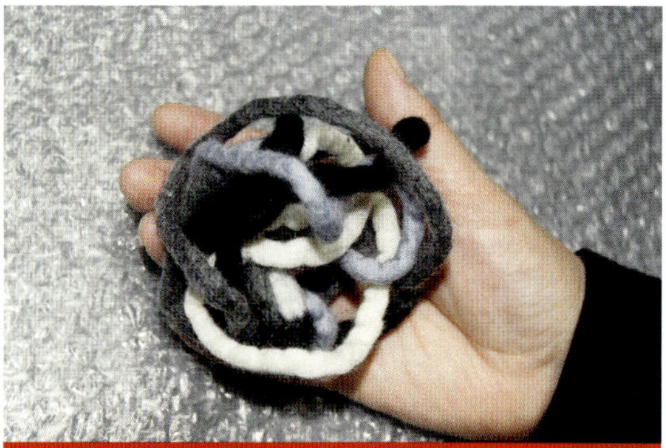

Kneten hilft zu verdichten und Länge zu schrumpfen.

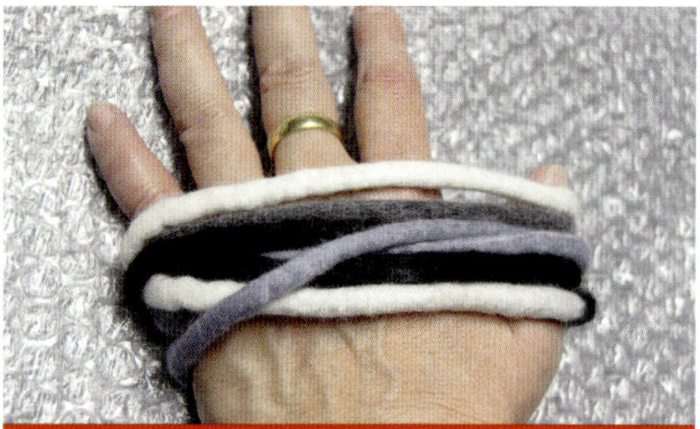

Endlos fertig.

Ein besonderer Effekt entsteht bei einer Endlosschnur, wenn wir sie mit einer Wollflocke einfassen.

Dazu legen wir fest, wie oft die Endlosschnur gefasst werden soll. Man kann eine Endloskette z. B. einmal übereinanderschlagen. Dazu wird zuerst eine Acht geformt und dann legt man beide Schlingen der Acht aufeinander. Es ist auch möglich, die Schnur drei- oder viermal umzuschlagen. An einer Stelle der so entstandenen Mehrfachkette umwickelt man dann die Schurbögen mehrmals mit einer Wollflocke.

Dann seift man diese Flocke gründlich ein, bewegt dieses Wollpäckchen vorsichtig auf der Schnur hin und her und reibt gleichzeitig die äußere Perlenoberfläche.

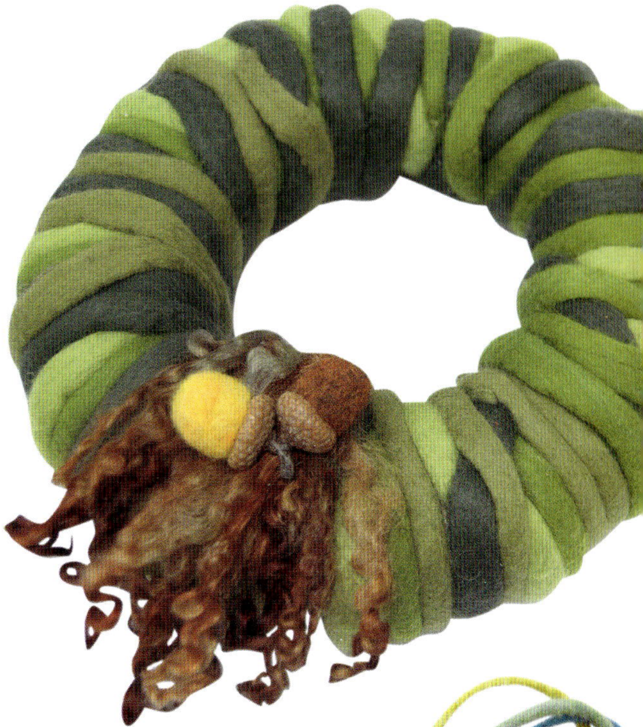

Ein Schnurkranz für viele Gelegenheiten

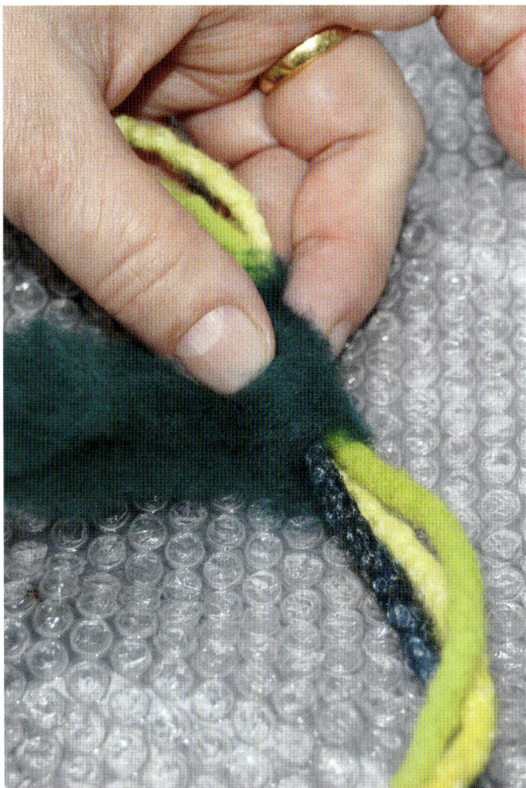

Die Flocke für die Wollperle vorbereiten.

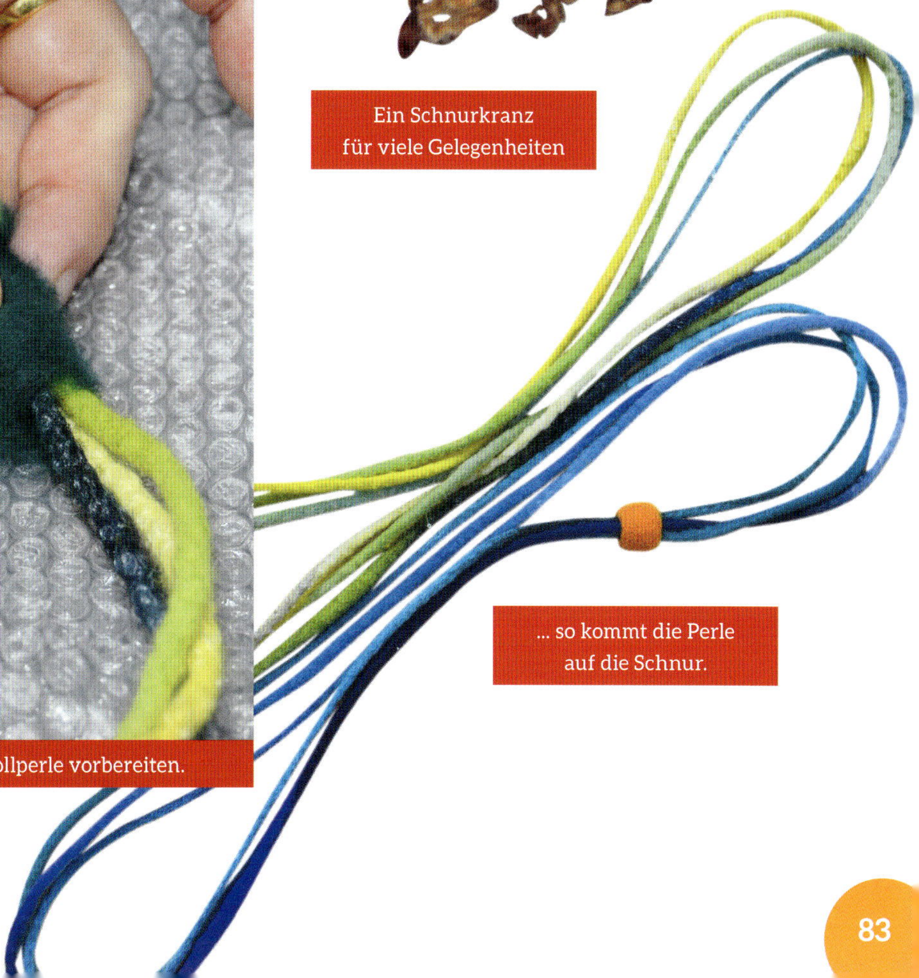

... so kommt die Perle auf die Schnur.

Durch zunehmenden Druck entsteht mit der Zeit eine Perle. Kontrastfarben machen das Ganze besonders spannend!

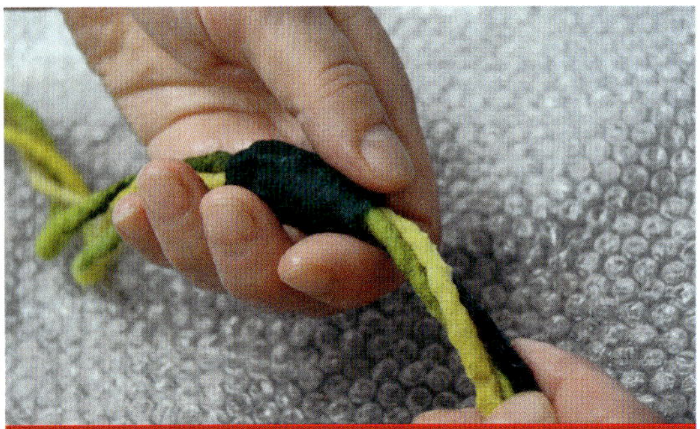

Noch braucht man etwas Geduld.

Der Schnüre Kern

Knöpfe, Effekt-Schnüre, Nachbildungen einer beliebten Süßigkeit und viele weitere Spielereien lassen sich erzielen, indem Sie mehrfarbige Schnüre herstellen. Hierzu legen wir ein Vliesbett in der gewünschten Länge aus.

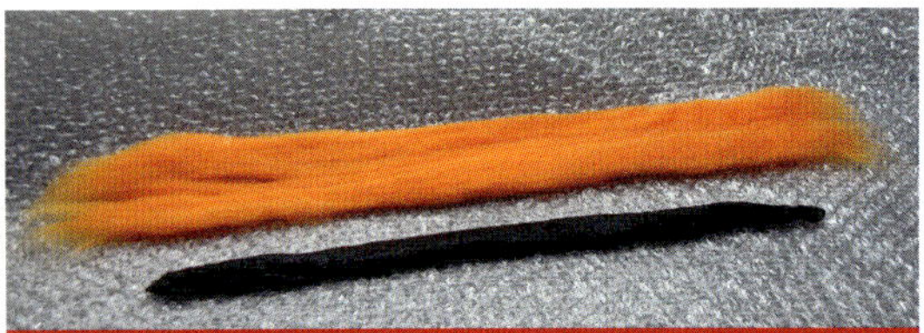

Schnurbett und Schnurkern vorbereitet ...

Danach wird eine bereits gerollte und genässte Schnur wie in einen Teppich eingewickelt.

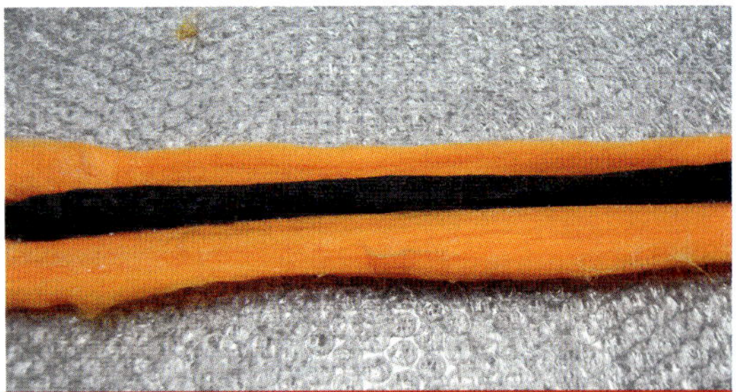

... für die filzige Verbindung

Nun kann langsam und behutsam, später mit mehr Kraft, eine kompakte Schnur ausgearbeitet werden. Diese lässt sich am Ende beliebig weiterverarbeiten.

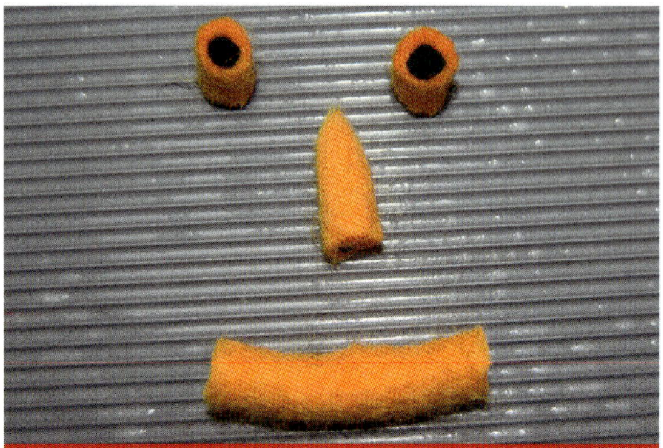

Schnur mit Kern lädt zum Spielen ein.

Um einer Blüte Halt zu geben oder einen Zweig für einen Vogel herzustellen, umwickle ich Draht. Es eignen sich Kupferdrähte und andere nicht rostende Metalle. Ich bevorzuge Elektrodraht oder Rebendraht, da sie bereits ummantelt sind und die Wolle von ihnen nicht abrutscht. Hierbei ist immer das Drahtende der Teil der Arbeit, der die meiste Aufmerksamkeit bekommt.

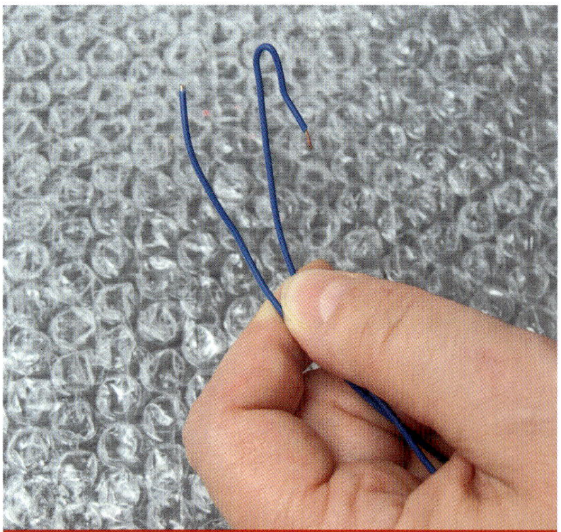

Der Draht als Kern braucht an den Enden besondere Aufmerksamkeit, ...

Damit der Draht sich nicht aus der schrumpfenden Wolle herausschiebt und womöglich jemanden verletzt, umwickeln wir das Drahtende und biegen es zu einer Schlaufe um. Diese wird nochmals mit Wolle belegt, erst dann gehen wir in die Länge.

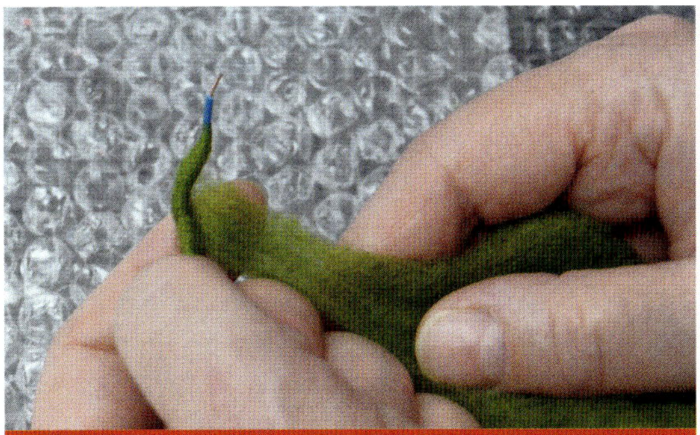
... also erst sorgfältig umwickeln, ...

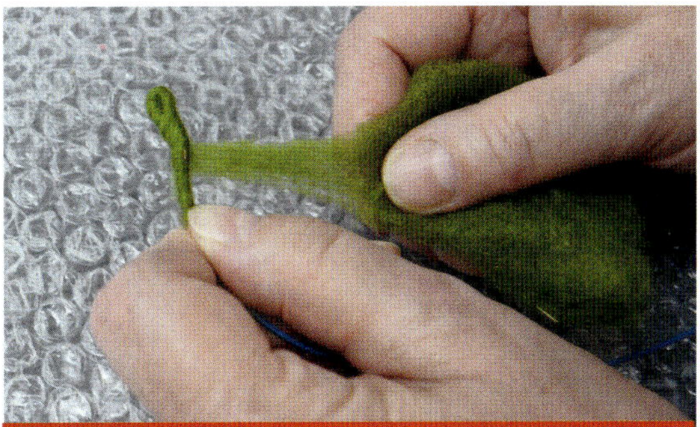
... dann umbiegen und erneut umwickeln.

Je nach weiterer Verwendung kann an einer Seite auch eine Öse entstehen, damit der Stängel an den Blütenboden angenäht werden kann.

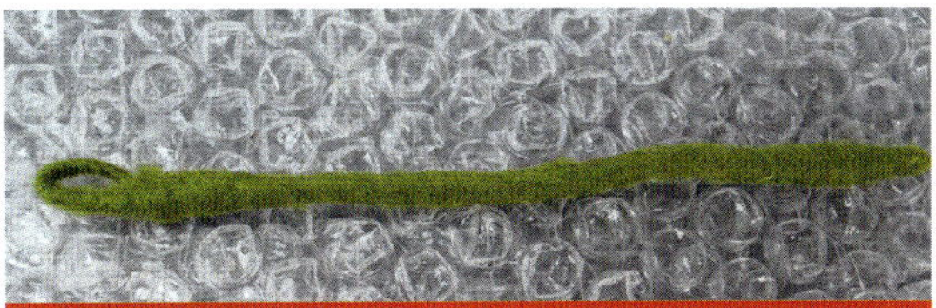
So soll's sein.

Mit einer hauchdünnen Schicht Wolle belegen wir jetzt den Draht, um eventuelle Wickelspuren zu überdecken, und filzen den Stängel nass wie alle Schnüre. Auch ein Blatt kann angesetzt werden. Fertig gefilzt, kann der Draht dann an einer Blüte montiert werden.

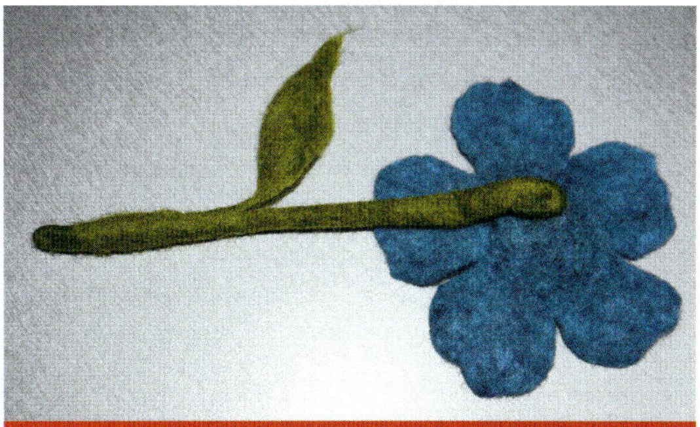
Der fertige Stängel kann festgenäht werden.

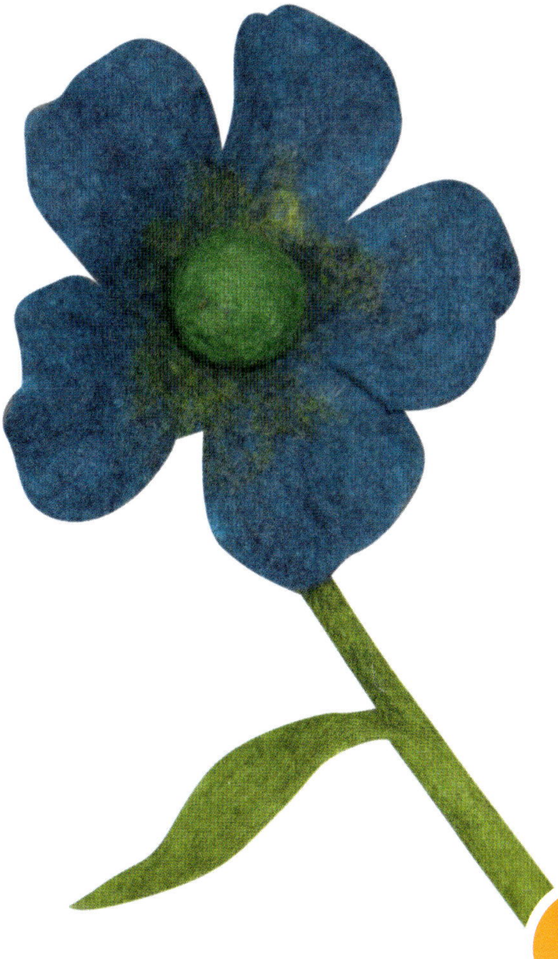

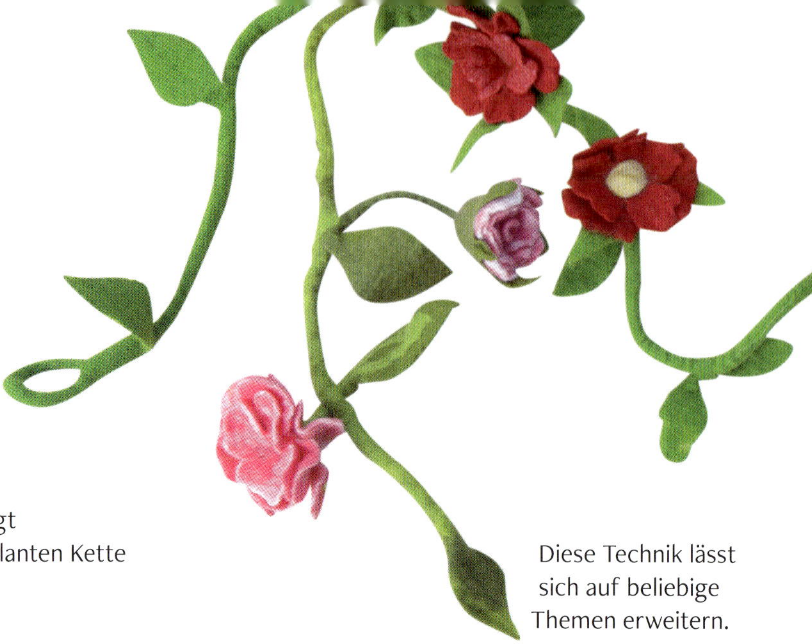

Blüten an der Schnur

Aus unseren Komponenten Schnur und Blüte lassen sich wunderbar dekorative Blütenketten herstellen. Diese Ranken oder Girlanden können sehr lang werden, wenn wir immer ein Ende trocken lassen. Der Materialverbrauch hängt hier sehr von der Länge der geplanten Kette und der Anzahl der Blüten ab.

Diese Technik lässt sich auf beliebige Themen erweitern.

Projekt Gras

Um das Gras wachsen zu lassen, denn auch so etwas kann die Filzerin, filzen wir kleine Schnüre mit jeweils einer trockenen Seite. Dieses Gras kann überall wachsen, wie beispielsweise auf Spielflächen.

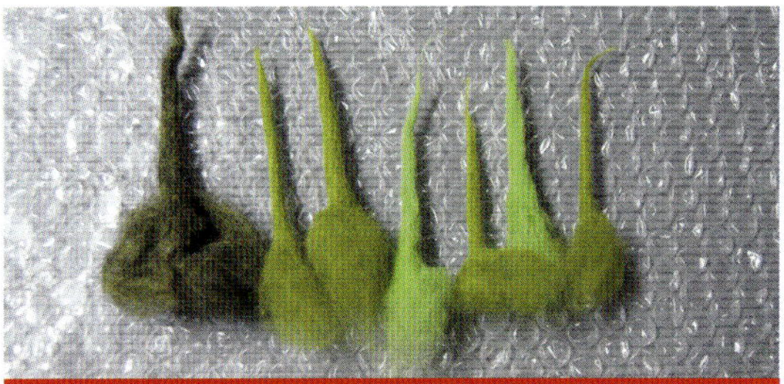

Wir lassen das Gras wachsen, Zipfel für Zipfel.

Diese Zipfel setzen wir so dicht, wie es geht, nebeneinander auf eine vorbereitete, nicht angefilzte Fläche. Zur Stabilisierung legen wir kleine Wollflöckchen als Pflaster auf den Grasansatz und können nun filzen

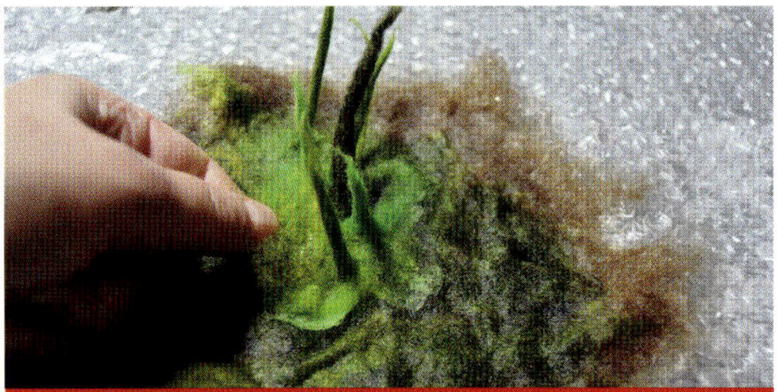

Auf einer soliden Unterlage anfilzen.

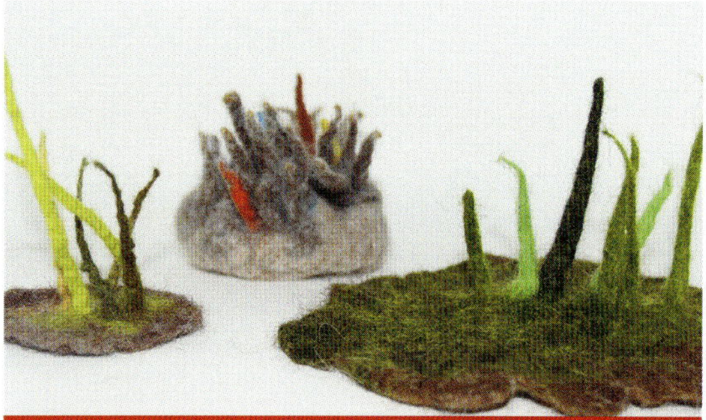

Rasenstücke, garantiert pflegeleicht

Variante von Stiel und Fläche

Gänseblümchen und Glücksklee lassen sich recht einfach herstellen, wenn wir kleine Flächen aus Nadelvlies vorbereiten und passende Schnürchen mit einem trockenen Ende bereitlegen.

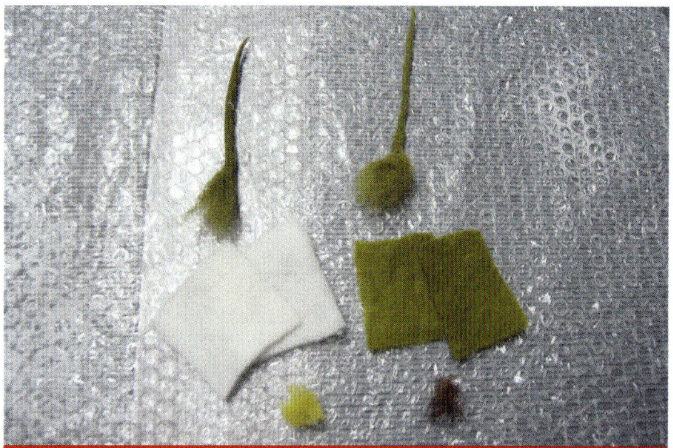

Material für Glücksklee und Gänseblümchen

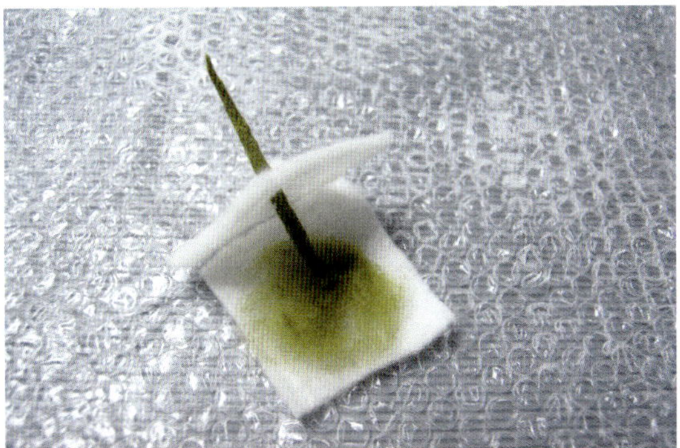

Zusammenbauen fürs kleine Glück

Wir brauchen jeweils zwei gleich große Vorfilzstücke und einen Stiel. Der Stiel wird auf ein Vorfilzstück aufgesetzt und das zweite Stück über den Ansatz geschoben, hierfür schneide ich ein kleines Loch in die Mitte der Platte.

Nun kann gefilzt werden. Wenn sich Stiel und Platten gut miteinander verbunden haben, schneiden wir die Platten wie folgt ein:

Schnittanleitung für kleine Glücksbringer

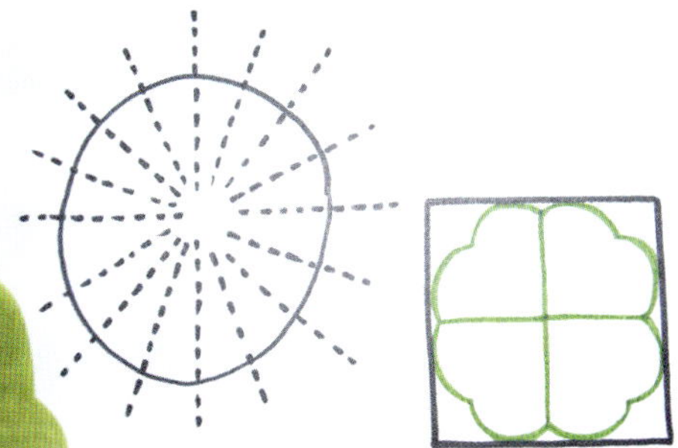

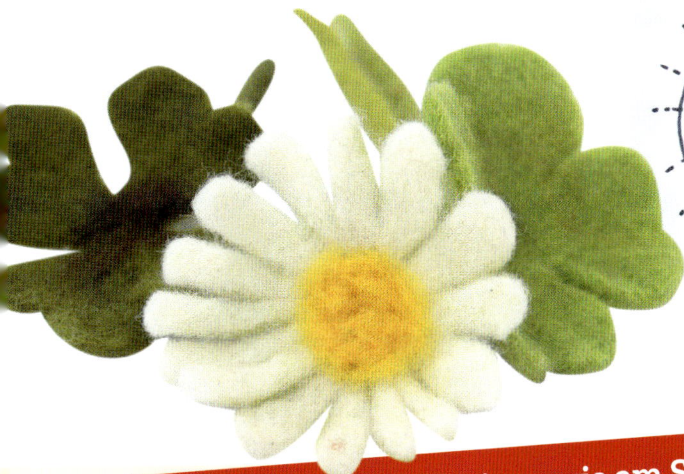

Raum für Notizen wie am Schnürchen

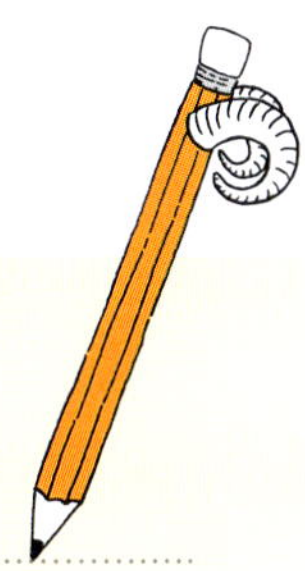

Kugeln kugeln

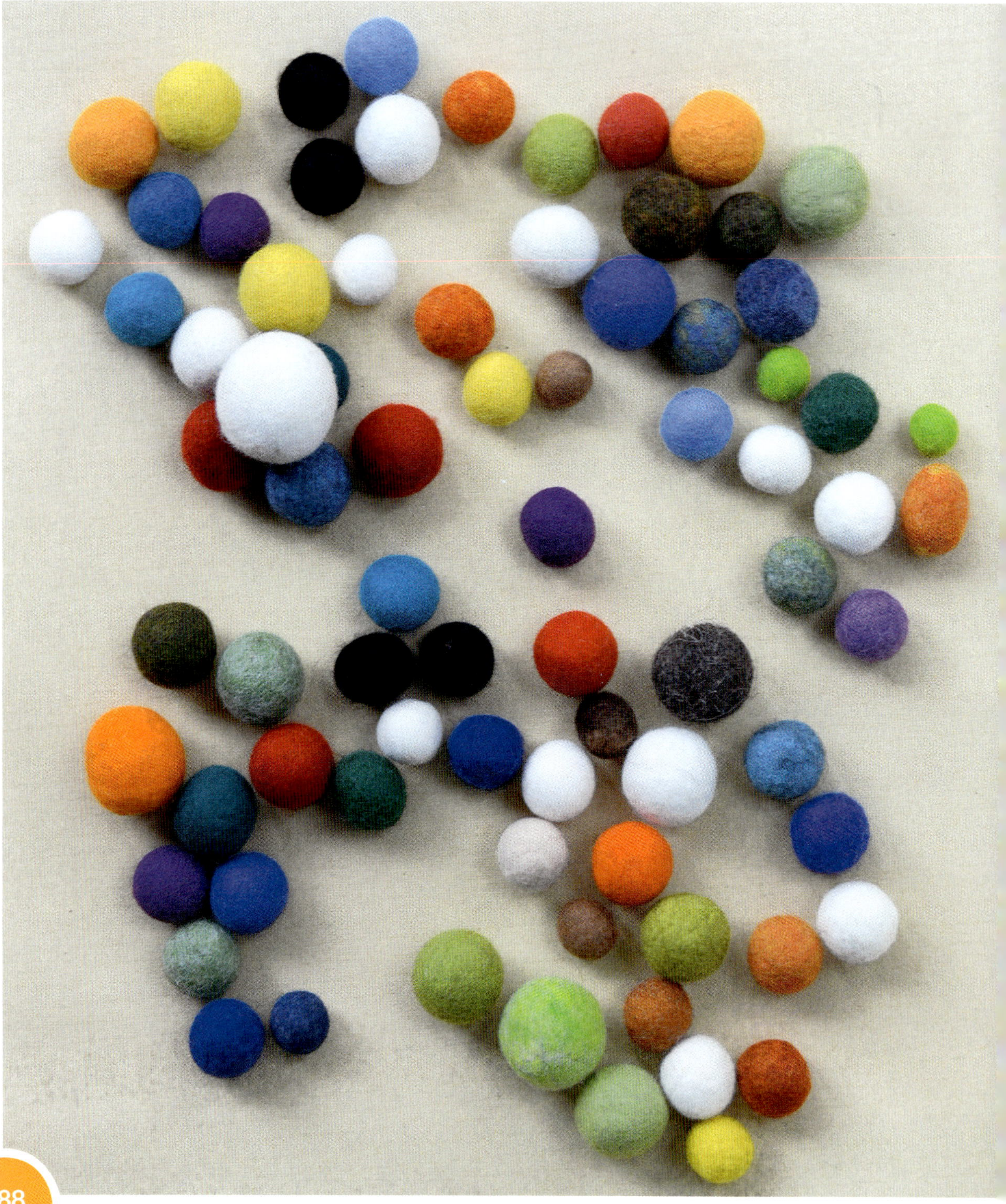

Filzkugeln kann man nie genug haben. Es lassen sich so viele wunderbare Dinge daraus herstellen. Kugeln lassen sich aneinanderreihen – zu Mobiles auffädeln, Frau kann sich mit Filzkugelketten schmücken ...

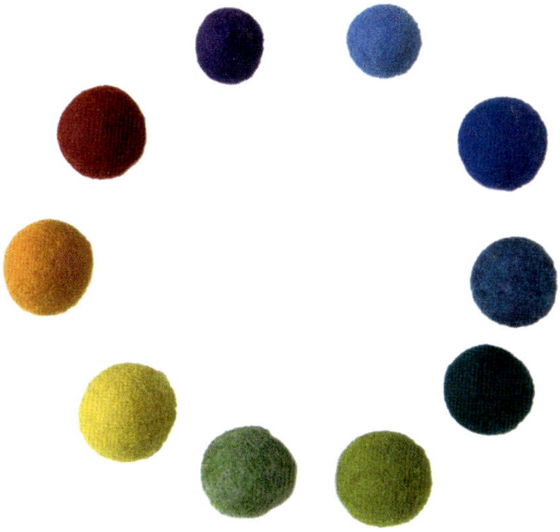

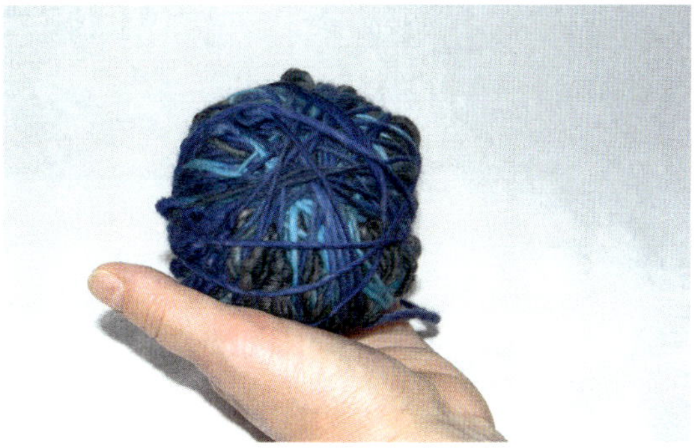

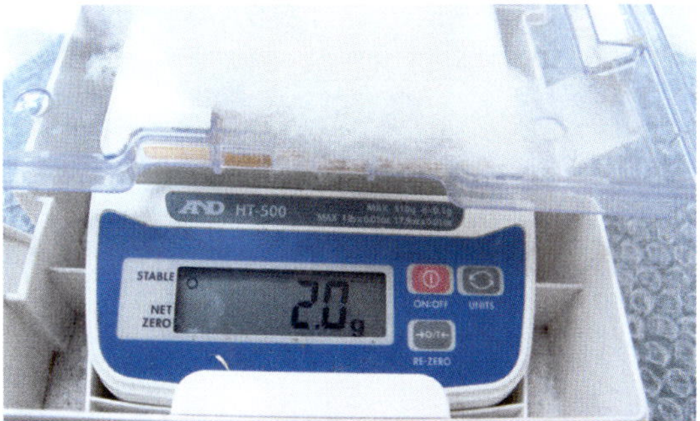

Wickeln und Wiegen sind die halbe Miete.

Meine bevorzugte Methode, Kugeln herzustellen, ist es, diese aus der Wolle zu wickeln. Als Einstieg in die Technik habe ich einmal ein Wollknäul aufgewickelt, wie es mir meine Großmutter gezeigt hat.

Zunächst wiege ich die Wolle pro Kugel ab, damit die Kugeln gleichmäßig groß werden. Für diese Kugeln hier habe ich 2 Gramm Merinowolle im Vlies, 21 mic, verarbeitet.

Dann ziehe ich aus dem Wollverband einen Anfangsfaden, ähnlich wie beim Spinnen und wickle diesen um meine Fingerspitze.

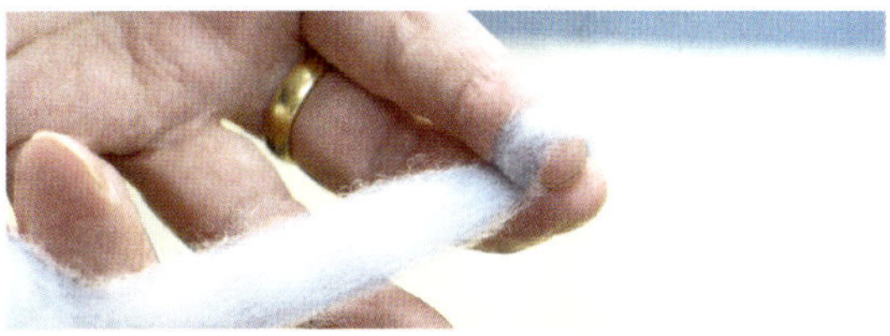

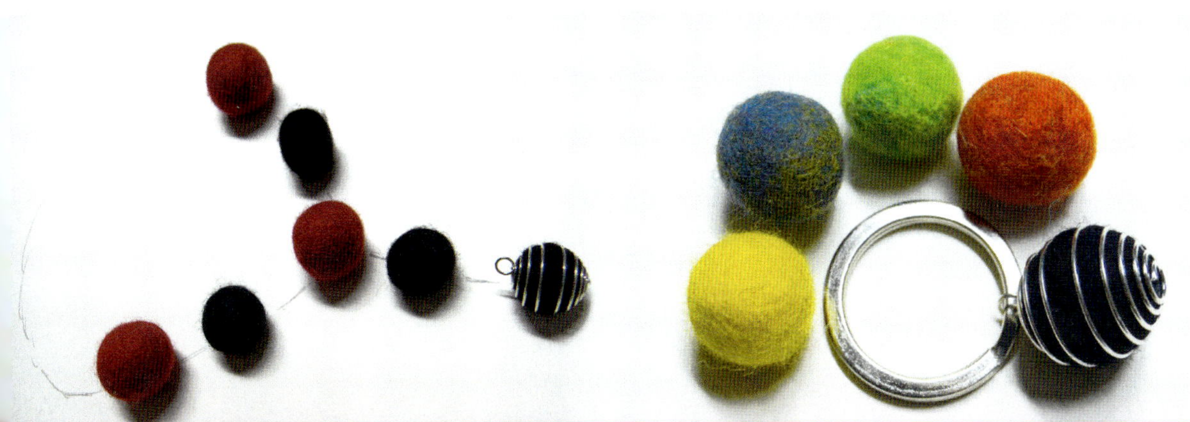

Was aus Kugeln werden kann ...

Dann wird weiter gewickelt, eben wie beim Wollknäuel.

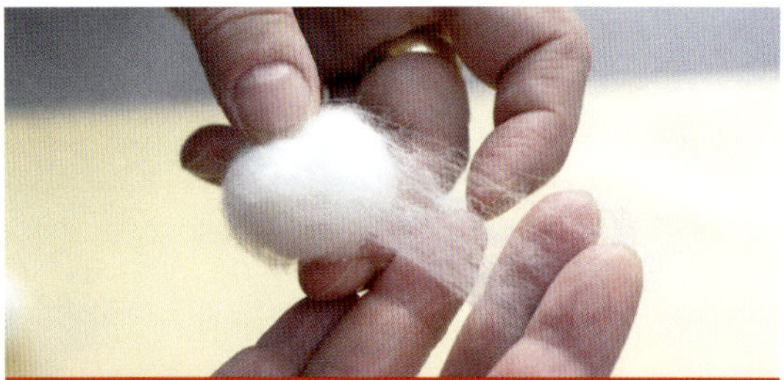

Je dünner, je gleichmäßiger

Auch die letzten Fasern werden noch um die entstehende Kugel gelegt.

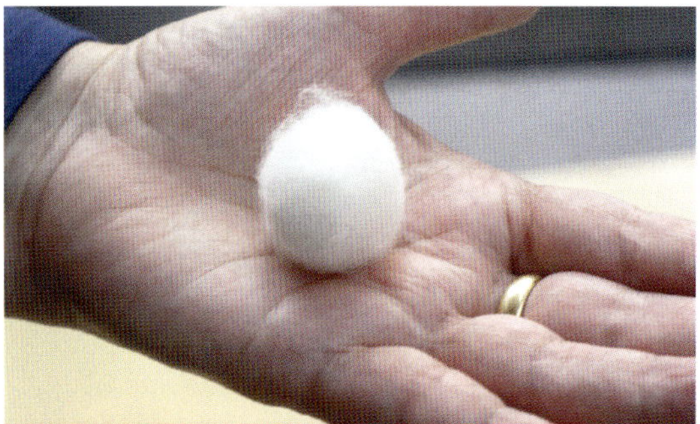

Bis zur letzten Faser

Nun kann ich das Gewicht noch einmal kontrollieren und anschließend die Kugel in einem Seifenlaugenbad nässen. Auch bei solchen Filzarbeiten wird zu Beginn des Filzprozesses erst einmal mit den Händen „geflüstert". Sobald die Oberfläche eine Zupfprobe besteht, können mehrere Kugeln miteinander unter meiner Hand gerollt werden.

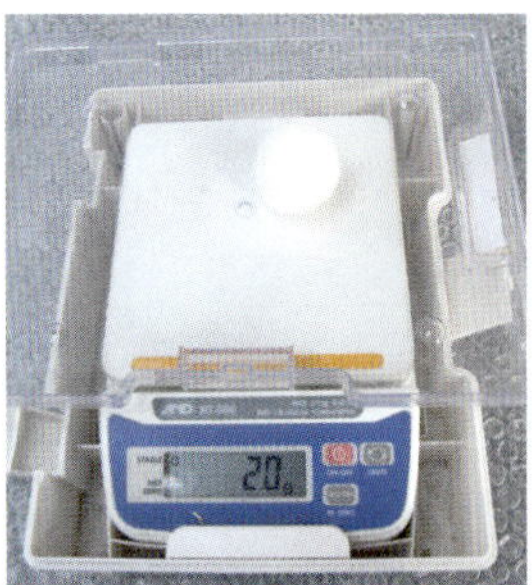

Kontrolle ist gut.

Hier geht es um gleichmäßigen Druck und Reibung. Dabei hilft eine Filzmatte sehr.

Wenn die Kugeln die gewünschte Festigkeit haben, spült man sie gründlich aus.

Danach hat sich ein kleiner Schleudergang bewährt.

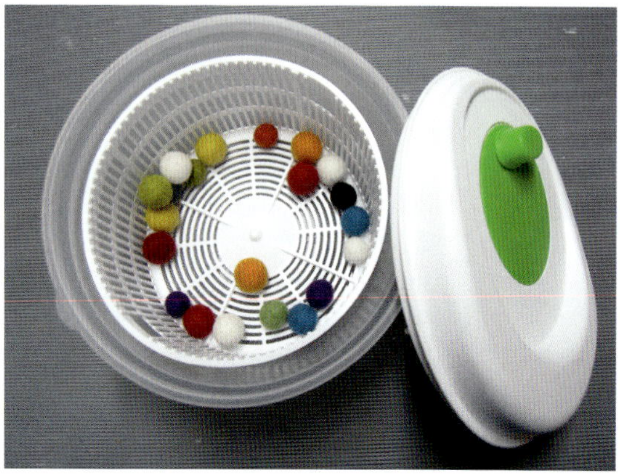

Im ausgeschleuderten Wasser kann ich sofort sehen, ob noch Seifenreste in den Kugeln waren.

Gut zu wissen

Beim Arbeiten mit Kammzügen als Kugelmaterial nutze ich zum Abrunden der Oberfläche gerne geschnittene Kammzugschnipsel, damit die Kugel auch eine glatte Oberfläche bekommt.

Projekt Marienkäferchen

Aus 3 bis 5 Gramm schwarzer Wolle fertigen wir eine Kugel, die wir vor dem Filzen zu zwei Dritteln mit roter Wolle überziehen. Stabil und fertig gefilzt schneiden wir die Kugeln in der Mitte auseinander. Bestickt mit schwarzem Garn, erhalten wir auf einfache Art und Weise Glückskäferchen.

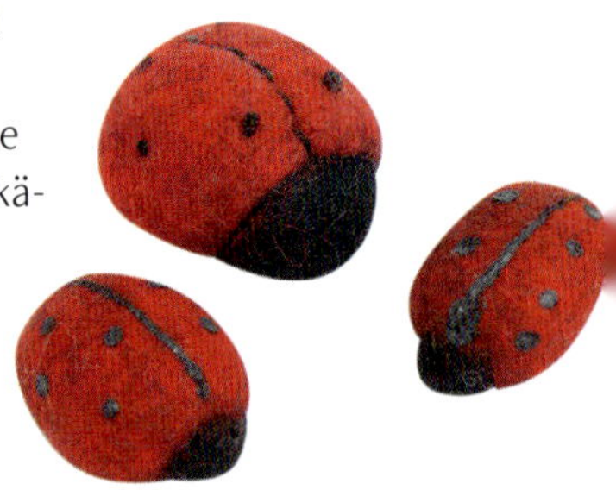

Kugeln aus der Schnur

Wenn man viele Kugeln auf einmal benötigt, vor allem, wenn sie nicht zu groß sein müssen, dann kann man Kugeln auch aus einer Schnur entwickeln. Dazu brauchen wir zunächst eine kompakte Schnur aus Vlieswolle. Ich bevorzuge hier Vlieswolle, da sie sich auch im geschnittenen Zustand noch wunderbar filzen lässt – je kurzfaseriger, desto besser.

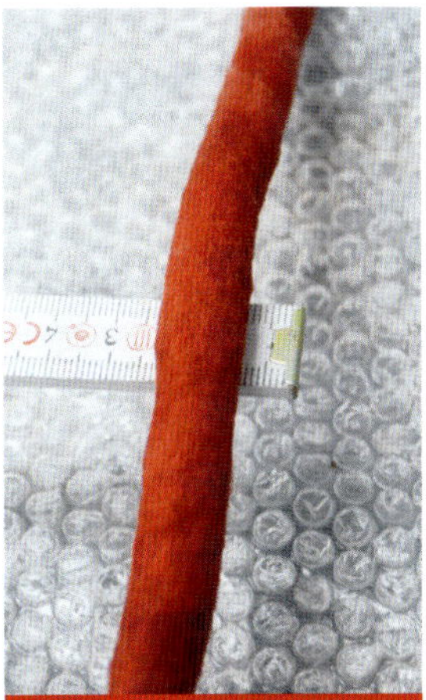

Die angefilzte Schnur …

Bevor ich ans Schneiden denken kann, muss die Schnuroberfläche unbedingt geschlossen sein und der Zupfprobe widerstehen. Zum Schneiden brauche ich dringend ein Zentimetermaß. Wenn die Schnur einen Durchmesser von 1 Zentimeter hat, sollten die Abschnitte auch 1 Zentimeter betragen.

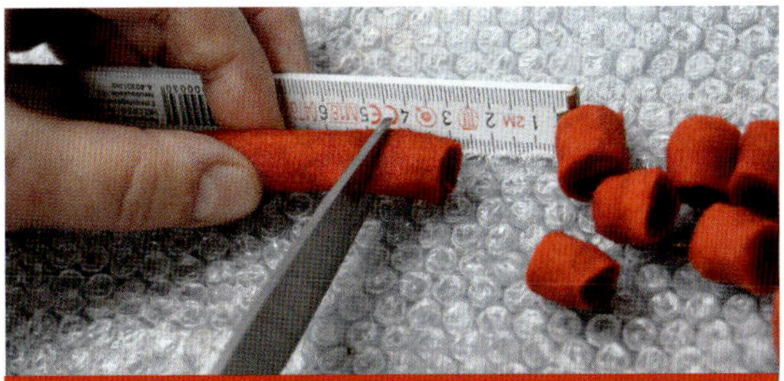

… in gleich große Stücke schneiden …

Dann nehme ich diese Abschnitte und beginne ganz vorsichtig, sie auf einer rauen Unterlage, wie der Filzmatte, zu rollen. Erst wenn ich sehen kann, dass sich die Schnittkanten schließen, kann ich mehr Druck ausüben. Um die Kugeln noch fester zu walken und mehr Druck auszuüben, kann man auch ein Brett über die Kugeln legen und dieses hin- und herschieben.

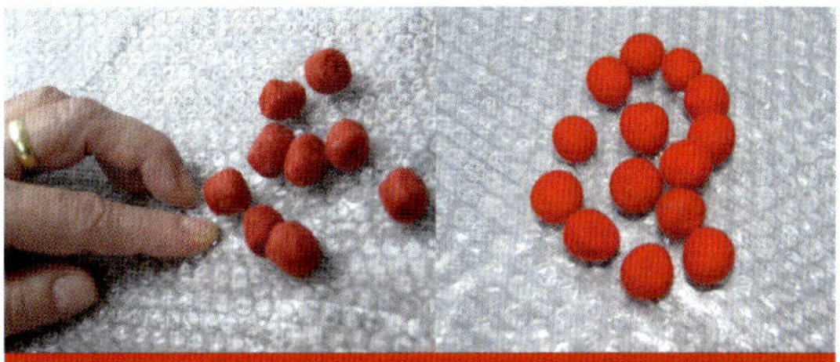

… und zusammen – getrennt – filzen.

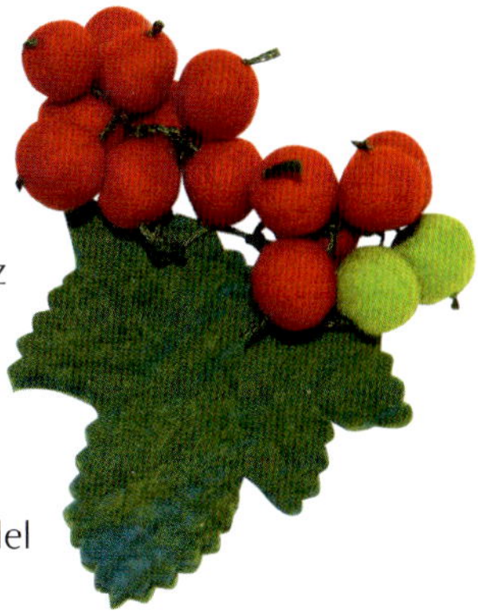

Aus diesen kleinen Kugeln, die sich im Übrigen sehr leicht auffädeln lassen, stelle ich gerne Verspieltes her, wie zum Beispiel diese Johannisbeeren für einen Sommerkranz oder einen Kaufladen. Die Johannisbeeren sind mit einem Faden verbunden und nicht zusammen gefilzt. Bei vielen kleinen Arbeiten ist die Nähnadel eine gute Begleitung. Auch bei manchen Blütenketten nähe ich die Blüten lieber an, als sie anzufilzen. Gerade zarte Blüten werden durch das Anfilzen oft sehr fest.

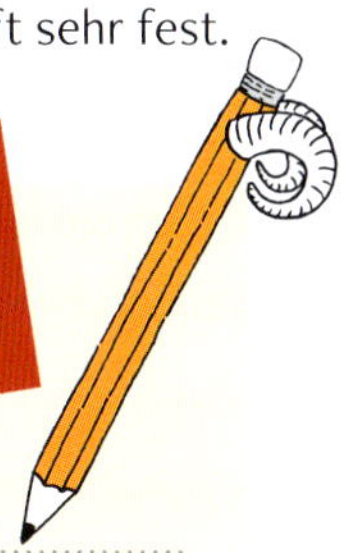

Raum für kugelige Notizen

Bälle filzen

Im Grunde sind Bälle große Kugeln und mit Kugeln haben wir ja schon eine Menge Erfahrungen gesammelt. Ich habe zum Einstieg in das Thema einmal einen Filzball, der 40 Gramm Wolle verbraucht hat, aufgeschnitten, um zu zeigen, wie gleichmäßig er aufgebaut wurde. Wenn ein Filzball für den Gebrauch im Kinderzimmer gefilzt wird, dann sollte er auch rollen und im Gleichgewicht sein. Deshalb bin ich kein ganz großer Freund von Knoten als Kern, weil ich dann irgendwann den Überblick über die verteilte Wolle verliere.

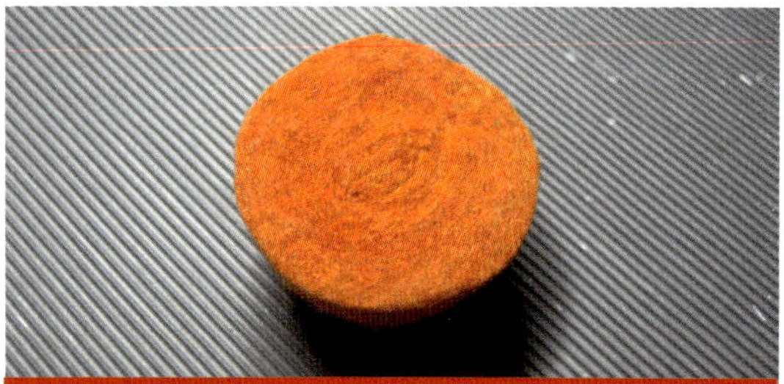

Ins Innere geschaut

Also schlage ich vor, wie bei den Kugeln mit dem Aufwickeln zu starten.

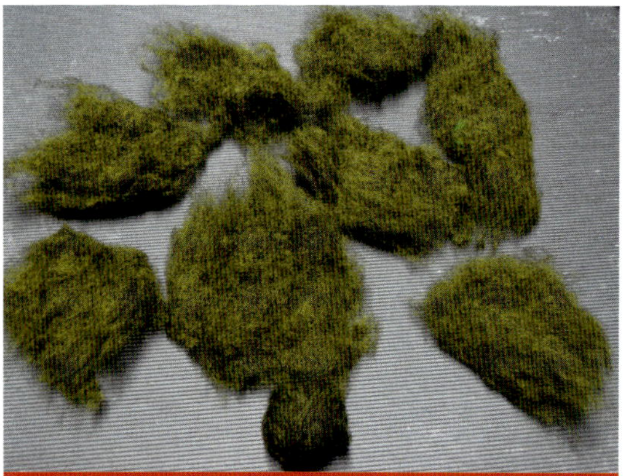

Wollflocken für den Ball

Eigentlich kann nun auch die restliche Wollmenge so aufgewickelt werden, das ist dann eine Frage der Geduld und der eigenen Vorlieben.

Mir ist es lieber, gleich mit dem Nässen zu beginnen. Ich bereite mir die Hälfte der Wolle in Form von Wollstücken vor, tauche das vorgewickelte „Knäuel" in die Seifenlauge und lege dann Schicht für Schicht die restliche Wolle auf. Dabei nässe ich jede Lage aufs Neue.

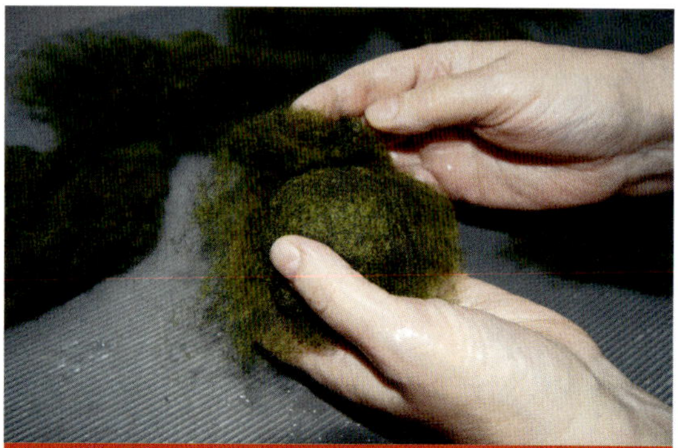

Die Wollflocken nass auflegen.

Wenn alle Wolle auf den zukünftigen Ball aufgebracht ist, streicheln wir die Oberfläche vorsichtig. Legen Sie den Rohling nicht lange auf eine Unterlage, denn dann läuft das Wasser aus und Ihre sorgfältig verteilte Wolle verschiebt sich. Also, dranbleiben. Am besten schiebt man den Ball in gut geseiften Händen behutsam hin und her, streicht eventuelle Falten aus und kommt erst langsam dazu, etwas Druck auszuüben.

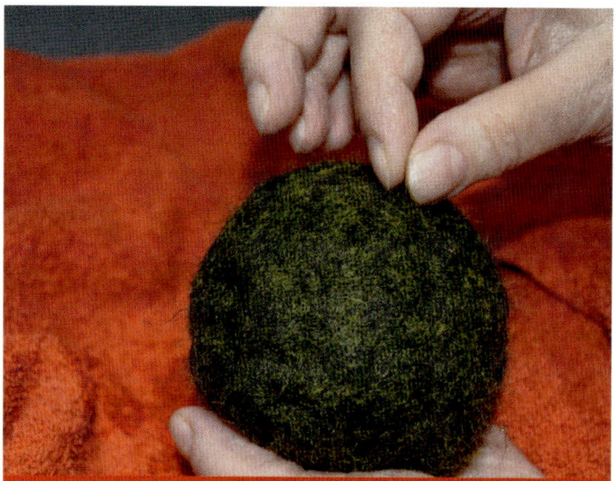

Auch am Ball mit der Zupfprobe arbeiten.

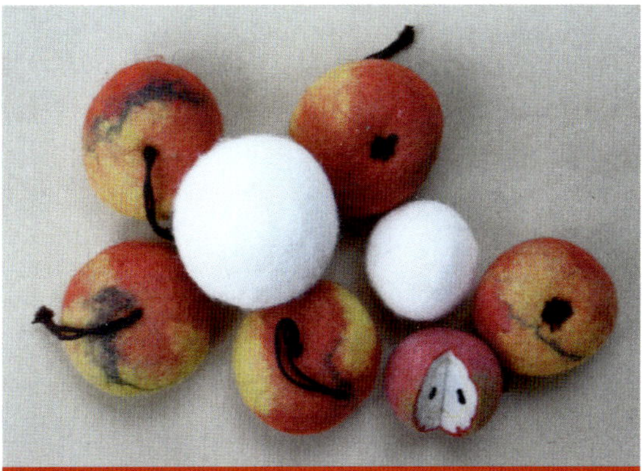

Egal ob Schneeball oder Apfel, rund und fest sollen sie sein.

Auch bei kompakten Filzen hilft die Zupfprobe weiter, wenn es darum geht, ob wir nun anfangen können, in die Wolltiefen vorzudringen und aus dem Wollball einen Filzball zu machen. Je nach Wollsorte und Qualität kann der Ball noch ganz schön zusammenschrumpfen. Bei dieser Wollmenge ist der Ball bei einem Umfang von etwa 20 bis 23 cm fertig.

Mit Bällen ist es ähnlich wie mit Kugeln. Ein wenig mit der Farbe variieren und schon entsteht mit Hilfe eines Wollfadens Ihr erster Apfel! Mehr Ideen sind erwünscht.

Raum für geballte Notizen

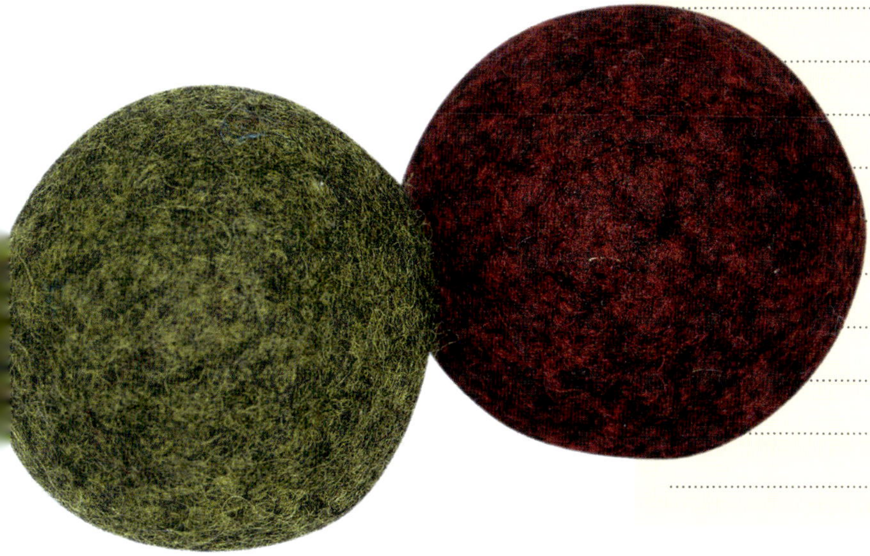

Tipps zur Serienproduktion

Kugeln und Bälle lassen sich sehr gut in Serien herstellen. Wenn ich für eine Dekoration 20 Äpfel benötige, kann ich mir diese gut vorbereiten, anfilzen, bis die Zupfprobe negativ ausfällt, und sie dann alle gemeinsam in den Trockner stecken. Sie kennen das schon von den Nuggets. Am besten ist es, alles zusammen in ein Wäschenetz oder einen alten Kissenbezug zu stecken. Der Trockner kann jederzeit geöffnet werden und man kann kontrollieren, wie weit der Prozess ist, um ihn jederzeit beenden zu können.

Wer keinen Trockner sein Eigen nennt, kann sich bei Kugeln und Bällen mit Holzbrettern helfen. Zu beachten ist, dass Struktur erlaubt, ja sogar erwünscht ist. Es gibt Schneidebretter, die eine minimal geriffelte Oberfläche haben. Zu glatt oder gar lackiert ist zu rutschig, aber rau darf das Material auch nicht sein, da es sonst unsere Filzarbeiten um Fasern beraubt.

Also mehrere Kugeln unter einem Brett versammeln und mit leichtem Druck und drehenden Bewegungen beginnen. Mit etwas Übung lässt sich so der Filzprozess auf mehr als ein Objekt gleichzeitig übertragen.

Wovon ich unbedingt abraten möchte, ist die Benutzung der Waschmaschine. In älteren Büchern, aber auch im Internet begegnet einem manchmal dieser Vorschlag. Ich gebe zu, Filzen kann kraftraubend sein und die Verlockung ist groß, eine maschinelle Hilfskraft zu engagieren. Dagegen ist nichts zu sagen. Nur haben die modernen Waschmaschinen oft nicht mehr die Möglichkeit, Programme so ohne Weiteres zu unterbrechen. Ich habe mir sagen lassen, dass so manches Filzstück sehr gut gefilzt hat in der Maschine, zu gut gefilzt hat. Es ist nichts ärgerlicher, als wenn man sich die Arbeit gemacht hat, zu planen, vorzubereiten, auszulegen, anzufilzen, und dann das gute Stück zu klein, das Muster ineinandergeschoben oder gar verschwunden ist.

Raum für technikvertraute Notizen

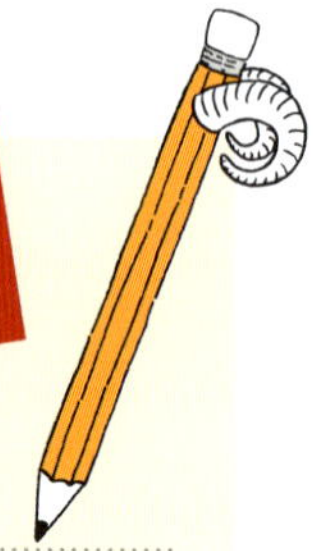

Steine kompakt

Wenn wir Kugeln kugeln können, dann können wir auch Steine aller Arten filzen. Bei Steinen haben wir zudem den Vorteil, dass wir nicht auf die Form achten müssen. In der Natur gibt es so unendlich viele Gesteinsarten, dass fast jede Wolle genutzt werden kann. Mit feinfaseriger Wolle, wie zum Beispiel mit der Kap-Merino, können wir Kiesel nachahmen. Da reichen schon ein paar Seidenfasern oder Kammzug-Fasern, um Einschlüsse abzubilden. Ich will gar nicht so viele Vorschläge machen, denn Sie haben jetzt bestimmt schon Ihre Lieblingswollen gefunden und große Lust, selbst auszuprobieren, wie Ihre Steine so aussehen können. Eines noch, Steine können gerne nach dem Anfilzen für eine kurze Zeit in den Trockner wandern. Wenn Sie sie zu lange dort rotieren lassen, werden sie zu Kugeln und lassen sich nicht unbedingt mehr „umgestalten“.

Raum für steinreiche Notizen

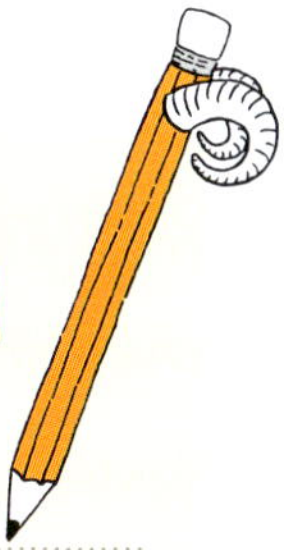

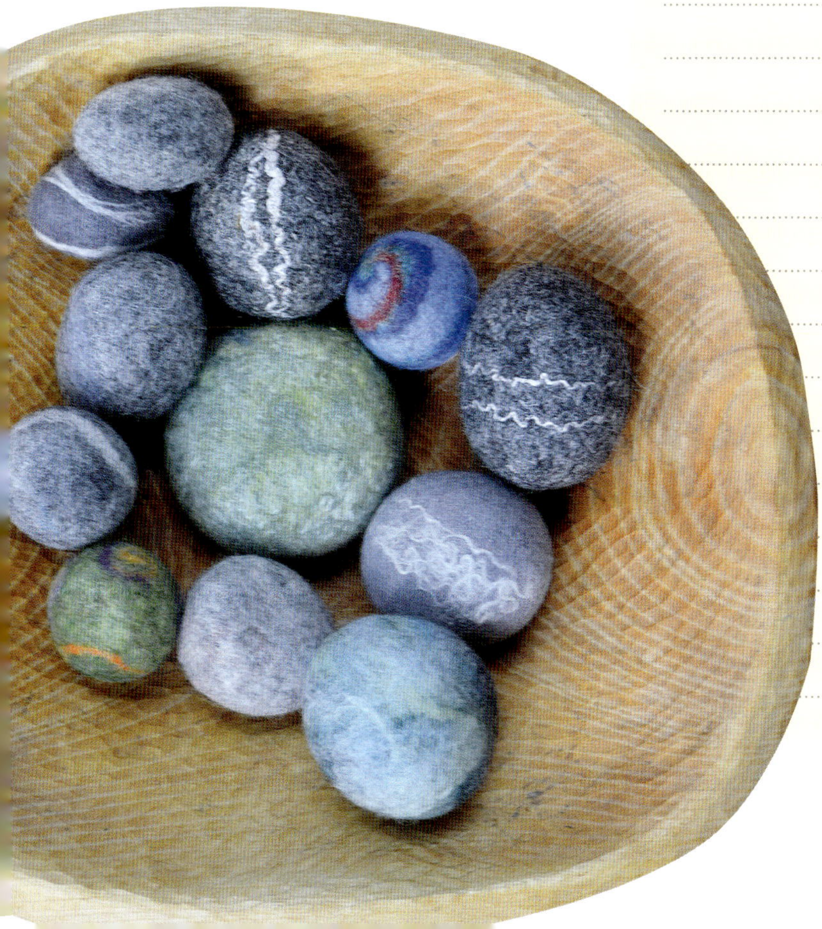

Geheimverstecke

Eine weitere Möglichkeit, das Thema Bälle und Kugeln zu interpretieren, heißt „etwas umfilzen“.

Was alles eingefilzt werden kann, lässt sich hier gar nicht aufschreiben. Jede Art von Material, das sich nicht in Wasser auflöst, durch Wasser und Seife beschädigt wird, gar zerbrechen könnte, darf in Wolle eingehüllt und dann eingefilzt werden.

Es gibt zwei Arten von „Geheimverstecken“. Die einen bleiben für immer geheim. Das sind Rasseln und Bälle im Ball. Um einen Rasselball herzustellen, braucht es ein wasserdichtes Gefäß, das wir mit Reis, Granulat oder einem Glöckchen befüllen, verschließen und dann einarbeiten. Hier ist es dann auch erst einmal egal, welche Wolle um das Objekt gewickelt wird. Auch ließen sich Wollreste prima verarbeiten. Bei einem Rasselball für kleine Kinder empfehle ich unbedingt, gut schließende Wolle für die Oberfläche zu benutzen und wirklich gut zu Ende zu filzen. Kleine Kinder, vor allem Babys, neigen dazu, die Welt unter anderem mit dem Mund zu erobern. Bei gefilzten Dingen kann das aber zu Problemen führen. Die Fasern, die ein solcher Wollball, zum Beispiel aus Bergschafwolle, wieder hergibt, sind in aller Regel fest und meist auch lang. Das ist im besten Falle für ein Kind nur unangenehm.

Der zweite Schatz, der filzerisch versteckt werden kann, ist ein Tennisball. Diese Bälle im Ball springen noch, auch wenn sie nicht mehr so kräftig springen, sie können es aber noch und durch das Umfilzen sind sie beim Aufprall auch leiser. Die Nachbarn danken es uns. Um einen Tennisball werden maximal 20 Gramm Wolle, aber auch nicht weniger als 10 Gramm gewickelt.

Geheimverstecke kann man auch entdecken lassen, in dem man die Filzhülle darum öffnet. Angefangen bei Glasmurmeln aller Größen und Arten dürfen auch Kieselsteine, Halbedelsteine und sogar Schneckenhäuser vorübergehend in der Wolle verschwinden.

Da wir nach dem Filzen zum Teil mit sehr scharfen Messern arbeiten müssen, um dickere Umhüllungen zu öffnen, rate ich dazu, vor allem Halbedelsteine erst einmal mit Malerkrepp zu umwickeln. Das schützt den Stein vor Schnittverletzungen.

Schneckenhäuser werden vor dem Einfilzen bitte mit Wolle ausgestopft. Das schützt diese vor dem Zerbrechen.

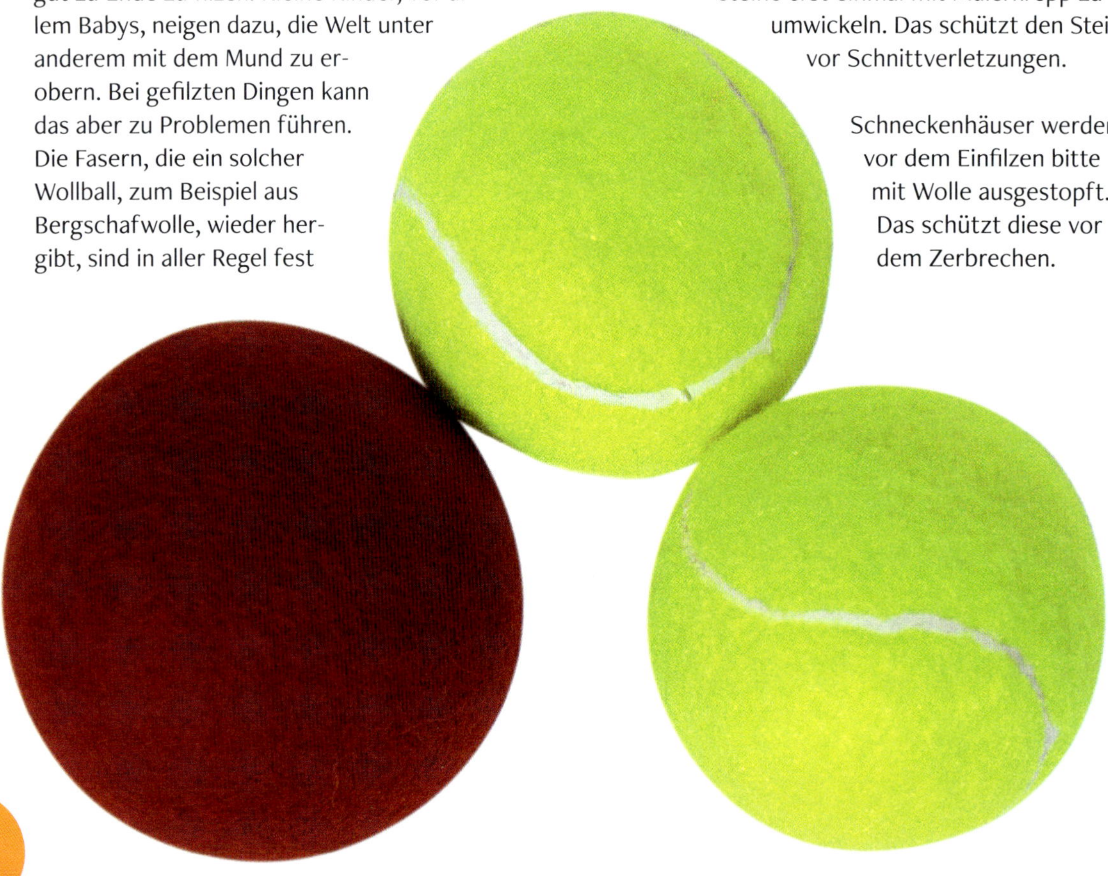

All diesen Objekten gemeinsam ist es, dass wir, um den Reiz des Inneren zu erhöhen, mit mehreren Farben arbeiten sollten. Achten Sie auf gleiche Woll- und Filzeigenschaften.

Es gibt noch eine Möglichkeit, etwas einzufilzen. Nehmen Sie einen nicht zu großen Stein und umfilzen Sie ihn gut mit Wolle. Dann kann er verziert, bestickt und bestückt werden. Wenn alles vollbracht ist und Sie zufrieden sind, dann haben Sie einen perfekten Briefbeschwerer. Es soll auch heute noch Menschen geben, die Briefe schreiben. Die freuen sich bestimmt über ein solches Geschenk.

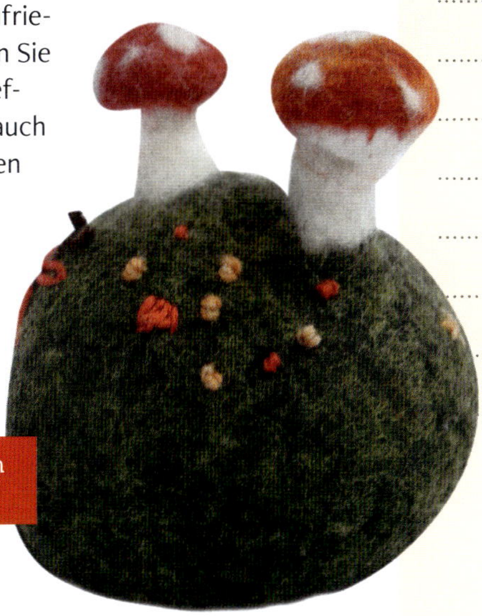

Glückspilze für den Briefverkehr

Raum für geheimnisvolle Notizen

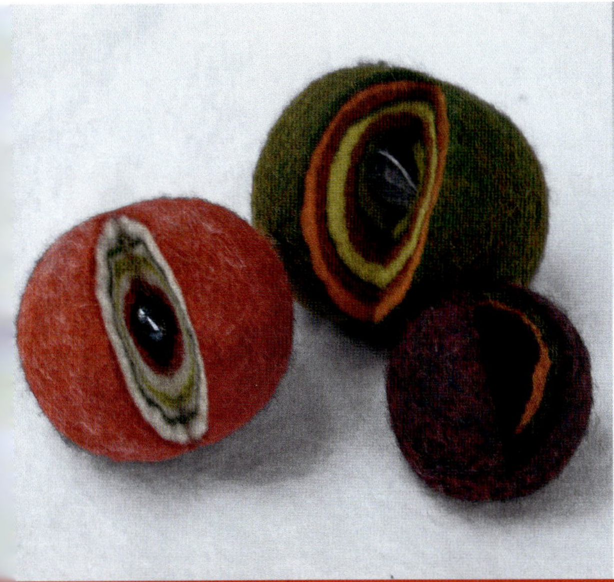

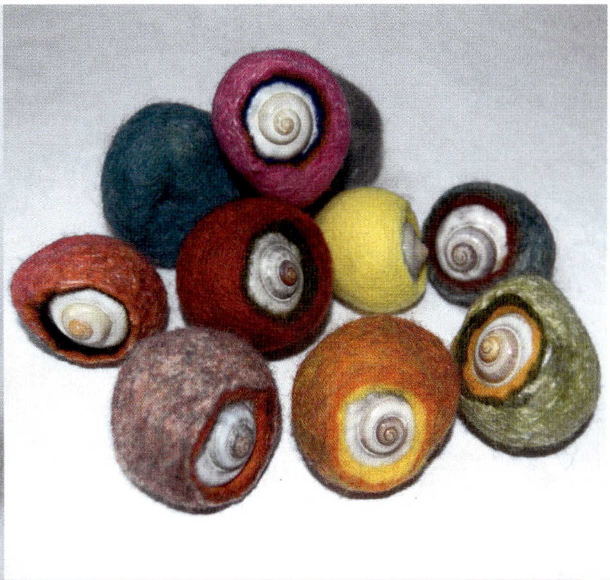

Geheimes gar nicht mehr geheim, doch wunderbunt

Wie kommt die Schnur an die Kugel?

Wenn wir Filz mit Filz mit Filz verbinden wollen, braucht die Wolle „Andockmöglichkeiten". Kurz gesagt, am leichtesten ist es, trockene Wolle mit trockener Wolle zu verbinden.

Wir bereiten eine Schnur vor, lassen ein Ende trocken überstehen und betten es in eine vorbereitete, trockene Wollflocke.

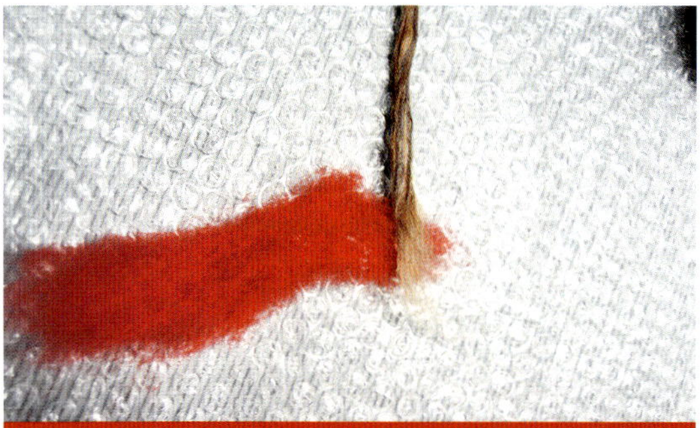

Vorbereitungen für kugelige Verbindungen

Nun kann das Wollflockenbett um die Schnur gewickelt werden.

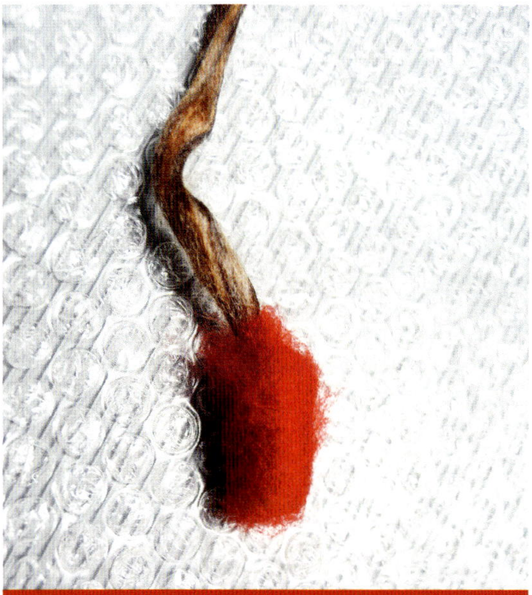

Zwischenstufe für kugelige Verbindung

Je nach Formwunsch und Größe können noch weitere Wollflöckchen aufgelegt werden und wir beginnen behutsam wie immer, mit dem Anfilzen. Bitte nicht hochheben, denn nun sind beide Wollstücke nass und seifig und könnten die Geste missverstehen und sich wieder trennen. Also einfach auf der Unterlage von allen Seiten bearbeiten.

Wenn dann beide Elemente die Verbindung eingegangen sind, dann können wir alles gemeinsam in der Hand walken, wieder kontrollieren – bis die Oberfläche geschlossen ist und wir mit der Festigkeit zufrieden sind.

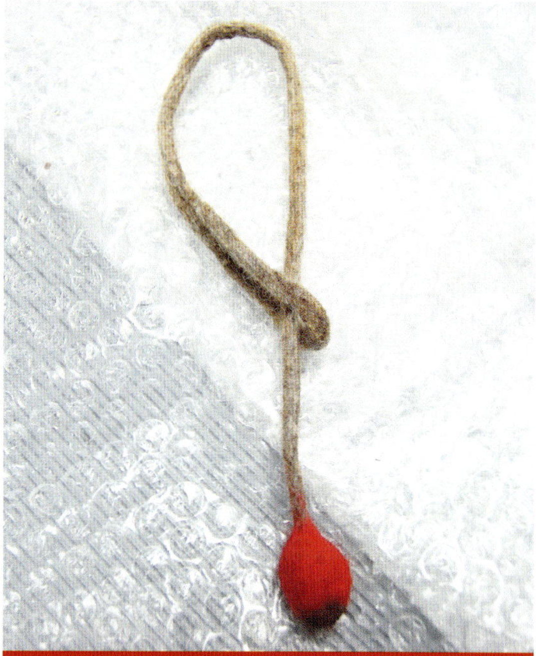

Hagebutte gefällig?

Auf diese Art können solche Kombinationsgeschmeide entstehen. Gefilzte Schnüre, mit der Endlostechnik wurden Schlaufen eingearbeitet und Kugeln angefilzt.

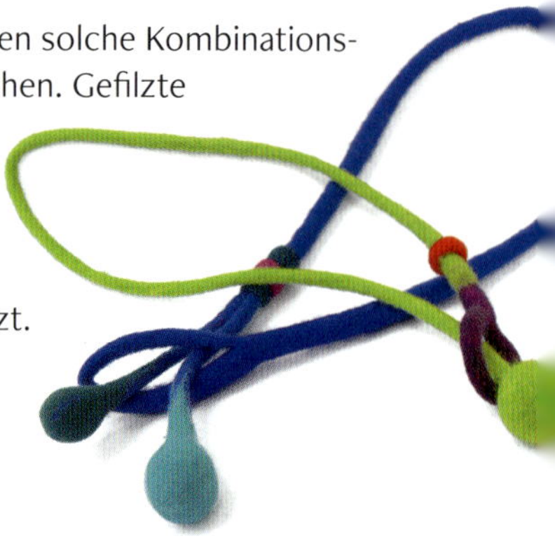

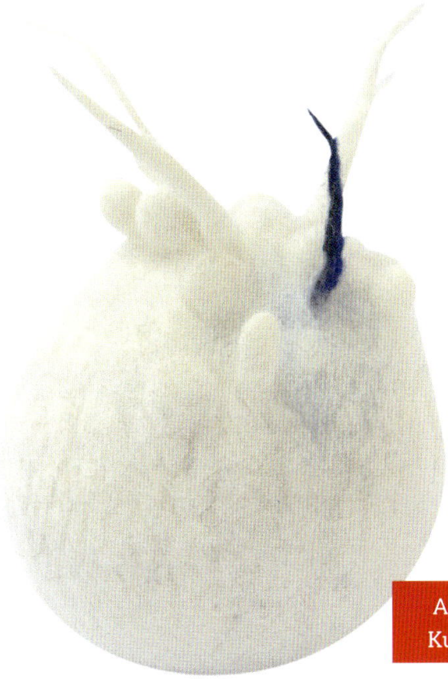

Abstraktes Kugelobjekt

Umgekehrt geht natürlich auch. Die Schnur kann auf die Kugel kommen, wie wir das Gras wachsen ließen. Immer daran denken, dass die Zipfel ein Anwachspflaster benötigen.

Wie kommt das Blatt an den Apfel?

Das Prinzip ist immer das Gleiche. Ich habe hier ein Blatt ausgelegt und einen kleinen Stiel mit eingeplant. Das Blatt ist so fest gefilzt, dass es sich mit seinem Partner nicht mehr verfilzen kann und die Form wiederfindet. Formen Sie das Blatt groß, es wird trotzdem weiter mitschrumpfen.

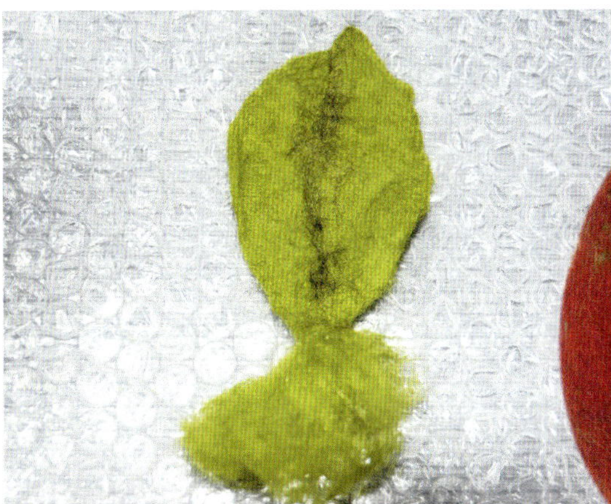

Gefilztes Blatt mit trockenem Ende

Das Ende des Stiels habe ich, wie gewohnt, trocknen gelassen.

Die Verbindung funktioniert auch hier, wenn wir Wolle-Pflaster auflegen und diese Stelle als Erstes anfilzen, damit alles an Ort und Stelle bleibt.

Blatt mit Wollpflaster ansetzen.

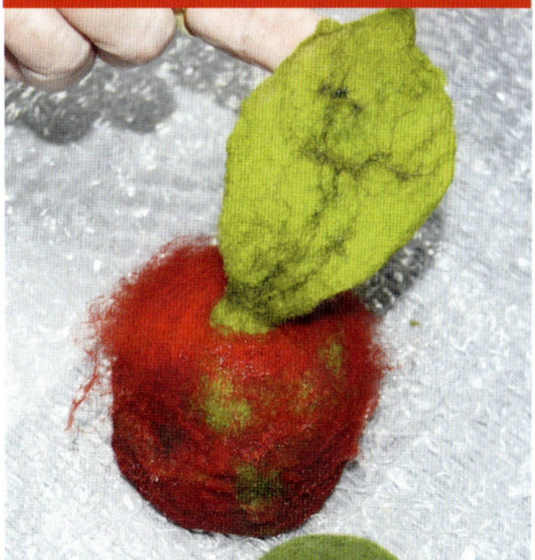

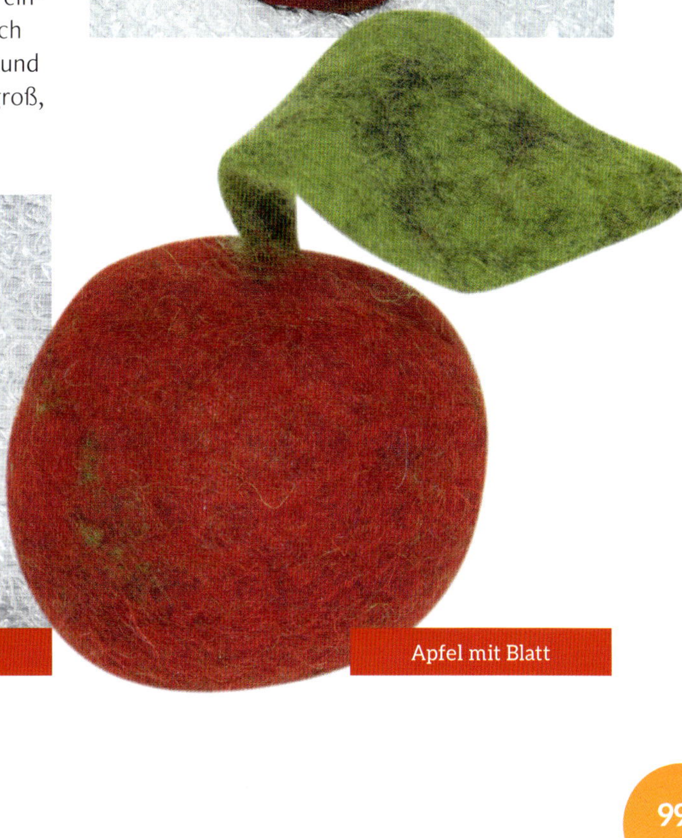

Apfel mit Blatt

Noch mehr aus dem Garten …

Obst und Gemüse für den Kaufladen oder zur Dekoration

1) Kartoffeln

Für die Kartoffeln nehmen wir zwischen 15 und 20 Gramm braune Bergschafwolle. Hierbei achten wir ausnahmsweise nicht darauf, gleichmäßig zu arbeiten. Ähnlich wie bei den Steinen ist es wichtig, dass die Kartoffeln nicht zur Kugel werden.

2) Schnittlauch

Aus grüner Kammzugwolle werden feine Stränge gezogen, als Schnur gefilzt, mit ein bisschen weißer Wolle bereichert und zum Schluss zu einem Bündel zusammengeschnürt.

3) Salatkopf

Den Salatkopf stellen wir wie mehrlagige Blüten her. Je mehr Lagen, umso lebensechter wirkt er und er darf gerne geknautscht werden.

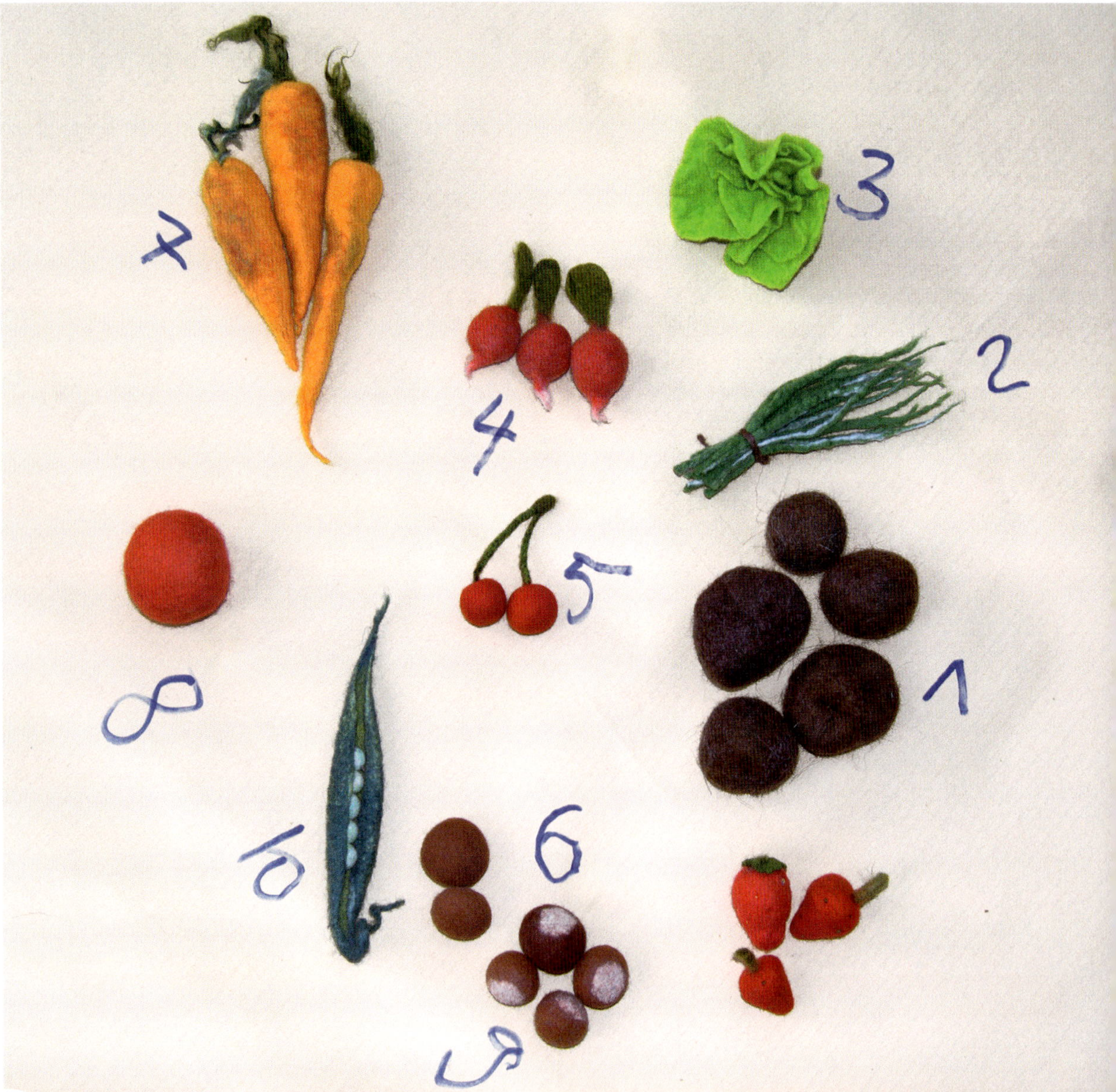

Obst und Gemüse aus dem Filzgarten

4) Radieschen

Für die Radieschen wickeln wir 2 bis 3 Gramm schwere weiße Kugeln auf, arbeiten ein vorgefilztes Blatt an und überziehen das Ganze mit kräftig roter Wolle.

5) Kirschen

Pro Kirsche benötigen wir 2 Gramm Merinowolle und ganz dünne Schnüre. Wie wir die Schnur an die Kirsche bekommen, haben wir zuvor mit einem Blatt und einem Apfel gelernt.

6) Erdbeeren

Erdbeeren entstehen mit oder ohne Stiel auf die gleiche Art und Weise wie die Radieschen, aber komplett aus 2 bis 3 Gramm roter Wolle. Nach dem Filzen werden sie in die richtige Form gedrückt und zum Trocken zur Seite gelegt. Nach dem Trocknen können sie mit den typischen Erdbeer-Kernen bestickt werden.

7) Karotten

Für diese Karotten nehmen wir zwischen 5 und 8 Gramm Merinowolle sowie ein paar grün gefärbte Wensleydale-Locken als Kraut.

8) Tomaten

Die Tomaten entstehen aus 10 bis 15 Gramm roter Wolle, Mini-Tomaten brauchen nur 3 bis 4 Gramm Wolle. Nach dem Filzen und Trocknen erhalten die Tomaten den Stielansatz. Dieser kann gestickt oder mit Hilfe einer Filznadel eingenadelt werden. Dazu eine kleine Wollflocke nach und nach in die Tomate einarbeiten.

9) Kastanien

Kleine Wollmengen in Braun werden zu Kugeln geformt, angefilzt und vor dem Walken legen wir eine kleine Vorfilzfläche in Weiß auf.

10) Schote

Die Erbsenschote entwickeln wir aus der Fläche, wie im Kapitel „Spielen mit dem Schrumpf".
Für eine etwa 15 cm lange Wolle brauchen wir 3 Gramm Wolle und weiße Kugeln aus der Schnur. Für das Kinderspiel empfiehlt es sich, die Erbsen in der Schote festzunähen.

Raum für leckere Notizen

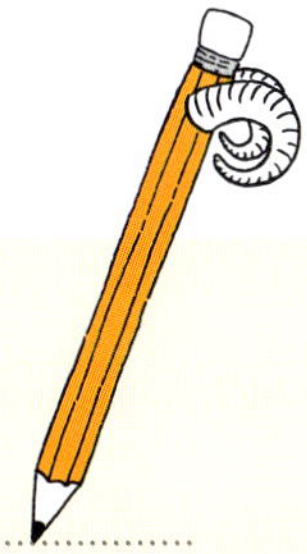

Stiel mit Hut

Für kompakte Pilze benötigen wir einen Stiel, den wir wie eine dicke Schnur herstellen. An diesen Stiel können wir entweder eine Halbkugel anfilzen, oder mit einer runden Fläche arbeiten.

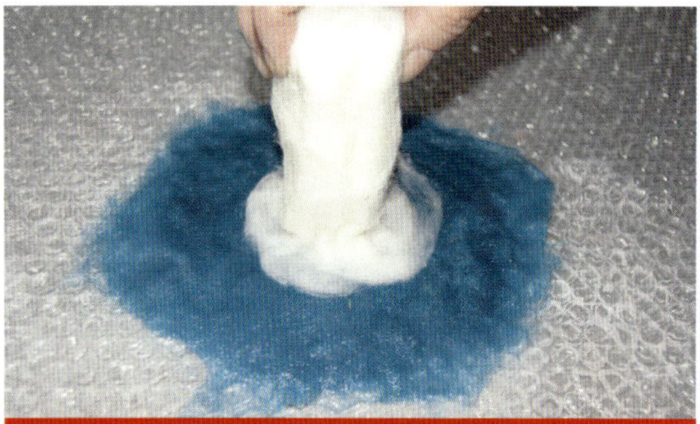

Verbindungen vorbereiten

Beide Teile sollten gesondert vorbereitet werden. Wenn der Pilz nach dem Zusammensetzen in die Hand passt, kann auch hier gefilzt werden. Ansonsten muss auf dem Tisch gearbeitet werden.

Für Pilze, die nicht größer als 5 cm sind, benötigen wir 2 bis 3 Gramm Wolle, die natürlich, je nach Pilzsorte, in der Farbe variieren kann.

Für größere Pilze lohnt sich die Überlegung, mit Hohlkörpern zu arbeiten, weil wir sonst sehr viel Wolle verbrauchen. Mehr Informationen zum Hohlkörper filzen, finden Sie im Kapitel „Filzen mit Schablonen“, S. 115 ff.

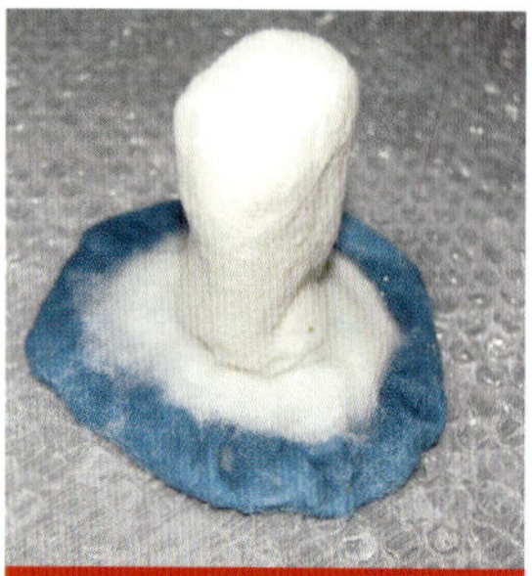

Verbindungen schaffen

Einen Tipp noch zu kleinen Fliegenpilzen. Je kleiner so ein Kerlchen ist, umso schwieriger ist es, ihm seine markanten Punkte zu verleihen. Besser ist es, wenn wir diese nach dem Filzen aufnadeln oder aufsticken. Auch hier gilt wieder, wenn Sie mit der Filznadel arbeiten wollen, dass eine kleine Wollflocke nach und nach eingearbeitet wird. Niemals vorher Wollkügelchen formen und dann aufnadeln. Diese halten sehr schlecht.

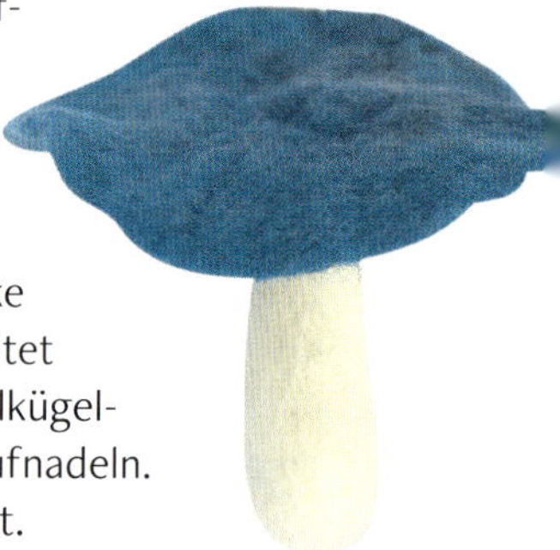

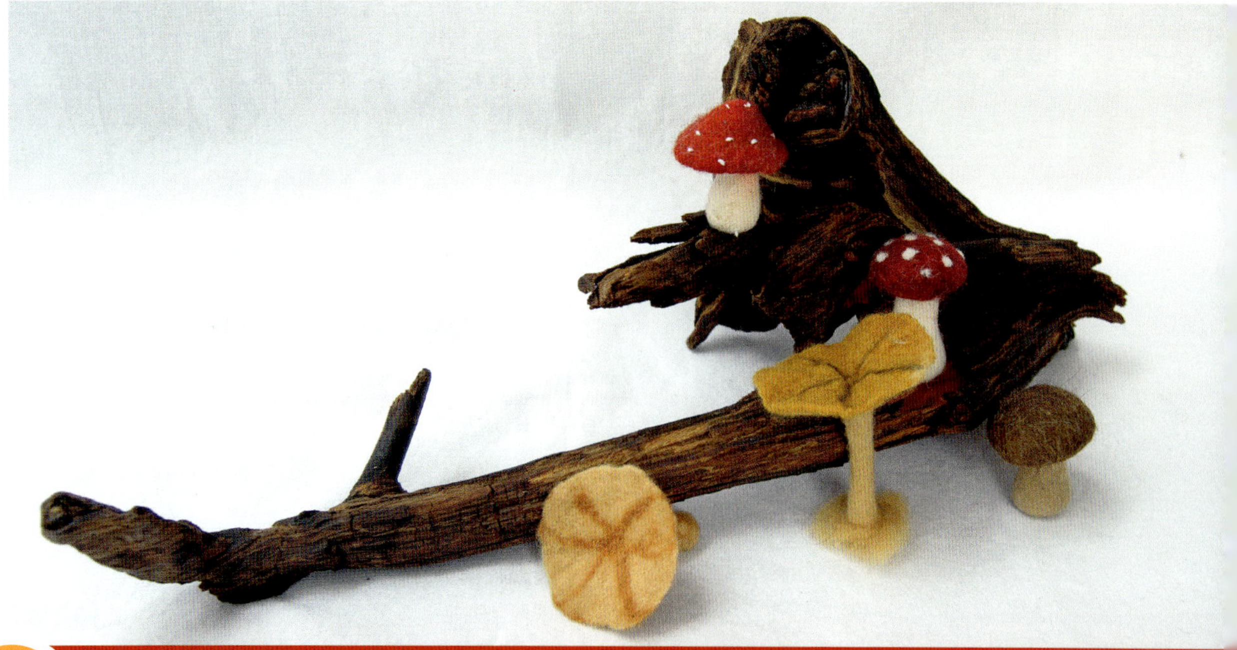

Pilze in vielen Variationen

Die Aufbautechnik

Die nächste Etappe nehmen wir, indem wir uns an ein größeres Formenspektrum wagen.

Um Figuren und Skulpturen filzen zu können, bauen wir die Gebilde auf, die wir erreichen wollen. Ein klein wenig ist es mit der Töpferkunst zu vergleichen. Auch dort wird Stück für Stück aufgebaut, zurechtgestrichen und für die Form mehr Material an gewünschten Stellen aufgebracht.

Wir nehmen statt Ton die Wolle und bauen mit Hilfe von Wasser und Seife auf, bis die Form erreicht ist, die wir uns vorstellen. Erst dann wird gefilzt.

Um eine Form aufzubauen, benötigen wir immer trockene Wollstücke und warme Seifenlauge.

Wolle wird erst aufgelegt und dann genässt! Bitte nicht umgekehrt, die Wollflocke schwimmt sonst hin, wo immer sie will.

Wollflocken in ausreichender Menge vorbereiten, Seifenlauge anrühren und ein Tablett mit Rand oder ein großes Backblech mit rutschfester Unterlage erleichtert die Arbeit.

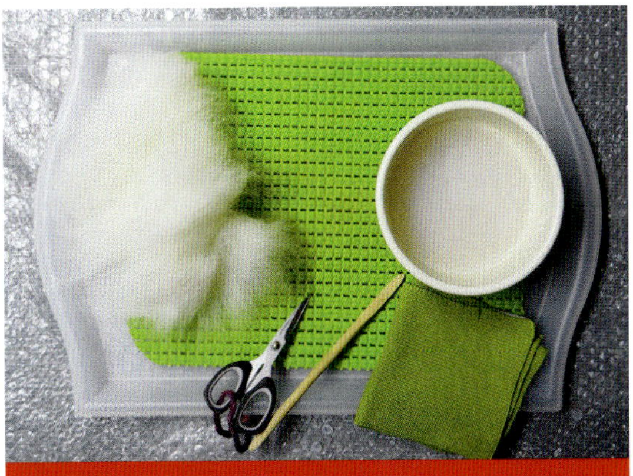

Arbeitsplatz für die Aufbautechnik

Dann kann es ja losgehen!

Mensch-ärgere-Dich-nicht

Die kleinen Spielfiguren können wir immer gut gebrauchen.

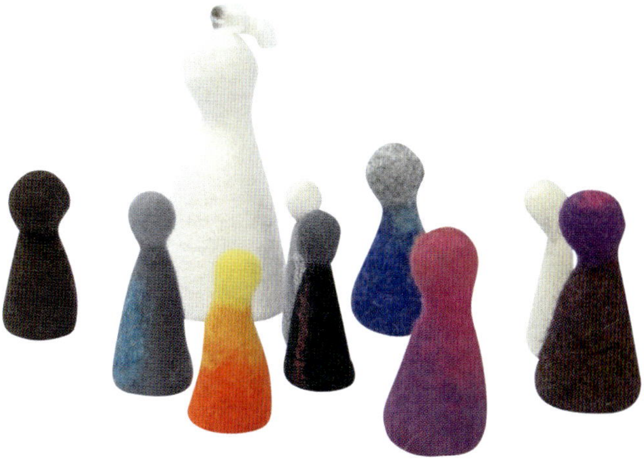

Zur Einstimmung arbeiten wir mit Bergschafwolle und bereiten uns etwa 10 Gramm Wolle auf die oben beschriebene Weise vor.

Bei allem Aufbaufilzen beginnen wir mit einem Hilfsgerüst aus Wolle.

Für die Kegelmännchen nehmen wir eine größere Flocke und wickeln sie auf, als ob wir eine Schnur filzen wollten.

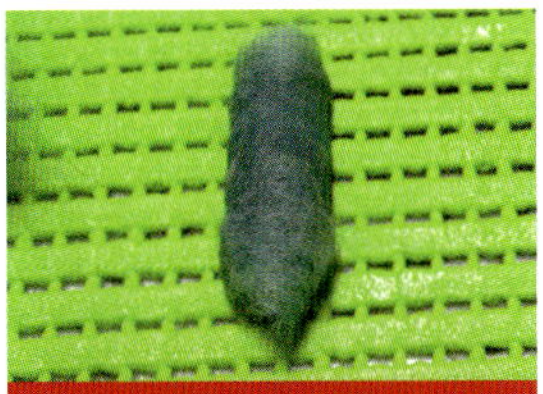

Keimzelle für Spielfiguren

Dann beginnen wir Stück für Stück Wolle so anzubauen, dass die Grundform erkennbar wird.

Sie werden feststellen, dass das Stück im-

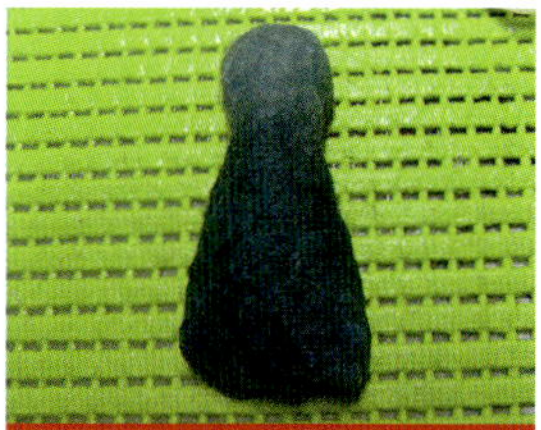

Flocke für Flocke entsteht die Form.

mer wieder gewendet werden muss, denn die jeweilige Rückseite macht gerne mal, was sie will, und schlägt Falten. Furchen können wir mit klein geschnittener Wolle auffüllen. Dazu nutzen wir wieder ein Holzstäbchen oder ein Töpferwerkzeug aus Holz. Bitte genügend Wolle für die Standfläche anbringen und immer wieder zurechtschieben.

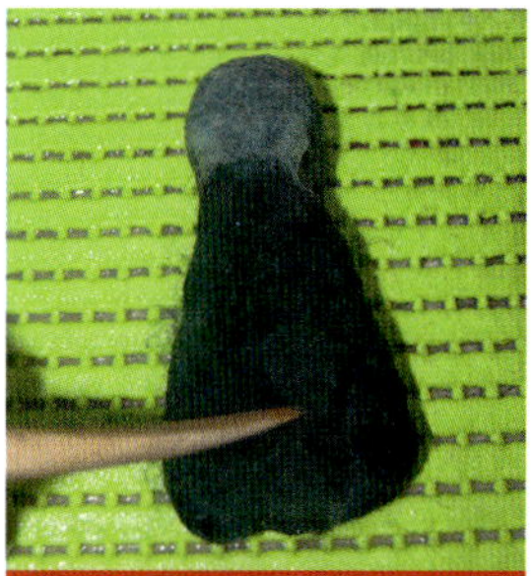

Druckprobe

Sind wir mit Form und Farbgestaltung zufrieden, darf angeflitzt werden. Sie haben zu Beginn ein ganz „zartes Vogelkind" in der Hand, also nur streicheln bitte.

Der Druck kann nun langsam, aber stetig erhöht werden. Auf Halspartie und Boden besonders achten. Zwischendurch prüfen, ob das Kerlchen auch stehen will.

Fertig sind die Männchen, wenn sie sich nicht mehr eindrücken lassen und gut stehen. Nun können sie für viele verschiedene Spielflächen, die Sie selbst gestalten können, einsetzen.

Gut zu wissen

Es darf erst in die Tiefe gefilzt und gewalkt werden, wenn die Oberfläche geschlossen ist.

Kegelmännchen lassen sich aus 5 Gramm Wolle oder aus 40 Gramm entwickeln, je nach Verwendungszweck.

Ein kleines Tischkegelspiel braucht 9 Männchen mit je 30 Gramm, Höhe 10 cm, sowie einen Ball, der ruhig 40 Gramm Wolle haben darf und sehr fest gefilzt ist. Je glatter die Oberfläche beim Ball ist, umso leichter rollt er!

Zwergen-Parade

Zwerge sind bekanntlich gekennzeichnet durch ihre spitzen Mützen und einen Bart, habe ich mir sagen lassen.

Wer Zwerge entstehen lassen möchte, kann nun gerne auf die Technik der Kegelmännchen aufbauen. Wir setzen ihnen nur noch eine Mütze auf und lassen einen Bart wachsen.

Die weitere Vorgehensweise kennen Sie bereits.

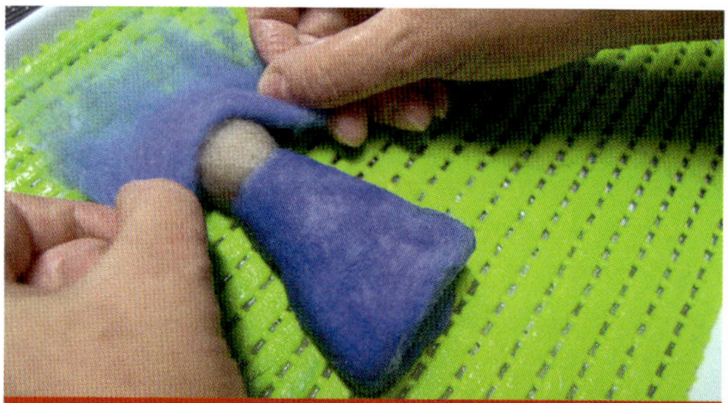

Eine Mütze für die Spielfigur

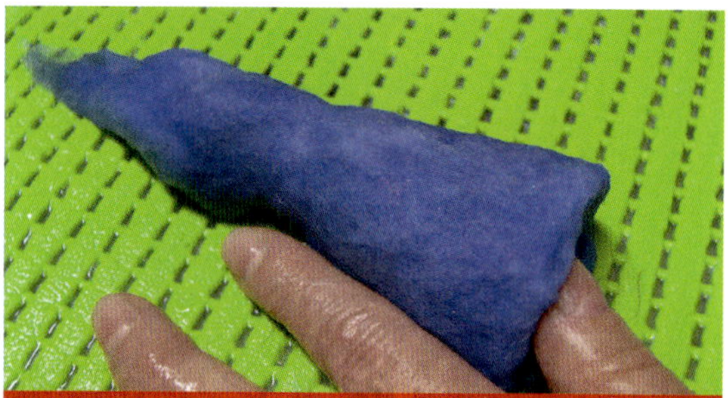

Ein Zwerg entsteht ...

Für den Bart könnte man zu einem frühen Zeitpunkt Locken anfilzen oder sie später mit der Filznadel anbringen. Wenn Kinder mit dem Zwerg spielen möchten und er nicht nur Deko sein soll, dann würde ich das Einfilzen bevorzugen.

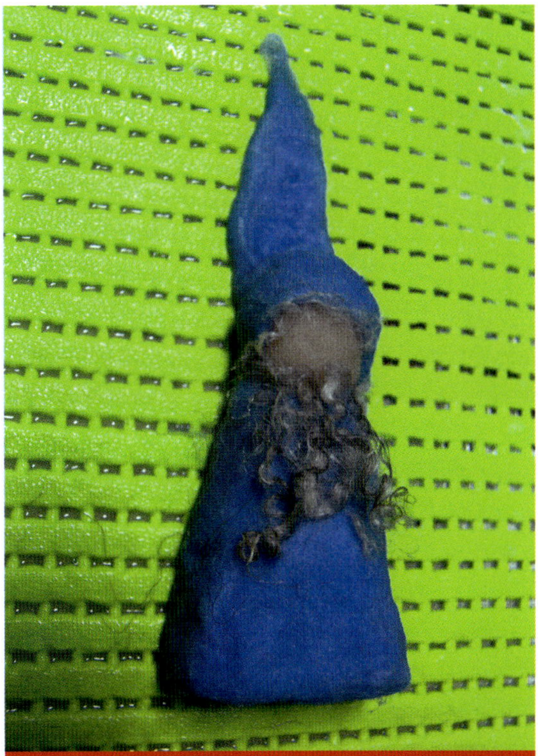

... und wird vollendet.

Wie mir neulich bekannt wurde, lieben Zwerge die Farben.

Raum für spielfreudige Notizen

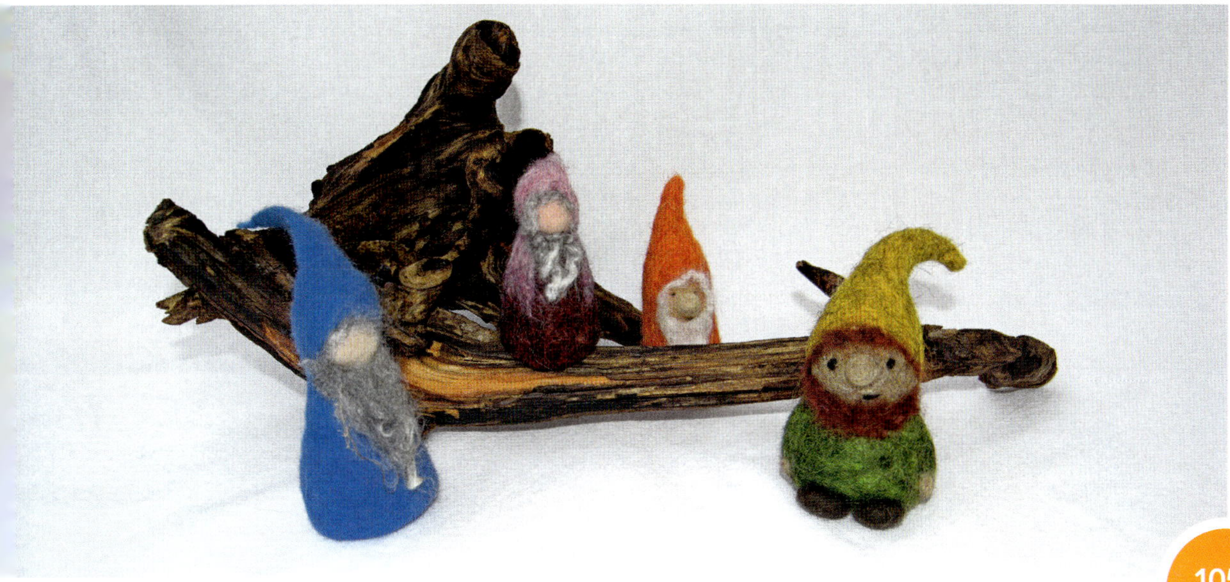

Wie kommen die Arme an den Schneemann?

Ein Schneemann braucht zwar keine Zwergenmütze, doch er sollte vielleicht einen Besen halten können. Dazu braucht er Arme oder zumindest eine Armbeuge.

Wir beginnen auch hier, wie bei den Kegelmännchen, mit einem gewickelten Kern. Dann bauen wir nach und nach die kugeligen Körperteile auf.

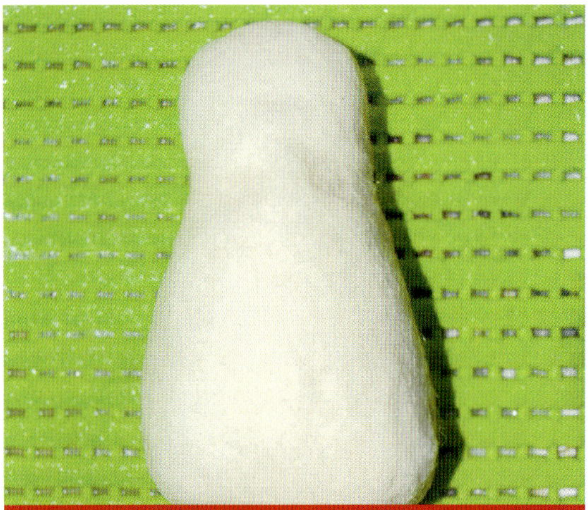

Grundformen für den Schneemann

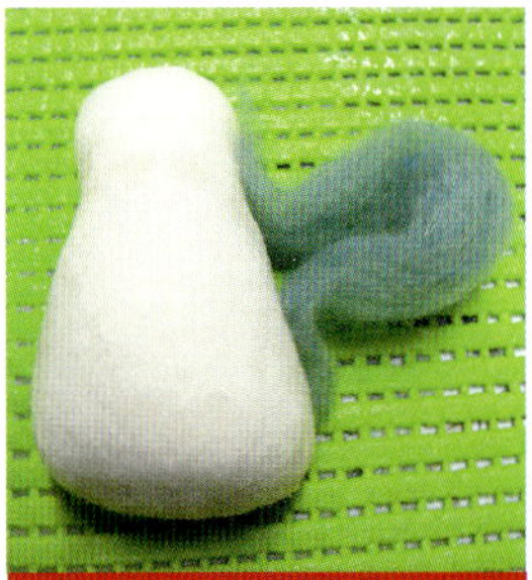

U-Schlaufe ansetzen.

Wenn wir mit den Proportionen zufrieden sind, bauen wir die Arme wie folgt an: Wir legen je einen trockenen Wollstrang (zur Demonstration hier farbig) in Form eines großen Us mit Füßchen auf.

Rund um die Ansatzstellen legen wir Wollpflaster auf und bauen die Arme weiter auf, bis sie dick genug sind.

Von Schnäbeln, Karotten und Nasen

Was fehlt unserem Schneemann jetzt noch zu seinem Glück? Selbstverständlich eine Karotte als Nase.

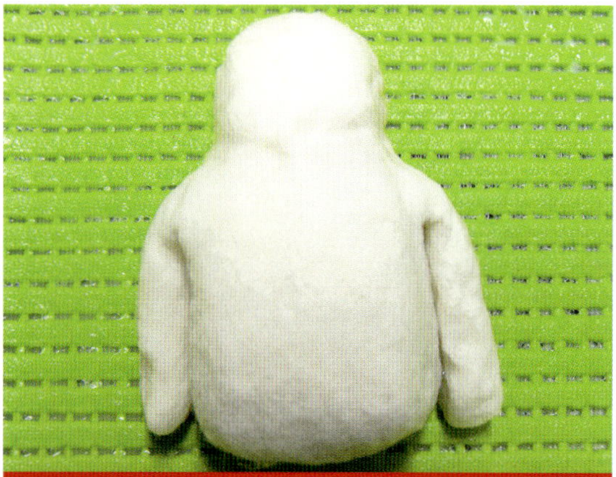

Die Schlaufen mit Wolle belegen und die Arme aufbauen.

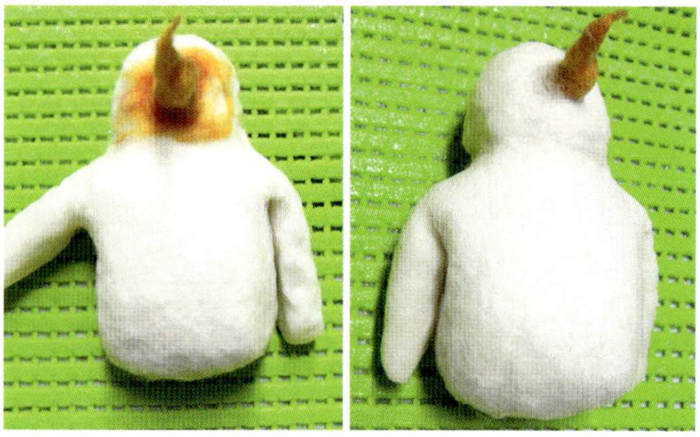

Eine Karotte stellen wir aus einer dickeren Schnur her und lassen das Ende trocken ... ich weiß, ich wiederhole mich. Dieses trockene Ende pflanzen wir nun dem Schneemann auf die Gesichtsfläche.

Um den Ansatz zu sichern und die farbigen Fasern zu verdecken, legen wir nun Wollflocken rund um die Karotte.

Die Methode lässt sich auch bei allerlei Vögeln anwenden. Vorbereitete Schnäbel werden an das Köpfchen angesetzt und, wie oben beschrieben, weiterbearbeitet.

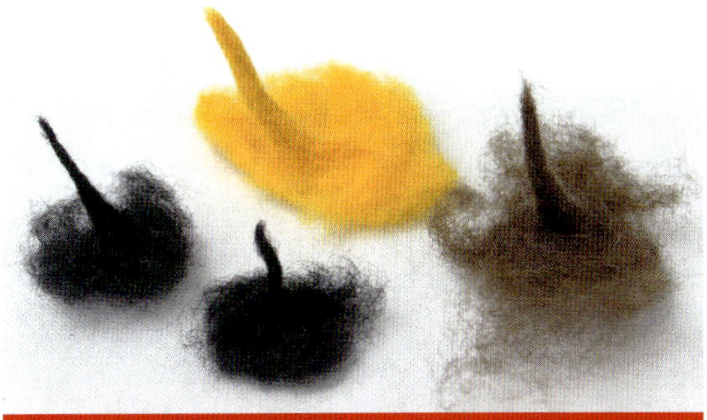

Allerlei Schnäbel

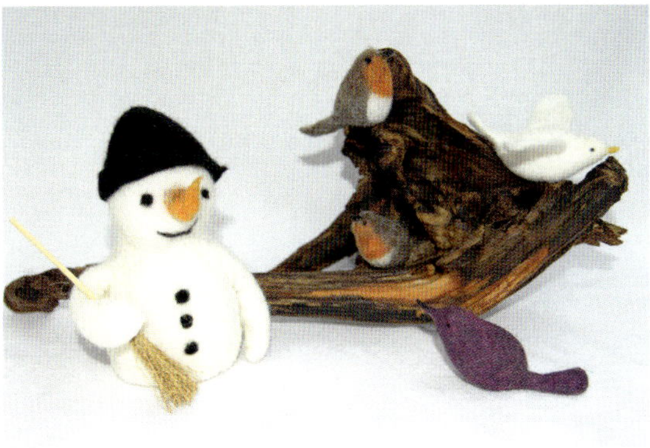

Natürlich haben manche Lebewesen auch spitze Nasen. Aber es gibt eben auch Knollennasen. Für ein Knollennäschen knüpfen wir in einen kleinen Wollstrang einen Knoten. Ein Ende des Wollstrangs bleibt offen zum Anlegen und das andere Ende stülpen wir über den Knoten.

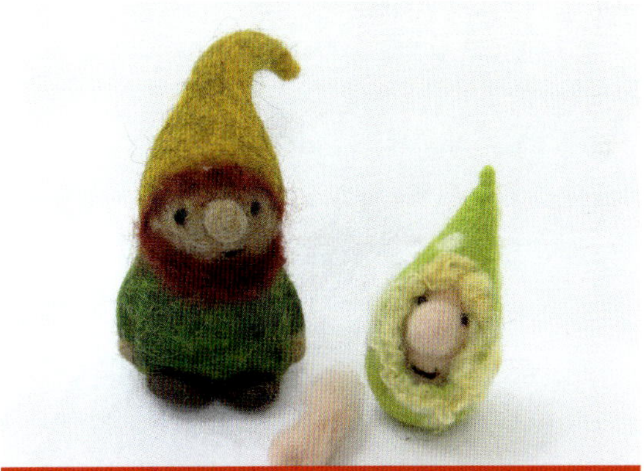

Allerlei Nasen

Von Ohren und Schwänzen

Die kleine Maus erhält ihr Schwänzchen, indem wir eine vorbereitete Schnur mit trockenem Ende auf ein vorbereitetes Wollebett legen.

Um das Grundgerüst für den Körper zu erhalten, wickeln wir das Schwänzchen in das Wollebett.

Nun bauen wir mit vielen kleinen Flöckchen dem Mäuschen ein Hinterteil auf. Wenn es aus unserer Sicht genug gefressen hat, erhält es Ohren. Erinnern Sie sich an die Arme des Schneemanns? Wir legen in den Nacken der kleinen Maus wieder eine U-Schlaufe mit Füßchen.

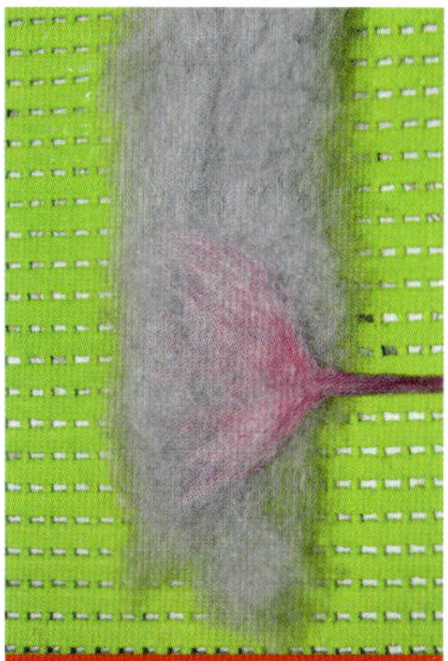

Mal wieder trocken verbinden.

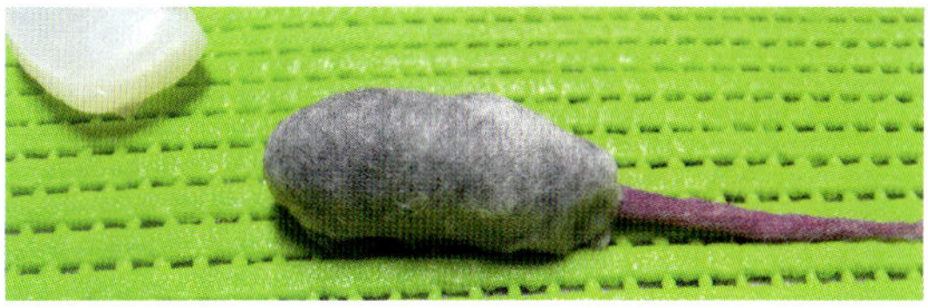

Wenn diese mit Woll-Pflastern befestigt wurde, wird sie in der Mitte geteilt.

Diese Wollschlaufenstücke formen wir jetzt, mit Hilfe von Wasser und Seife, zu flachen Ohren. Bei Bedarf kann noch eine Wollflocke nachge-

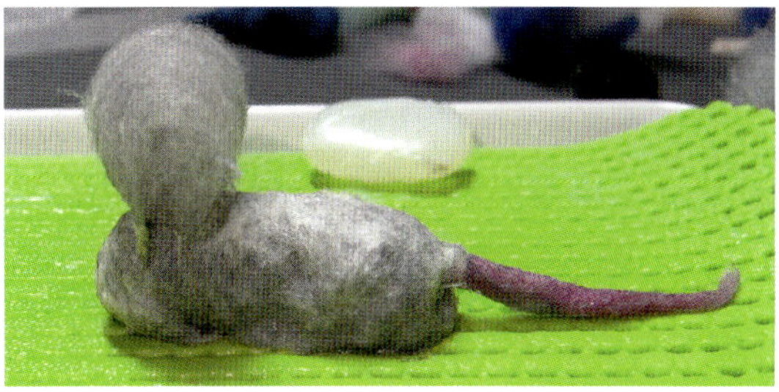

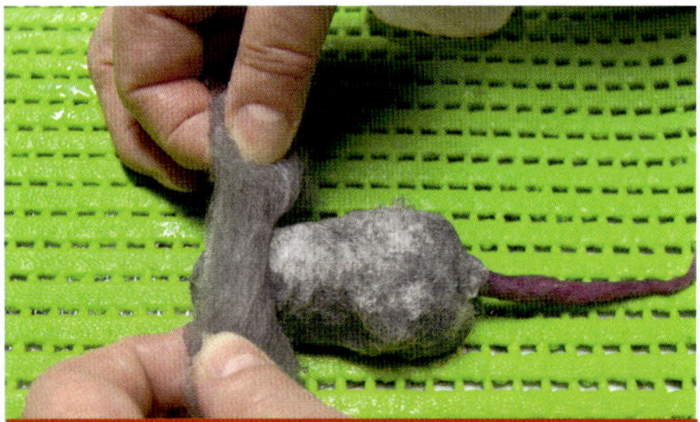

Ohren aufbauen.

legt werden. Wenn der Filz- und Walkprozess abgeschlossen ist, stauchen wir die kleine Maus zurecht. Ausspülen, trocknen lassen und fertig ist das kleine Wesen.

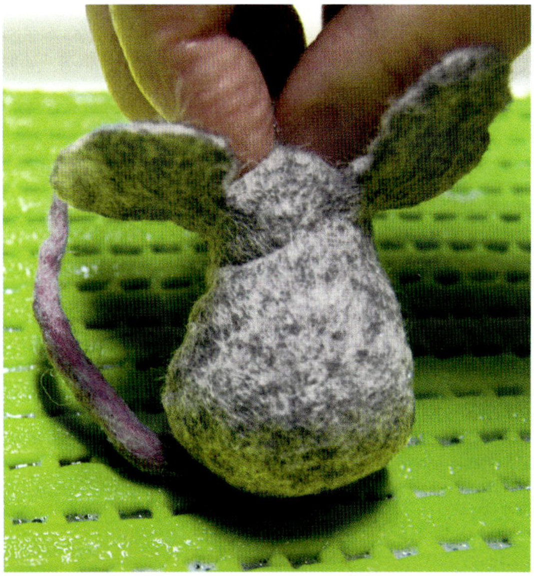

Die Maus fertig filzen und die Schnauze ausformen.

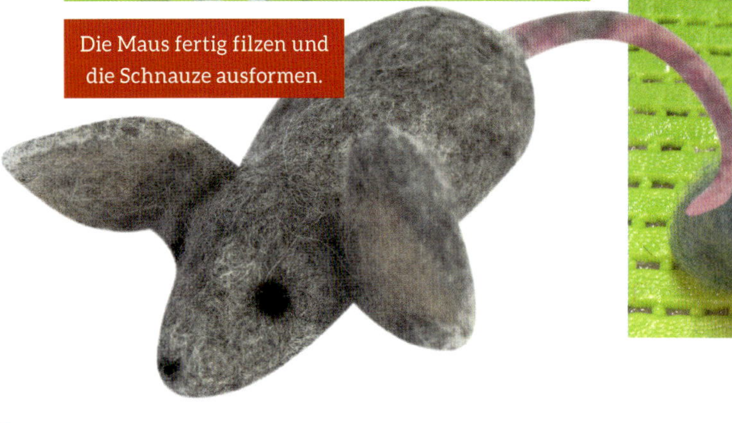

Projekt Schäfchen

Dazu nehmen wir je nach Wunschgröße 10 bis 15 Gramm weiße Vlieswolle zur Hand. Aus der Hälfte der Wolle wickeln Sie eine feste Körperrolle und eine kleinere Kopfrolle. Den Rest der Wolle teilen Sie bitte in kleine Flocken. Körper und Kopfrolle setzen wir aufeinander, feuchten sie gut an und verbinden die Teile mit Wolle-Pflastern. Jetzt setzen wir die Ohren wie zuvor beim Mäuschen an.

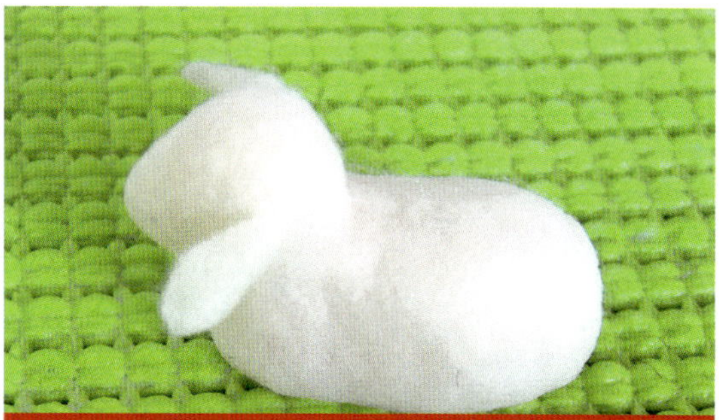

Ein Schäfchen

Zwei Beine

Mit der gleichen Schlaufen-Technik wie zuvor beim Schneemann, lassen sich Vorder- oder Hinterbeine an einem Tier befestigen.

Wenn der Strang geteilt ist, müssen die zukünftigen Beine kräftig mit Wolle belegt werden. Für ein liegendes Wesen werden die Beinchen parallel zum

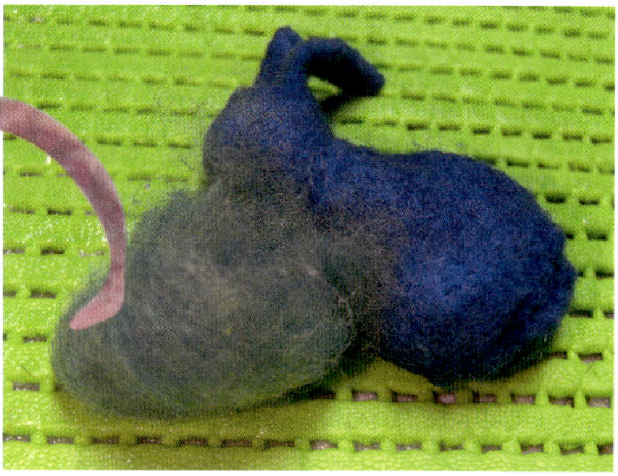

Körper nach vorne ausgestreckt, für ein sitzendes Wesen bilden wir zwischen Körper und Beinen einen Winkel von 45 Grad.

Raum für wesenhafte Notizen

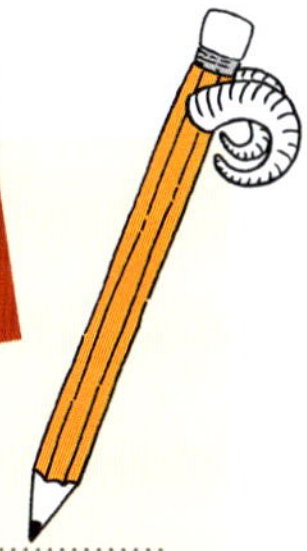

Vier Beine

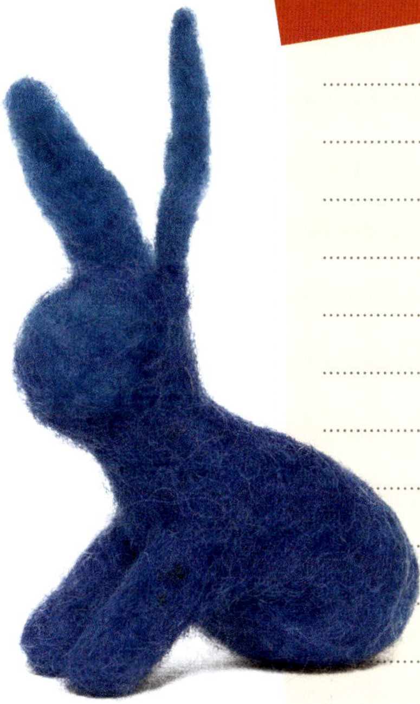

Nun ist es sicher keine Überraschung, dass wir für Vierbeiner zwei Schlaufen benötigen, um am Ende vier Gliedmaßen zu haben. Die Beine müssen kräftig belegt werden, um die Standfestigkeit zu gewährleisten.

Für diesen Rohling sind 90 Gramm Bergschafwolle verarbeitet worden.

Die Tierwelt bietet eine unendliche Fülle an nachahmenswerten Geschöpfen. Rehe, Hasen, Löwen, Lieblingstiere – alle können in Filz abgebildet werden. Für den Einstieg in das Thema von stehenden und sitzenden Wesen empfehle ich dennoch das Üben an Fantasietieren. So kann ich zunächst die Technik üben und mich dann der detaillierten Ausarbeitung zuwenden.

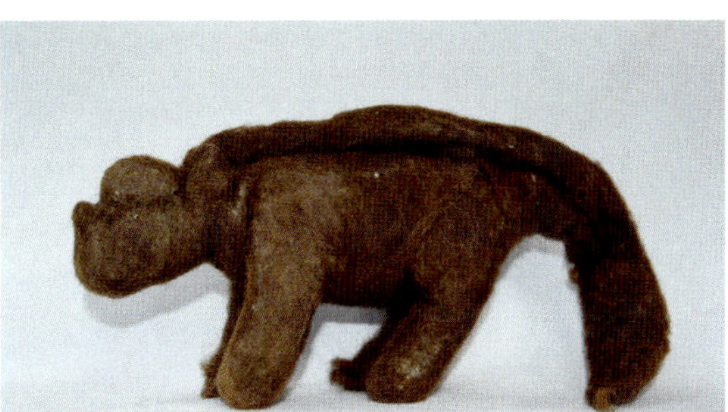

Das könnte ein Drache werden.

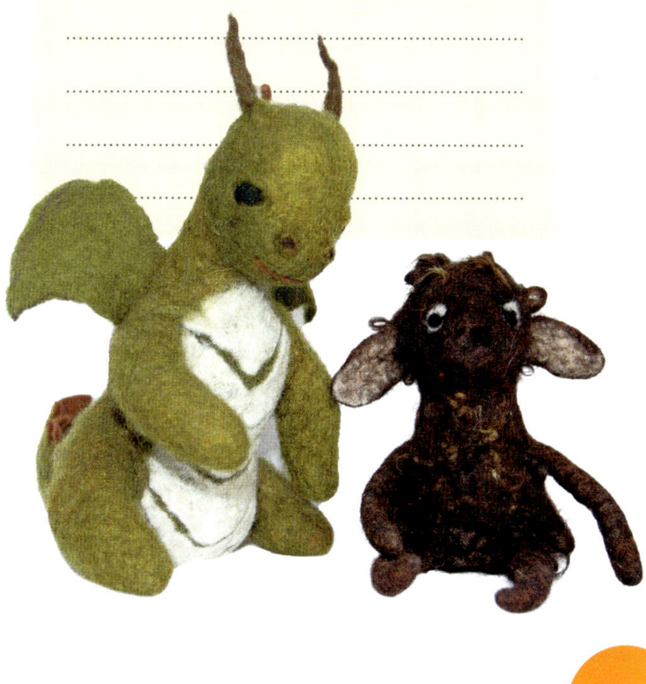

Gerüste für die Beweglichkeit

In Filz gebannte Wesen, egal ob Mensch, Tier, Zwerg oder Fantasiegeschöpf, können eine Geste, eine Form annehmen. Um mehr Spielraum in der Beweglichkeit zu haben, brauchen wir ein Drahtgerüst. Erinnern Sie sich an das Kapitel „Schnur mit Kern“? Für alle Lebewesen nutzen wir ummantelten Kupferdraht, um Rostflecken zu vermeiden, denn die Wolle speichert aus der Umgebungsluft Feuchtigkeit und würde diese an den Draht weitergeben.

Im ersten Schritt müssen wir uns überlegen, wie groß das Wesen werden soll. Es gilt die Formel:

Höhe der Figur ist gleich die Armspannweite.

Wenn also die Figur 30 cm hoch werden soll, misst man von Fingerspitze zu Fingerspitze 30 cm. Die Höhe wird jetzt durch 7 geteilt und das Ergebnis gibt die Kopfhöhe der Figur. In unserem Fall würde der fertige Kopf also 3,4 cm hoch sein. So werden die Proportionen gewahrt und man kann sich gut auf das Filzen vorbereiten. Die Formel kann für jede Größe genutzt werden.

Wir beginnen damit, dass wir den Draht für das Armgestell abmessen. Immer etwa 20 Prozent Drahtlänge dazugeben, denn wir brauchen eine Kopfschlaufe und müssen die Hände umbiegen können.

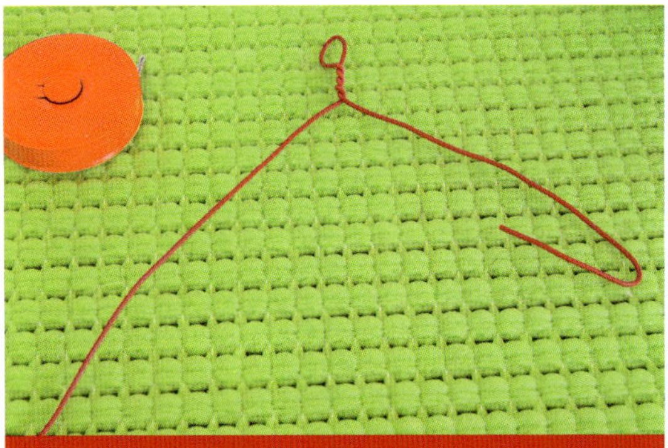

Drahtgerüst für Kopf und Arme

Ohne Kopf geht's nicht

Nun legen wir uns hautfarbene Wolle zurecht, umwickeln erst trocken einmal die Händchen und wenden uns dann dem Kopf zu. Dazu nehmen wir eine große Wollflocke, die wir durch die Kopfschlaufe ziehen und zu einer kleinen Rolle wickeln.

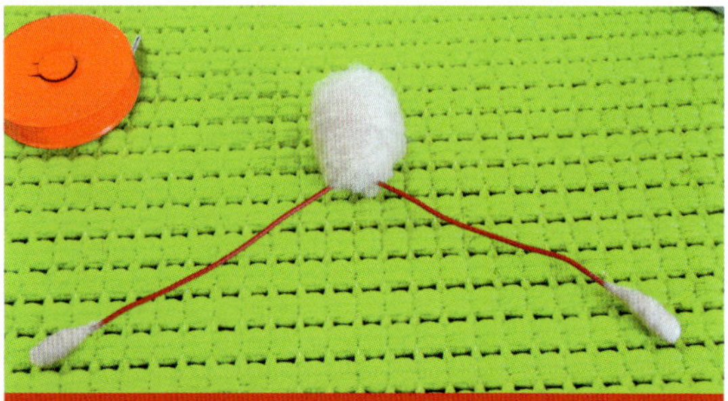

Hände und Kopf vorbereitet

Nach und nach bauen wir jetzt eine Kopfkugel auf und belegen zwischendurch auch immer wieder die Arme mit hautfarbener Wolle. Denken Sie daran, die Wolle trocken aufzulegen und dann erst mit Seifenlauge zu befeuchten. Nasse Wollflocken lassen sich einfach nicht zielgenau anbringen. Immer mal wenden und auf der Rückseite weiter aufbauen. Wenn Höhe und Umfang der Kopfkugel Ihren Berechnungen entsprechen, legen Sie zwei kleine Wollrollen als Stirn und Kinnlinien auf den Kopf.

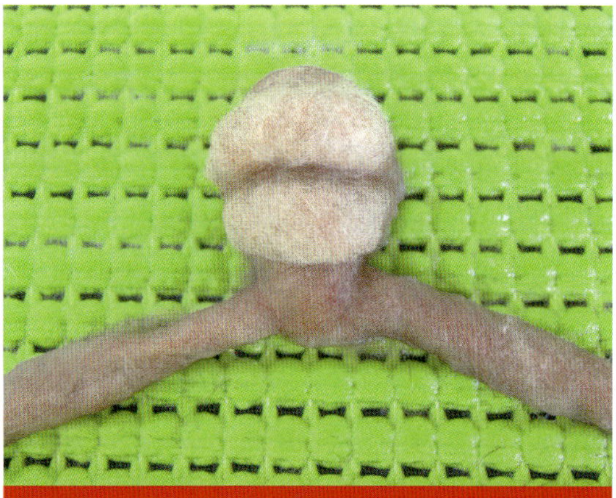

Stirn- und Kinnlinie aufgelegt

Über diesen Unterbau ziehen wir nun noch mehrere Wollflocken, um die Ansatzstellen zu überdecken. Ein großer Strang Wolle wird zum Schluss längs über das Gesicht und den Hinterkopf gelegt und läuft unter dem Hals aus.

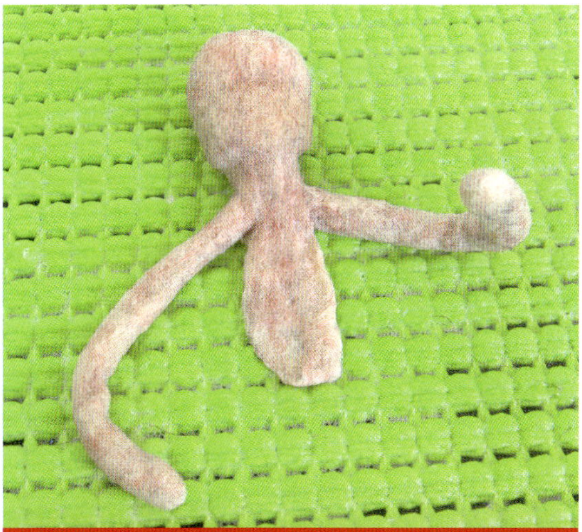

Kopf und Arme fertig gefilzt

Zum Ende der Arbeiten am Oberkörpergerüst wird wie gewohnt angefilzt. Dabei achten wir besonders auf die Augenlinie.

Sehen muss man können

Wenn wir gerade bei der Augenlinie sind. Um einem Gesicht Ausdruck zu verleihen, sind Augen doch ziemlich wichtig. Mir sind schon wirklich sehr viele Möglichkeiten begegnet, einem Filzwesen die Augen zu öffnen. Und da das so ist, werde ich gar nicht erst versuchen, Sie von der einen oder anderen Methode zu überzeugen. Was Sie tun können, ist, sich einen „Übungskopf" zuzulegen, um Ihre bevorzugte Methode zu ermitteln.

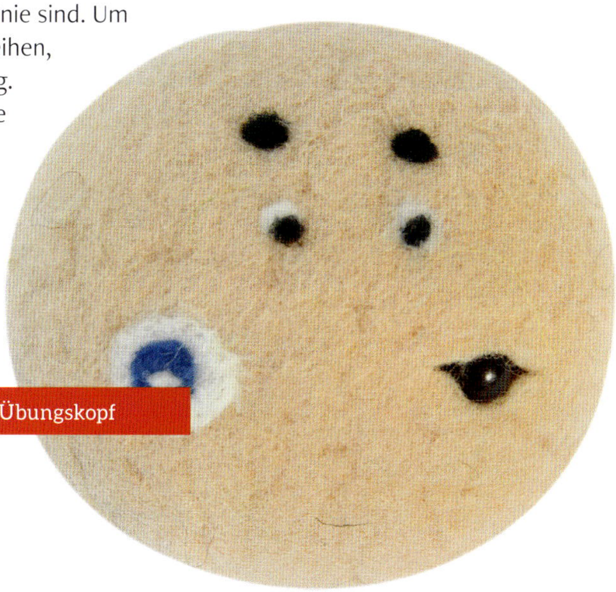

Übungskopf

Augen können gestickt, aufgenadelt, eingeschnitten und mit Perlen verwirklicht werden, es gibt fertige Glasaugen, die eingenäht werden können ... Ein Beispiel für ein besticktes Gesicht hilft vielleicht ein wenig weiter.

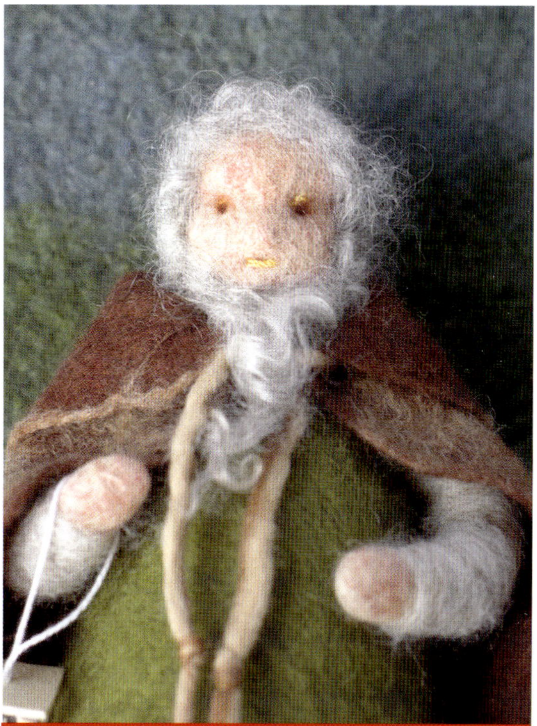

Ein alter Mann

Engel-Parade

Zurück zu unserer Figur. Hier fehlt ja noch ein standfester Körper.

Den bauen wir ebenfalls dreidimensional auf. Dazu gönnen wir uns eine „Vorlage aus Wolle", die dann Flocke für Flocke erweitert wird. Mit Hilfe zweier langer Wollstränge, die wir jeweils über eine Schulter legen und unter dem „Brustbein" zusammenführen, erhalten wir einen Anker aus Wolle, den wir nun weiter aufbauen können.

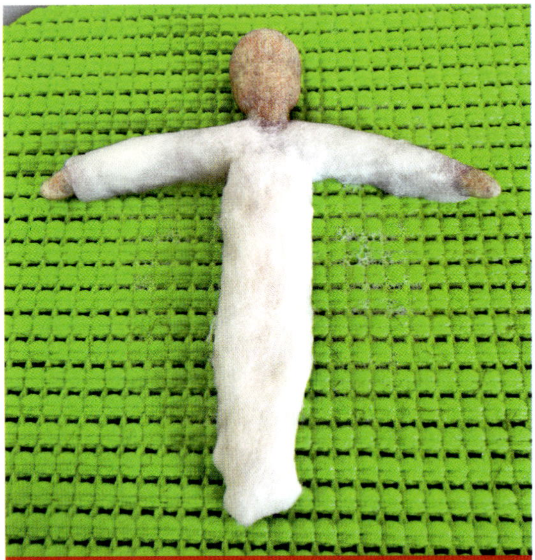

Wir bauen den Körper auf.

Der Körper soll eine Zylinderform erhalten. Vor dem Filzen sollte die Figur mindestens 10 Prozent höher sein, als die geplante Größe ausmacht. Bei den Ärmeln bedenken, dass diese noch schrumpfen werden. Deshalb die Wolle bis fast an die Fingerspitzen auflegen.

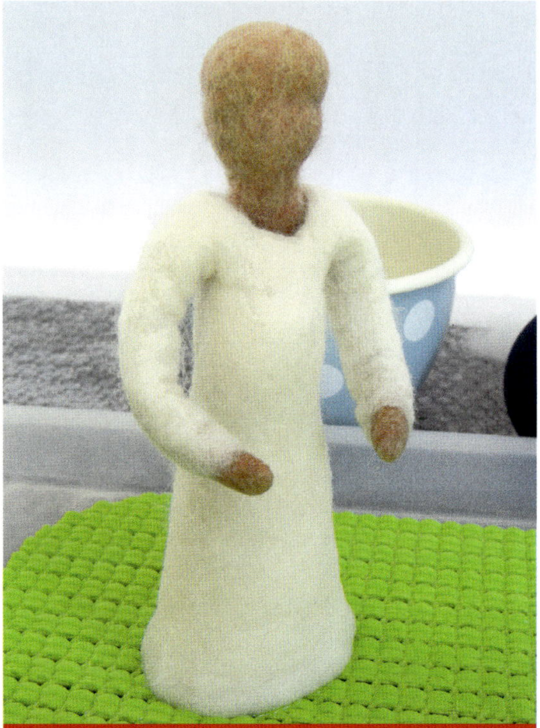

Rohling fertig gefilzt

Dazu bewickeln wir Arme und Körper gleichmäßig. Unbedingt immer wieder die Rückseite im Blick behalten und den Boden bilden.

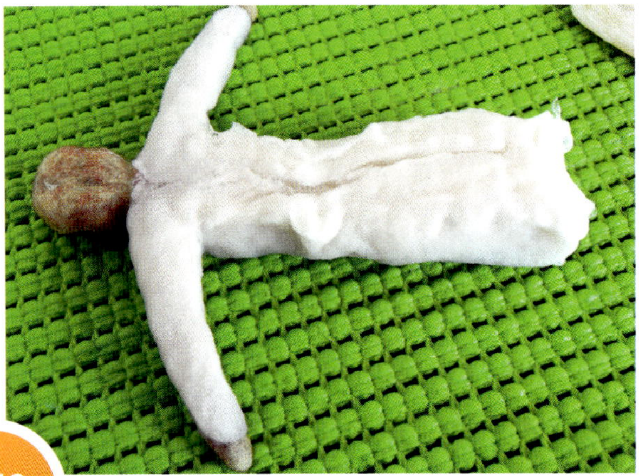

Zum Schluss des Filzprozesses wird mit einer Nähnadel eine kleine Nase aus der Gesichtsfläche gehoben und nachgeformt.

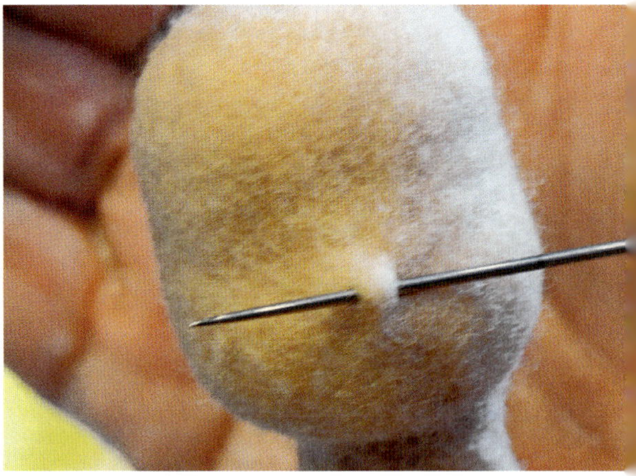

Jede Filzerin braucht einen Schutzengel. Vielleicht haben sich deshalb hier so viele von ihnen versammelt. Von 30 bis 90 Gramm Wolle wurden für diese unterschiedlichen Glücksboten verwendet. Die Flügel wurden immer aus der Fläche gefilzt und angenäht. Grundsätzlich nadele ich Frisuren auf, wobei das auch wieder Geschmackssache ist.

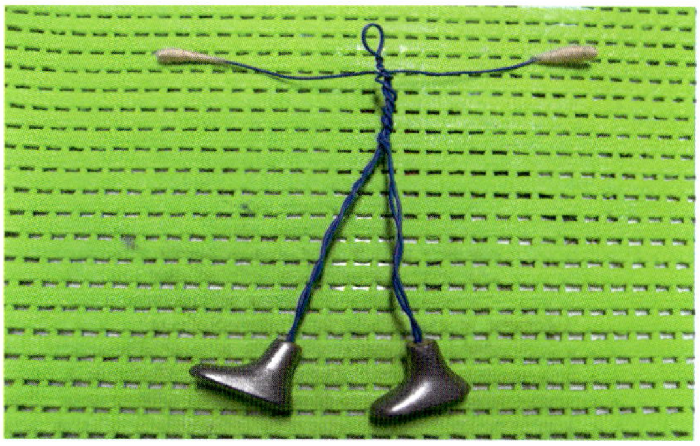

Projekt Standhafte Figuren

Die Zwerge haben hier einen großen Begleiter gefunden, der auf seinen eigenen Füßen steht. Um einen solch standhaften Wicht erarbeiten zu können, erweitern wir das Gerüst um einen Beindraht, der über die Schulter montiert wird, und kleben so genannte Bleischuhe an das untere Ende der Beindrähte.

Wenn ein solcher Wicht Kleidung benötigt, müssen wir mit Schablonen arbeiten und die Kleidung separat anfertigen. Dazu mehr ab S. 131 im Kapitel „Anziehender Filz“ .

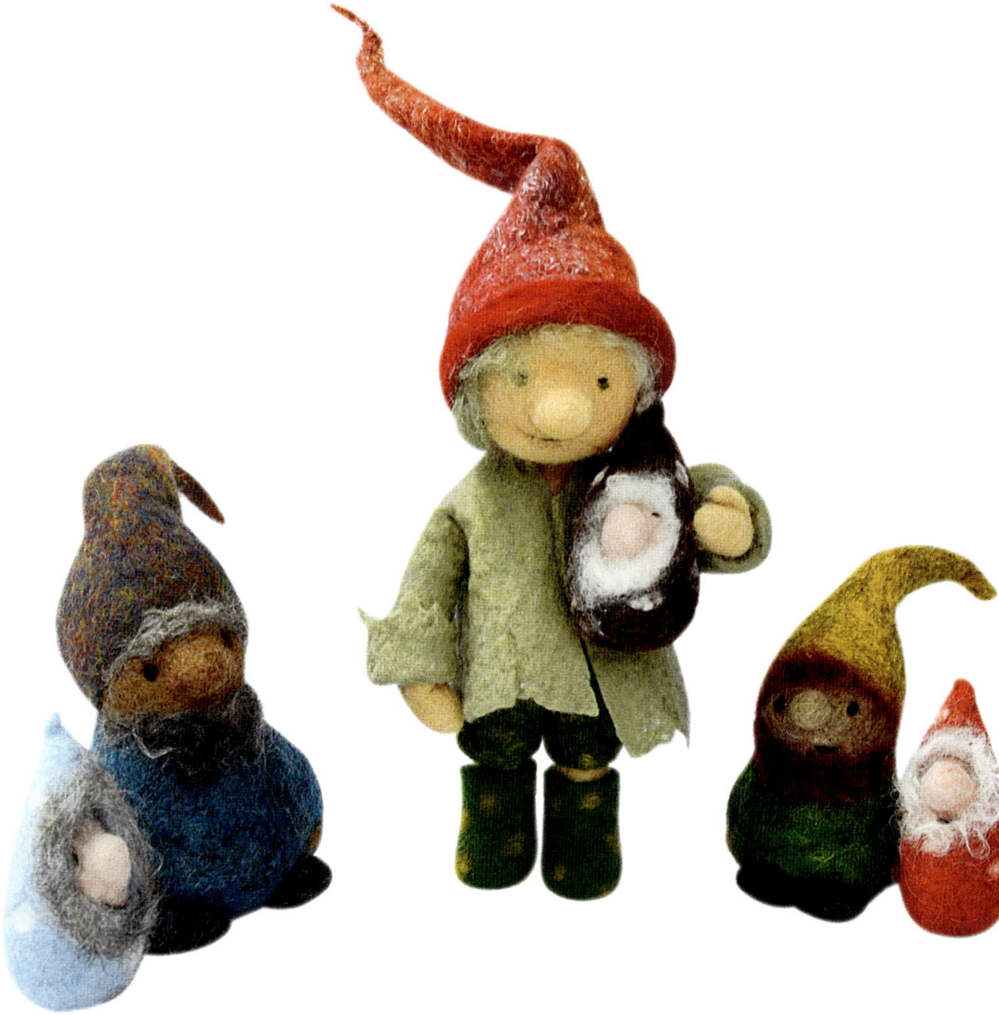

Engel für jede Gelegenheit

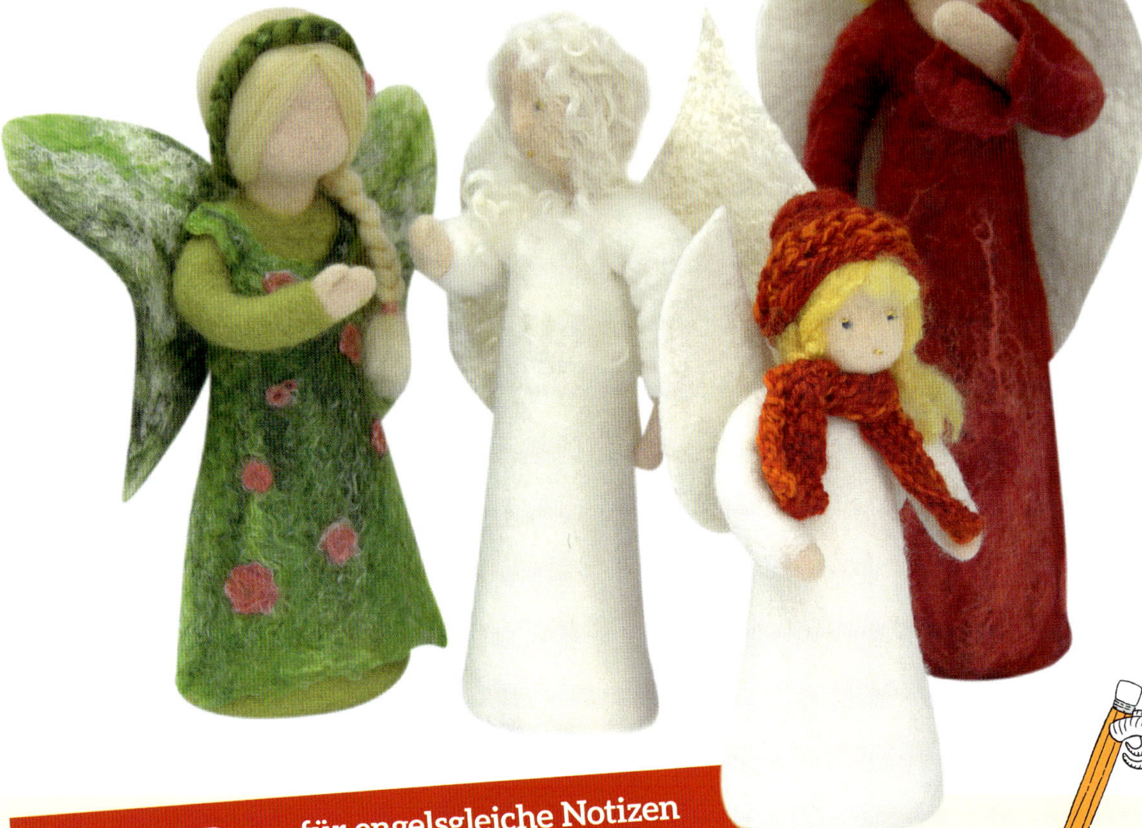

Raum für engelsgleiche Notizen

Filzen mit Schablonen

Nun kommen wir zu einem besonders spannenden Thema unter den Filztechniken. Wir nutzen Schablonen-Material nicht nur als Trennung, sondern auch, um Hohlkörper herzustellen, die viele Funktionen erfüllen können. Von der Brillenhülle über Kissenhüllen, Vasen, Kleider oder Lampenhüllen bis hin zur großen Tasche bleiben keine Wünsche offen.

Es gibt ein paar Dinge, auf die wir achten müssen. Das Schablonen-Material sollte die Form halten, aber dennoch beweglich sein und die Wolle nicht verletzen können. Ich nutze für meine Schablonen so genannte Trittschallfolie aus dem Baumarkt. Es gibt sie in verschiedenen Stärken und je kleiner das Objekt ist, desto dünner sollte sie sein.

Wenn wir rechteckige Schablonen zuschneiden, runden wir auch hier die Ecken ab. Einige Objekte werden so um Schablonen aufgebaut, dass sie im Verlauf des Filzprozesses aufgeschnitten werden müssen. Dies tun wir aber erst, wenn die Wolle die Schablone zusammendrückt. Dabei ist immer zu beachten, dass ein Schnitt ein Loch verursacht und Löcher werden im Filzprozess immer größer. Da die Wolle immer weiter schrumpft, zieht sie den Schnitt weiter auf. Bei einigen Objekten mag dieser Effekt gewünscht sein, bei anderen schneiden wir so spät wie möglich, um ihn zu vermeiden.

Bei der Berechnung der Wollmenge denken wir bitte immer daran, dass wir Vorder- und Rückseite mit einkalkulieren. In meiner Filzlaufbahn ist es mir schon passiert, dass ich zwar die Fläche berechnet habe, Wollmengen abgewogen und gefilzt habe. Leider musste ich dann feststellen, dass das Objekt viel zu dünn war. Mein Fehler bestand darin, dass ich vergessen hatte, die Fläche doppelt zu nehmen.

Nun berechnen wir einmal anhand eines Beispiels die benötigte Wollmenge für eine Schablone – wir

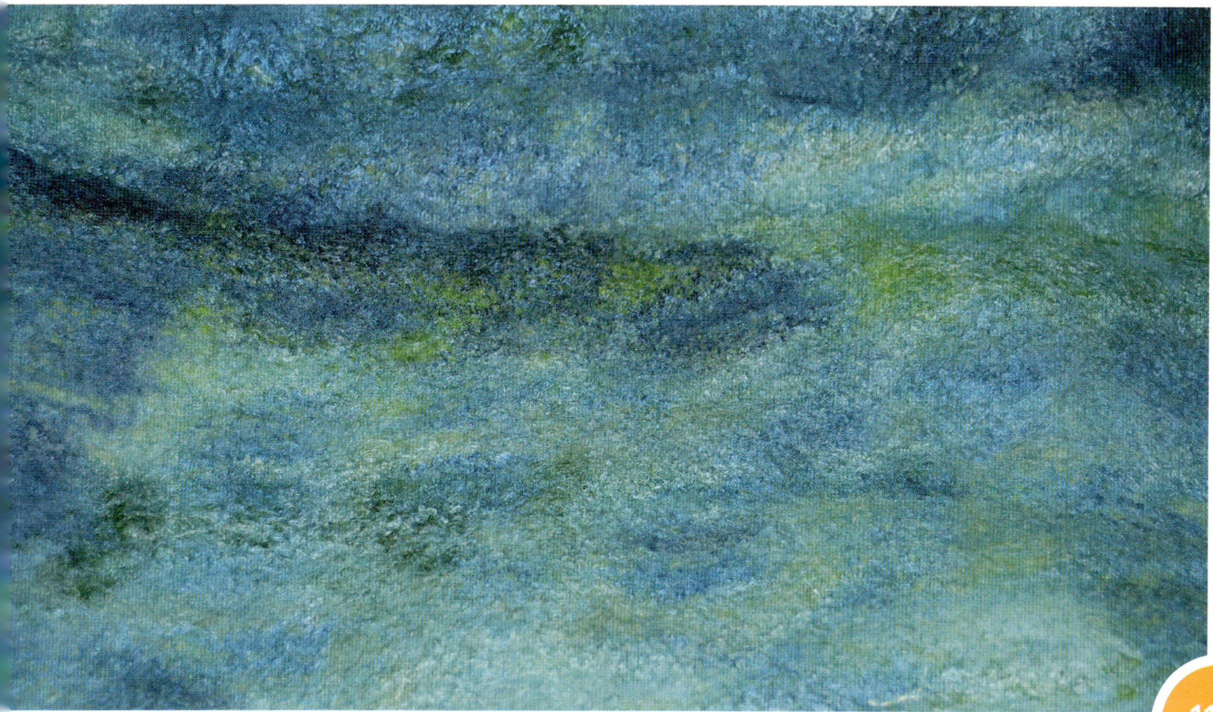

wählen unser Filztagebuch. Aufgeschlagen hat es die Maße 45 mal 30 cm. Bei Büchern kalkulieren wir auch immer den Buchrücken mit ein.

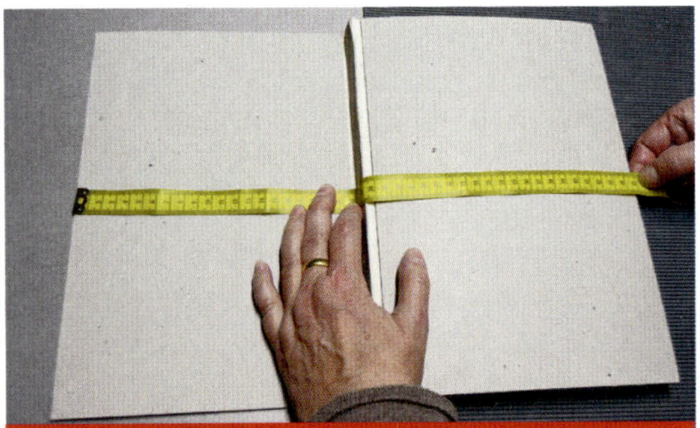

Ausmessen ist der halbe Erfolg, ...

Da ein Buch häufig in die Hand genommen und die Hülle strapaziert wird, gehen wir von einem Schrumpffaktor von 1,5 aus. Dabei rechnen wir 45 x 1,5 und 30 x 1,5. Demnach benötigen wir eine Schablone mit den Maßen 67,5 mal 45 cm. Wir haben eine Gesamtfläche von 3.037,5 cm². Wie gesagt, doppelt nehmen: Also 6.075 cm². Bei unserer Hülle gehen wir von einem Wollverbrauch von 0,015 Gramm pro Quadratzentimeter aus. Aufgerundet ergibt das eine Wollmenge von 100 Gramm.

Zuallererst teilen wir die Neuseeland-Merinowolle auf, 60 Gramm für die Vorderseite und 40 Gramm für die Rückseite. Um sorgfältig und ohne Störungen auslegen zu können, legen wir die Schablonen immer zuerst unter die Noppenfolie. Wir legen auf

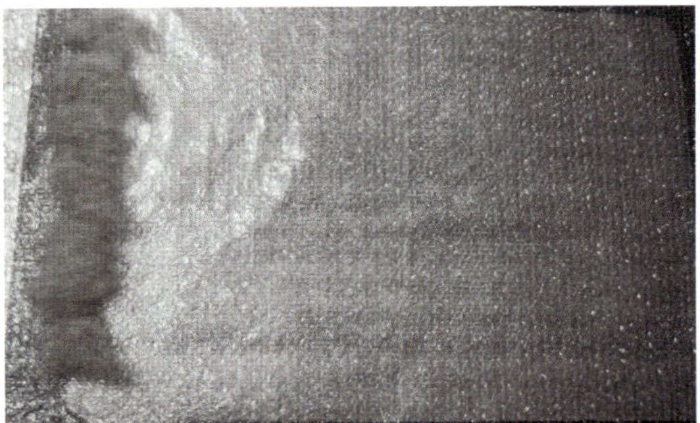

... sorgfältig Auslegen die andere Hälfte.

der Vorderseite eine Lage der Länge nach und eine Lage der Breite nach aus. Dabei achten wir darauf, dass wir mindestens 2 cm Wolle über den Rand der Schablone hinaus auslegen.

Sobald die Vorderseite ausgelegt ist, wird die komplette Fläche sorgfältig genässt und eingeseift. Dann nehmen wir die Schablone unter der Noppenfolie heraus und legen sie auf das nasse Wollbett. Die überstehenden Ränder werden jetzt auf die Folie geklappt, hierbei müssen wir dringend darauf achten, dass die Ecken nicht wie Papier gefaltet werden, sondern wie Stoff zusammengerafft werden, wie wir das bereits bei „Ecken und Kanten", S. 39 f., kennengelernt haben.

Die restliche Wolle wird nun innerhalb des Randfeldes verteilt. Nicht wieder über den Rand hinauslegen, da sonst Wülste entstehen. Dieses Prinzip gilt für alle Schablonenarbeiten.

Auch bei Schablonen gilt, dass wir vom Rand her anfilzen und die Oberfläche langsam schließen. Sobald die Zupfprobe es uns erlaubt, kann das gesamte Gebilde gerollt werden, von allen Seiten mit zunehmendem Druck.

Gut zu wissen

Ein großes Risiko bei der Arbeit mit Schablonen besteht darin, dass sich die Wolle an den Schablonenrändern ohne Genehmigung versammelt und Wülste bildet. Um dem vorzubeugen, kontrollieren wir mit den Händen immer wieder die Lage der Schablone und widmen den Rändern besondere Aufmerksamkeit. Sollten wir dennoch etwas übersehen, können wir versuchen, diese Stellen nach dem Aufschneiden mit einer Walkmaus auszubessern.

Wenn die Schablone sich langsam innerhalb der Hülle wölbt, machen wir in der zukünftigen Innenseite der Buchhülle, also auf der Rückseite, mittig einen Schnitt. Falls sich das Loch beim Schrumpfen nicht weit genug öffnet, ist Nachschneiden erlaubt.

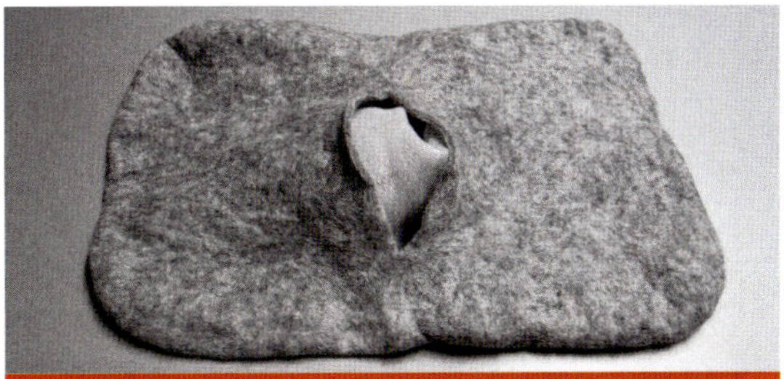

Ein kleiner Schnitt ist genug ...

Am Ende kann das Buch in die trockene Hülle geschoben werden.

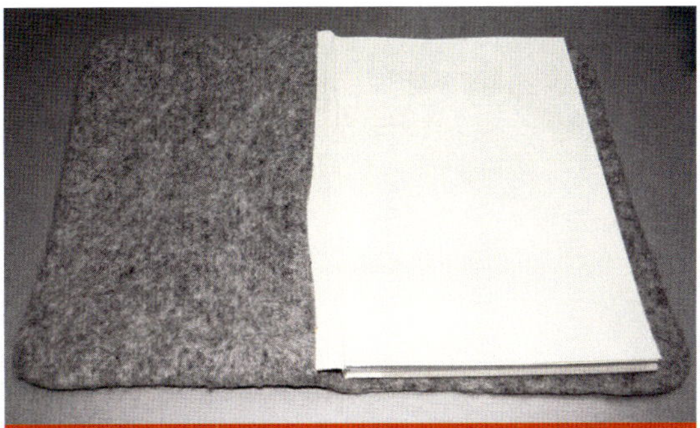

... und die Hülle passt.

Gut zu wissen

Wenn eine Hülle mit Mustern belegt werden soll, ist es sinnvoll, noch einmal genau über rechts und links und vorne und hinten nachzudenken, da wir sonst möglicherweise das Muster auf der Rückseite und auf dem Kopf stehen haben.

Im Folgenden nenne ich Ihnen für jedes Projekt die von mir verwendeten Schablonen-Maße und gebe Ihnen die jeweilige Wollmenge an. Wie wir mit Schablonen und der Wolle umgehen, haben wir ja nun gelernt.

Hüllen für Empfindliches

Um kleine Kostbarkeiten gut zu schützen, stellen wir für uns Hüllen her, die mit relativ viel Wolle ausgearbeitet werden. Wir messen unser Handy aus, gehen von einem Schrumpffaktor von 1,5 aus und arbeiten mit 0,03 Gramm pro cm^2. Es genügt eine, wie bei der Buchhülle, aus der Fläche berechnete, rechteckige Schablone. Für die hier gezeigte Handyhülle wurden 25 Gramm Kap-Merino-Wolle verarbeitet. Kurz vor Ende des Schrumpfprozesses, wurde der Einschubschlitz für das Handy geschnitten und die Kanten sauber verfilzt.

Ein ideales Versteck für Empfindliches

Ganz ähnlich arbeiten wir bei Brillenetuis. Es bleibt jedem selbst überlassen, ob der obere Rand aufgeschnitten wird oder ein seitlicher Schlitz eingearbeitet wird.

Projekt Laptoptasche
Haben Sie die Buchhüllenschablone noch? Mit dieser Schablone und 180 Gramm Wolle lässt sich nach dem gleichen Prinzip eine Laptophülle erschaffen. Diese Tasche eignet sich für ein Modell mit 13,5 Zoll. Hierbei ist nur zu beachten, dass wir erst ganz zum Schluss in der Mitte aufschneiden. Um die Tasche verschließen zu können, habe ich zwei Schlaufen angefilzt (Schnüre mit trockenem Ende) und zwei Knöpfe aus der Schnur angenäht.

So habe ich zwei Fächer erhalten, die sich gegenseitig schützen. Auf der Seite für den Laptop wurde starker Pappkarton zurechtgeschnitten und zur Stabilisierung eingeschoben. In der zweiten Tasche können Kabel, Mousepad und Weiteres transportiert werden.

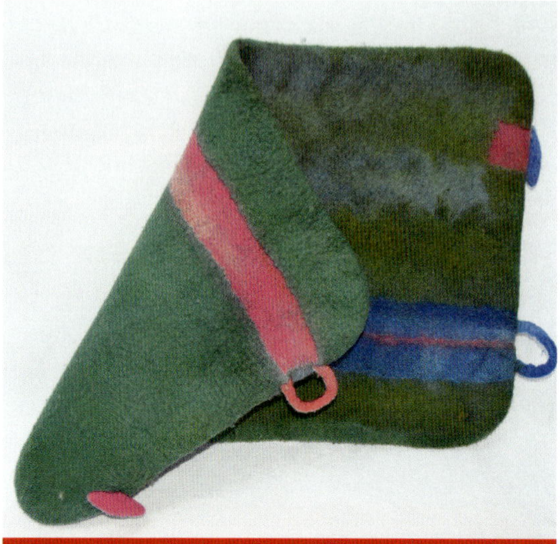
Doppeltasche für den Laptop

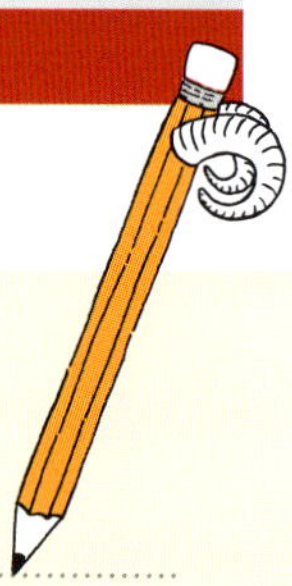

Raum für Erfahrungen mit der Schablone

Kugeliges aus der Schablone

Kugeln erarbeite ich grundsätzlich über eine Kreisschablone. Über Bälle oder ähnliche Objekte zu filzen, ist unökonomisch, kraftraubend und sehr unpräzise. Um die Fläche der Kugel zu berechnen, nehmen wir die Formel:

$$\pi \times d^2$$

Damit die spätere Kugel genügend Spannung erhält, arbeiten wir mit einem Schrumpffaktor, der höher als 1,4 ist. Auch Kugeln werden geschlossen über die Schablone gefilzt und erst ganz zum Schluss geöffnet – je später desto besser.

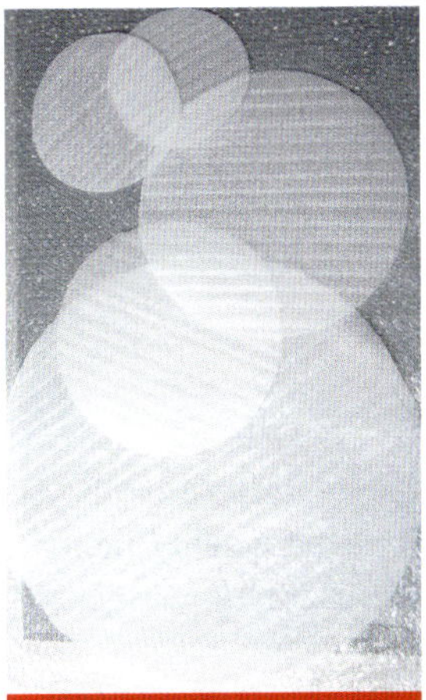

Schablonen in allen Größen

Wir beginnen mit einer Kugel, die einen Fertigmaß-Durchmesser von 15 cm haben soll. Das bedeutet, dass wir eine Schablone mit 22,5 cm Durchmesser benötigen. Wir arbeiten mit 25 Gramm super feiner Merinowolle, die wir in vier Schritten auslegen. Wir teilen 15 Gramm ab, die wir wiederum in 6 und 9 Gramm aufteilen.

Die 9 Gramm legen wir auf die Noppenfolie, unter der die Schablone liegt, und lassen wieder Wollflocken überstehen. Wolle nässen und seifen und die Schablone auf die Wolle legen und die überstehenden Fasern auf die Schablone aufklappen. Nun die restlichen 6 Gramm im Inneren auslegen.

Nun legen wir auf die gleiche Art und Weise 6 Gramm der Restwolle auf die vorher ausgelegte Wolle und versuchen, Wolle überstehen zu lassen. Nun wird mit zwei Folien gewendet und die übrigen 4 Gramm in den Wollinnenbereich ausgelegt.

Nun kann gefilzt werden. Unsere Schablone befindet sich im Inneren. Wir filzen so lange, bis wir einen Durchmesser von 15 cm erreicht haben.

Gut zu wissen

Es kommt vor, dass wir oder die Wolle müde werden. Dann empfiehlt es sich, das Werkstück über Nacht ausruhen zu lassen und am nächsten Tag mit erfrischten Kräften und heißem Wasser fortzufahren.

Für das hier vorgestellte Projekt habe ich auf die gleiche Weise noch zwei weitere Kugeln gefilzt, mit jeweils 12 und 10 cm Fertigmaß-Durchmesser. Nachdem das Endmaß erreicht ist, schneiden wir die Kugel auf und lassen sie über einem in ihr aufgeblasenen Luftballon trocknen.

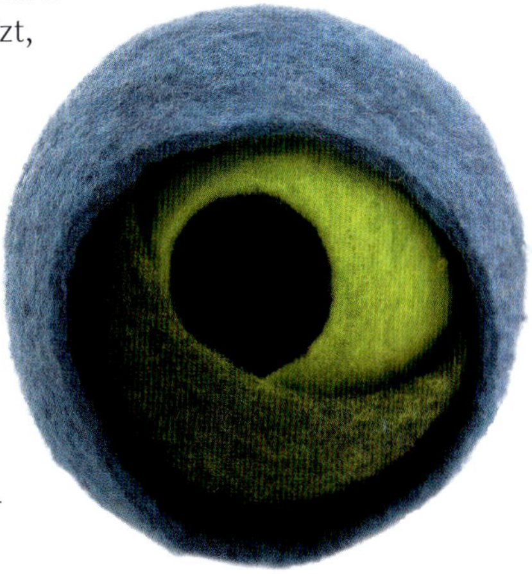

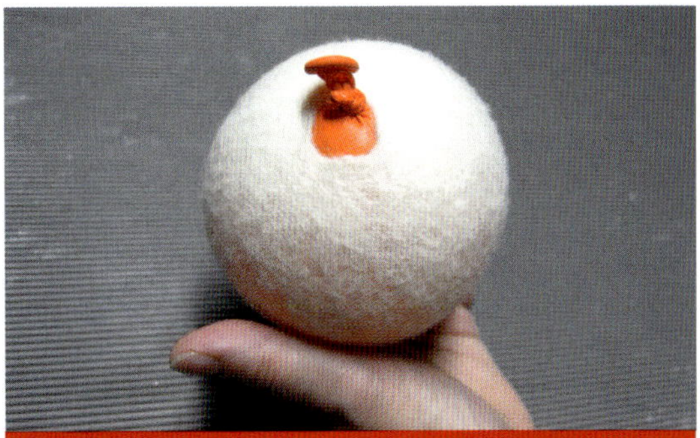

Aufgeblasen

arbeiten. Zuerst entfernen wir die Schablone, indem wir unter dem zukünftigen Boden einen kleinen Schnitt setzen. Bauchig werden die Kerlchen über einem Luftballon. Nach dem Trocknen füllen wir ihr Inneres komplett mit Puppengranulat und nähen den Schnitt zu. Nun können nach Belieben Gesichter oder Muster aufgestickt werden und die Brillenmännchen ihren Dienst verrichten.

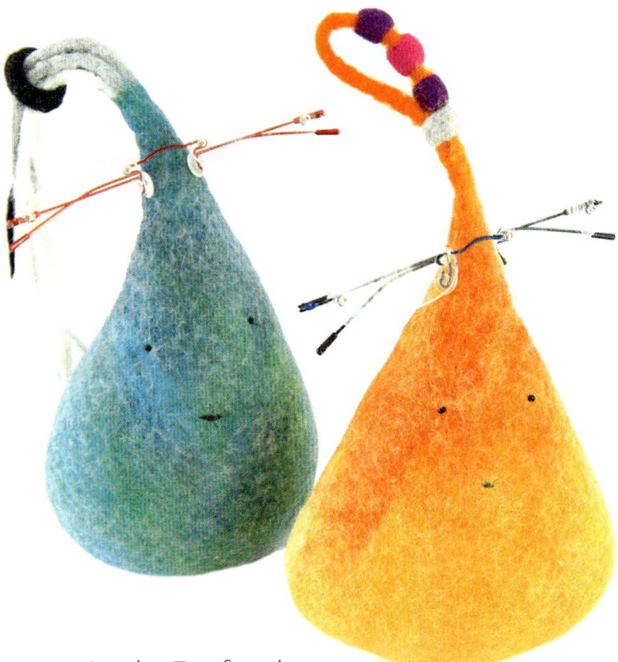

Aus den Tropfenschablonen lassen sich Kobel für Eichhörnchen filzen, mit Sand gefüllte Türstopper entwickeln oder vielleicht eine Katzenhöhle. Viel Freude beim Ausprobieren.

Zarte Hüllen für das Licht

Nun kommen wir zu einem Schablonenprojekt, bei dem die Hülle auf einer Seite geöffnet bleibt. Die zu umfilzende Vase hat eine Höhe von 22 cm und am oberen Rand einen Umfang von 40 cm und am Fuß von 28 cm. Bevor wir es mit unseren mathematischen Ausflügen übertreiben, legen wir das Gefäß auf ein Blatt Papier und zeichnen seine Umrisse nach. Wir zeichnen uns in der Skizze

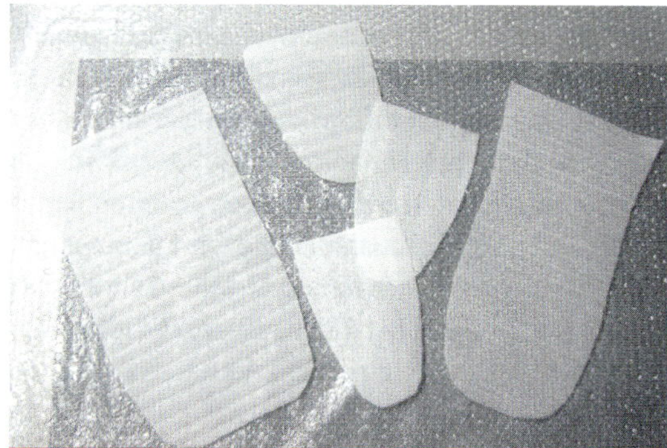

Allerlei Vasenformen

eine Mittellinie und berechnen hier den Schrumpffaktor nach beiden Seiten.

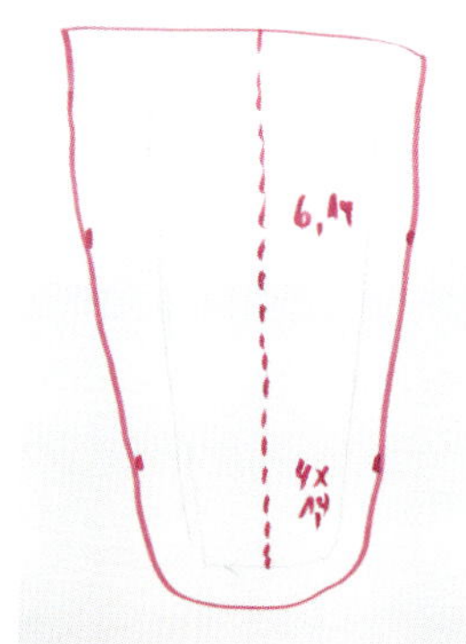

Rechenhilfe

Ausgehend von der Zeichnung, bei der wir einen Auslegemaß-Durchmesser von 20 cm ermittelt haben und eine Höhe von 30 cm, berechnen wir die Auslegeoberfläche indem wir

$$(20 \times \pi) \times 30$$

rechnen. Wenn wir, der Stabilität wegen, mit 0,007 Gramm pro cm² rechnen, nehmen wir für dieses Objekt 14 Gramm extra feine Merinowolle in Weiß.

Bevor wir die vorbereitete Schablone, die nach oben hin 5 cm Überstand haben muss, belegen, schneiden wir uns aus weißem Nadelvlies ein kleines Vögelchen aus und legen es auf die Schablone. Nun wird die Schablone gleichmäßig mit 8 Gramm der vorbereiteten Wolle belegt und nur der obere Rand bleibt offen. Dann wird das Objekt behutsam zwischen zwei Folien gewendet, überstehende Wollfasern werden umgeschlagen und die Innen-

fläche wird mit der restlichen Wolle belegt. Wir drehen das Stück wieder um, sodass die Seite mit dem Vögelchen oben liegt, und bilden mit einem hauchdünnen Kammzugstrang den Zweig, auf dem der Vogel sitzt. Rote Beeren setzen einen zusätzlichen Akzent. Nach dem Filzen wird die Hülle sofort über die Vase gezogen und dort zu Ende geformt und trocknen gelassen.

Projekt Blaue Vase

Für die gleiche Vase ist mit der doppelten Wollmenge und der gleichen Schablone diese Hülle entstanden.

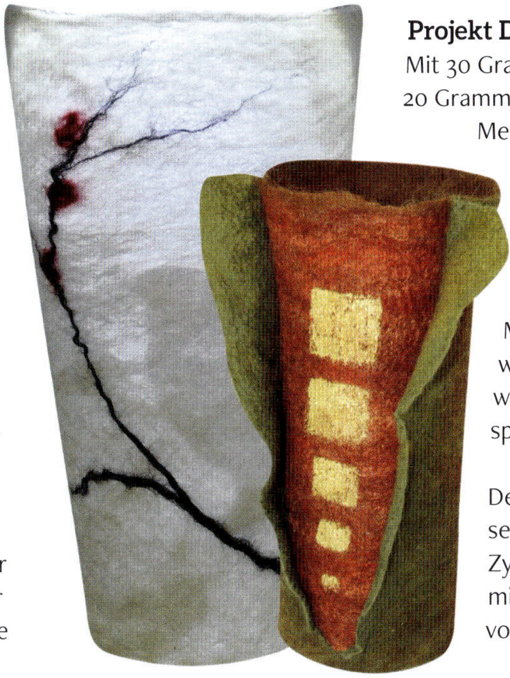

Projekt Dunkle Vase

Mit 30 Gramm Bergschaf und 20 Gramm unterschiedlich farbiger Merinowolle entstand diese Vasenhülle, ähnlich wie die Blaubeerkugel. Die Schnittkante wurde zu einem frühen Zeitpunkt gesetzt, damit sich der Mantel weit öffnet und wir nach dem Trocknen wieder mit Reichbleichgold spielen konnten.

Der Glasbehälter ist in diesem Fall ein gleichmäßiger Zylinder und wir arbeiten mit einem Schrumpffaktor von 1,5.

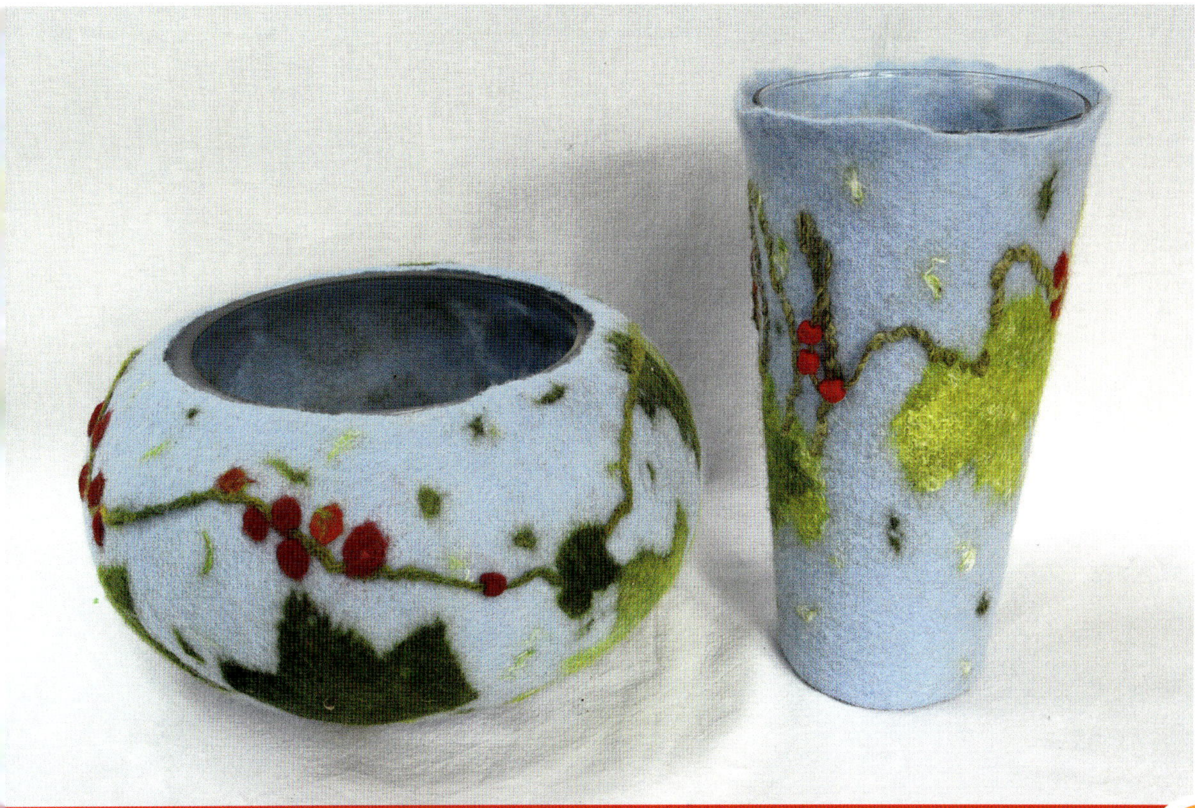

Dicke und schlanke Vasen

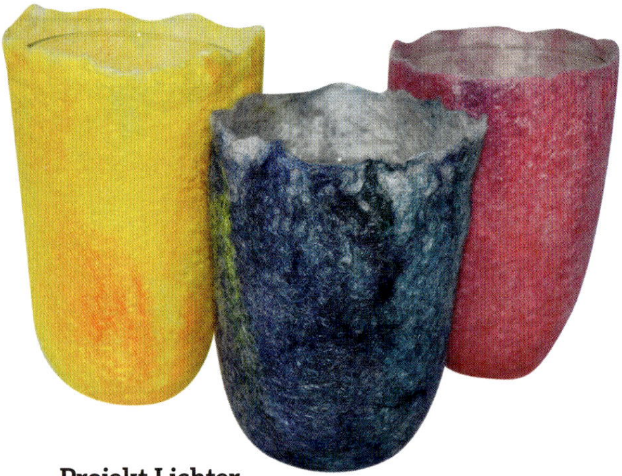

Projekt Lichter
Für die kleinen Gläser, zwischen 10 und 12 cm Höhe, sind 8 bis 12 Gramm Wensleydale-Wolle über die Schablonen gearbeitet worden, nachdem sie mit Seidenfasern zusätzlich geschmückt wurden. Die fertigen Filze dürfen hierbei gerne am oberen Rand überstehen.

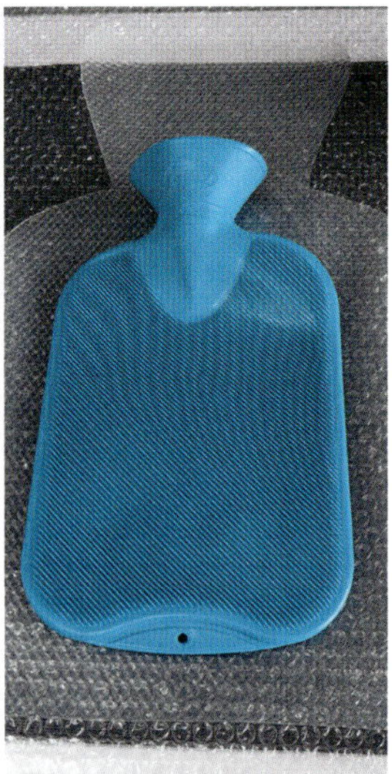

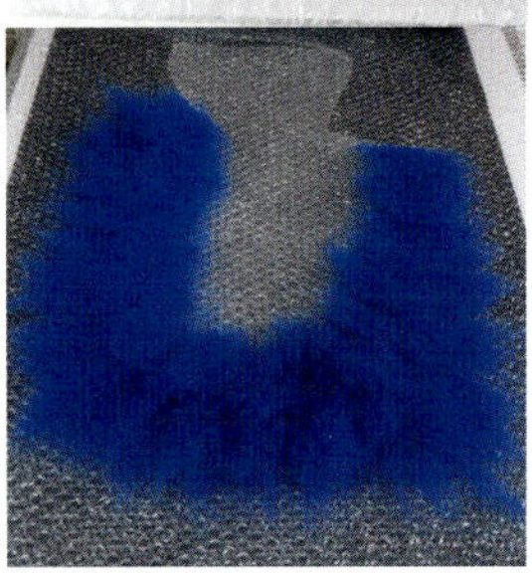

Wärmflaschen

Die unterschiedlichen Außenmaße von handelsüblichen Wärmflaschen erfordern von der Filzerin eine Schablonenkonstruktion, passend für Ihr Exemplar. Wir legen die Wärmflasche, wie zuvor die Vase, auf ein Blatt Papier und zeichnen ihre Umrisse nach. Wichtig ist, dass von einer Mittellinie aus das Schablonenmaß anhand des Schrumpffaktors berechnet wird. Ich arbeite bei einer Wärmflasche mit einem Schrumpffaktor von 1,5.

Je feiner die Wolle, umso angenehmer fühlt sich die warme Hülle später an. Von Bergschaf oder ähnlich festen Wollen würde ich persönlich abraten.

Bei einer 2-Liter-Wärmflasche benötigen wir mindesten 50, maximal 80 Gramm Wolle. Beim Filzen ist zu beachten, dass nicht über der Wärmflasche zu Ende gefilzt wird. Wir walken die Form passgenau und schieben die der Länge nach aufgerollte Wärmflasche in die fertige Hülle zum Trocknen. Das Filzen über der Wärmflasche würde die Innenseite des Hohlkörpers zu stark schädigen und damit die Lebenserwartung verkürzen.

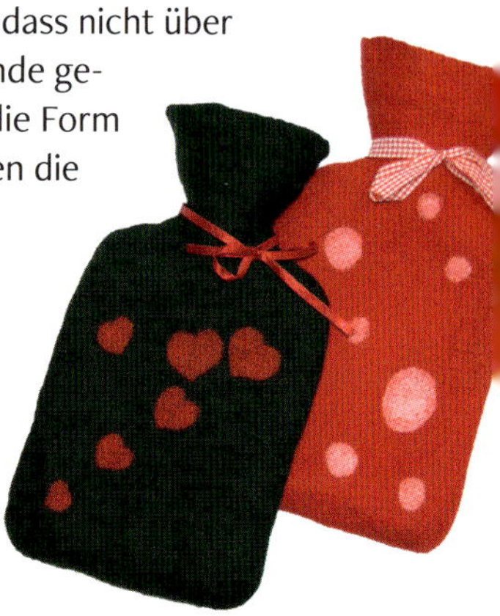

Hier kann mit sehr vielen mustergebenden Elementen gearbeitet werden. Wir können grafische Muster aus Nadel- und Vorfilzen ausschneiden.

Aber auch Malen mit Wolle auf der Wärmflasche ist möglich. Die kleinen Vogelmotive kennen Sie bereits. Für beide Vorgehensweisen gilt, dass wir die Muster gut vorbereitet haben sollten.

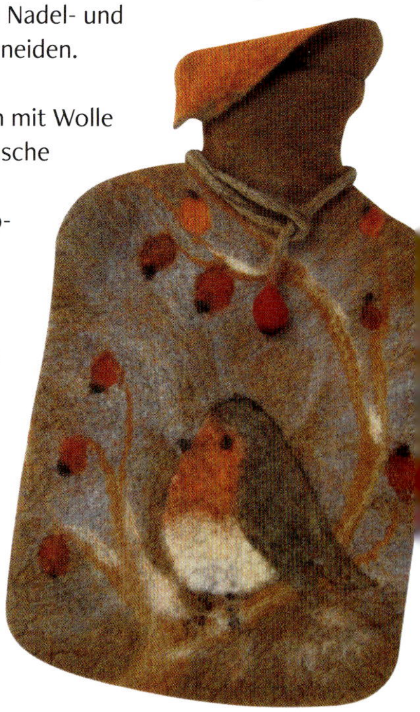

Taschen – klein und groß

Wenn Gefilztes Transport- oder Aufbewahrungsaufgaben übernehmen soll, dann sind ein paar Grundsatzfragen zu beantworten. Je kleiner und feiner eine Tasche sein soll, umso feiner kann auch die Wolle sein. Das bedeutet aber nicht, dass große, stabile Taschen nur aus groben Wollen entstehen können. Wie so oft entscheiden in erster Linie der Schrumpffaktor und die Wollmenge pro cm² über die Stabilität. Um diesen Effekt zu verdeutlichen habe ich hier mit Hilfe der bereits vertrauten Kreisschablone zwei kleine Körbchen erarbeitet.

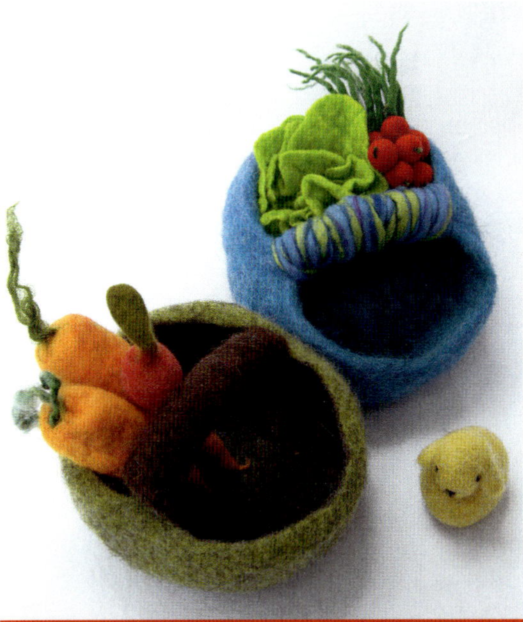

Körbchen

Das blaue Körbchen ist aus Bergschafwolle mit einem SF von 1,5 entstanden und der grün-braune Korb ist je zur Hälfte aus Merino-Landschaf und Südafrikanischem Merinovlies mit einem SF von 1,8 gefilzt worden. In beiden stecken ohne Griffverstärkung 25 Gramm Wolle. Fertigmaß bei beiden beträgt 12 cm im Durchmesser.

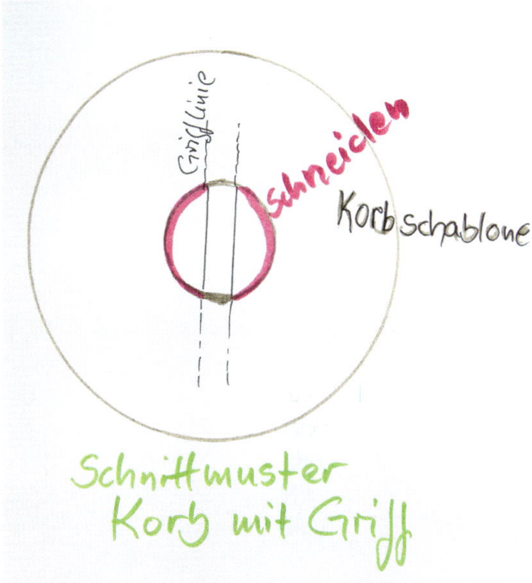

Schnittmuster

Nachdem der Filz über der Schablone sein Fertigmaß erreicht hat, schneiden wir nach dem oben gezeigten Schnittmuster die Grifföffnung ein. Bitte nicht vorher schneiden, da sich sonst die Öffnung zu sehr verzieht. Ich schneide grundsätzlich mit Hilfe einer kleinen Kreisschablone, damit ich wirklich das Zentrum treffe und der Schnitt rechts und links gleich wird (siehe Schnittmuster). Danach wird der Korb ausgeformt, die Schnittkanten bearbeitet und der Griff entweder komplett umfilzt oder mit einer Filzschnur umwickelt. Beides gibt zusätzliche Stabilität und größere Körbe lassen sich so leichter tragen. Über einer Kreisschablone lassen sich Körbe mit bis zu 1 Kilo Wolle ausarbeiten.

Taschen – schlicht und einfach

Beginnen wir mit einer Dokumentenhülle. Diese zeichnet sich dadurch aus, dass sie weder über

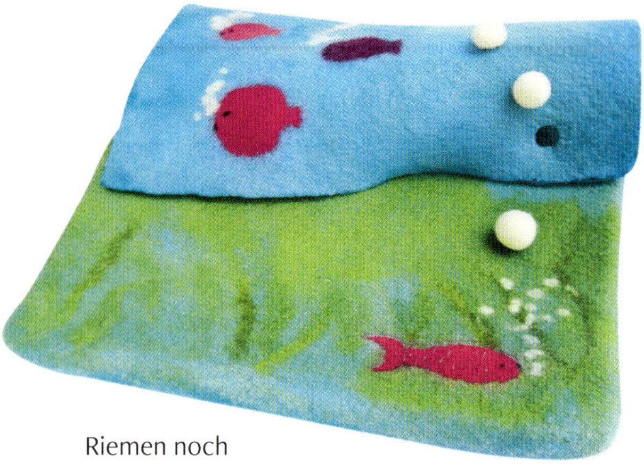

Riemen noch über einen Griff verfügt.
So wie die meisten Taschen wird auch die Dokumentenhülle im Taschenkörper über eine Schablone gefilzt und die Verschlussklappe liegt hinter der Schablone. Sie verlängert quasi die Rückwand der Tasche.

Für ein Endmaß von 33 cm Breite und 26 cm Höhe im Taschenkörper benötigen wir bei einem Schrumpf von 1,5 eine Schablone von 50 mal 70 cm, um nach obenhin die Taschenklappe auf der Schablone auslegen zu können. Auf der Rückseite haben wir demnach eine auszulegende Fläche von 1.450 cm² und auf der Vorderseite 858 cm². Wenn wir mit 0,03 Gramm pro cm² arbeiten, benötigt die Rückseite 95 Gramm und die Vorderseite 50 Gramm Wolle.

Auf der Höhe von 40 cm schneiden wir links und rechts ein winziges Dreieck aus der Schablone aus, um so den Übergang zwischen Taschenkörper und der Klappe leichter bearbeiten zu können.

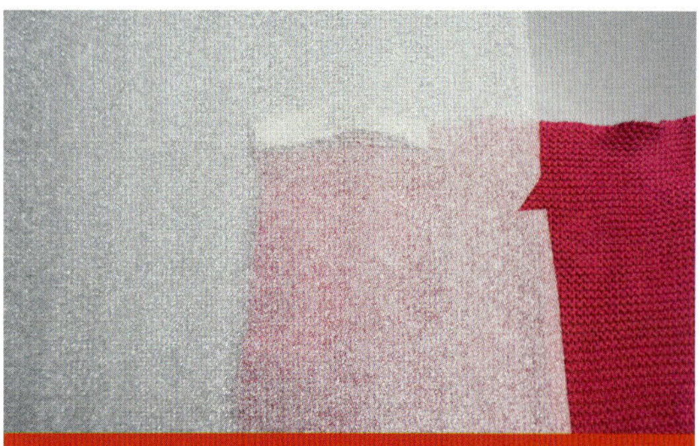

Übergang Taschenkorpus und -klappe

Wir legen zuerst die komplette Rückwand aus, nässen und seifen sie. Dann legen wir die Schablone oben auf, klappen die Ränder um und schneiden in Höhe der Dreiecke links und rechts jeweils 1 Zentimeter des Wollbetts ein, damit sich die Taschenklappe später beim Filzen nicht an dieser Stelle in den Taschenkörper zieht. Dann belegen wir die Vorderseite des Taschenkörpers bis zu dem kleinen Dreieck in der Schablone.

Bei der Mustergebung muss unbedingt beachtet werden, dass die Taschenklappe mindestens die Hälfte des Taschenkörpers bedecken wird. Beim Anfilzen legen wir besonderen Wert auf die Ränder der Taschenklappe, erst dann wird der Rest angefilzt.

Bei der vorgestellten Dokumentenhülle wurden Kugeln angenäht und in der Taschenklappe ein kleines Loch als Verschluss vorgesehen. Bei den beiden folgenden Hüllen wurde nach ähnlichem Prinzip gearbeitet. Ob Knopf, Druckknopf oder Schlaufe, diese Hüllen lassen sich auf vielfältige Art und Weise verschließen.

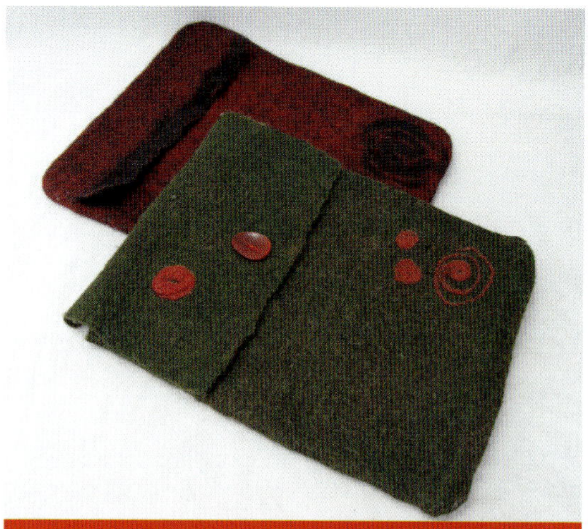

Hüllen für Dokumente

Und kleiner geht, wie immer im Filzhandwerk, auch!

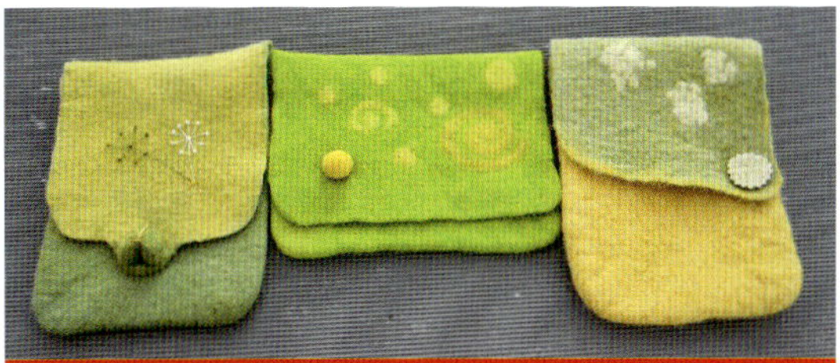

Kleiner geht immer.

Projekt Umhängetasche in Braun

Für diese Umhängetasche sind 200 Gramm Bergschafwolle auf eine Schablone von 48 mal 32 cm ausgelegt worden. Der Taschenkörper endete im Auslegemaß auf einer Höhe von 32 cm. Diese schlichte, einfache und robuste Tasche wurde mit einem Schrumpffaktor von 1,6 als Taschenrohling nach dem Verzieren mit Kammzugwolle zu Ende gefilzt. Für den Umhängeriemen wurde eine Schnur, in diesem Fall von 1,4 m Länge, hergestellt. Die Schnur wird seitlich in den nassen Taschenkörper eingefädelt indem wir ein Loch bohren und nicht schneiden. Dabei hilft eine Schusterahle. Das Ende der Schnur wird in der Innenseite der Tasche verknotet.

Die Bergschafwolle umfängt im Trockenprozess die Schnur so fest, dass sie fast nicht mehr zu entfernen ist und die Tasche somit gut hält.

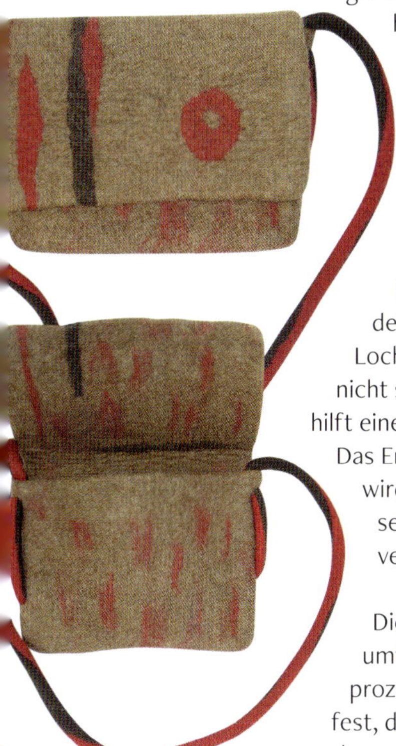

infache Umhängetasche

Taschen in und auf der Tasche – ein kurzer Ausflug

Einen kurzen Abstecher sollten wir noch unternehmen und uns mit dem Thema Innentaschen beschäftigen. Nun kann man das schlecht fotografieren und so zeige ich die Taschenmöglichkeiten auf einem Wand-Utensilo.

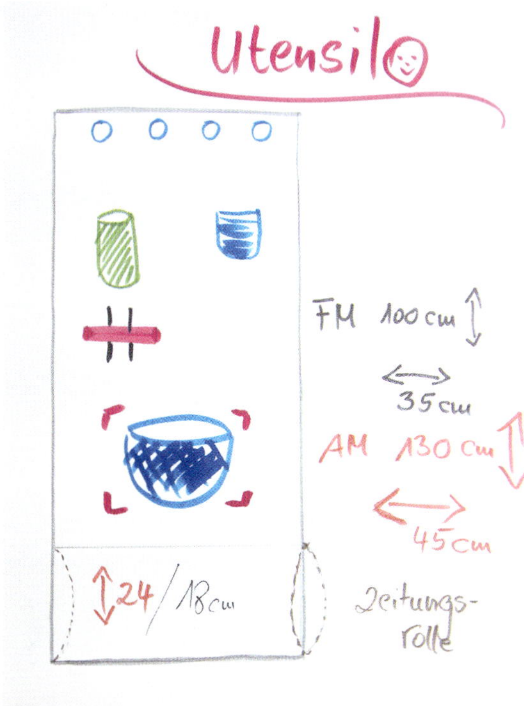

Große Projekte wollen geplant werden.

Für die Fläche, auf die die Taschen aufgearbeitet wurden, sind 420 Gramm Wolle abgewogen und ausgelegt worden. Am zukünftigen unteren Ende ist eine rechteckige Schablone angepasst und mit Wolle belegt worden. Dadurch entsteht ein Hohlraum für eine Zeitungsrolle. Und am oberen Ende bringen wir über die Breite noch einmal 20 Gramm Wolle auf, sodass die obere Kante stabiler wird, weil wir am Ende dort Halteösen einschlagen wollen.

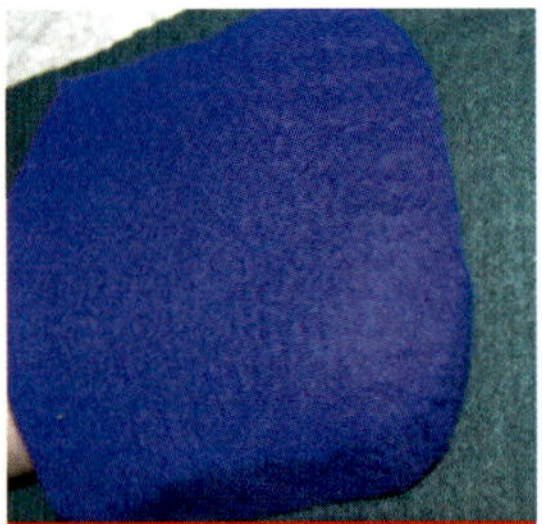

Komplett umwickelte Schablone

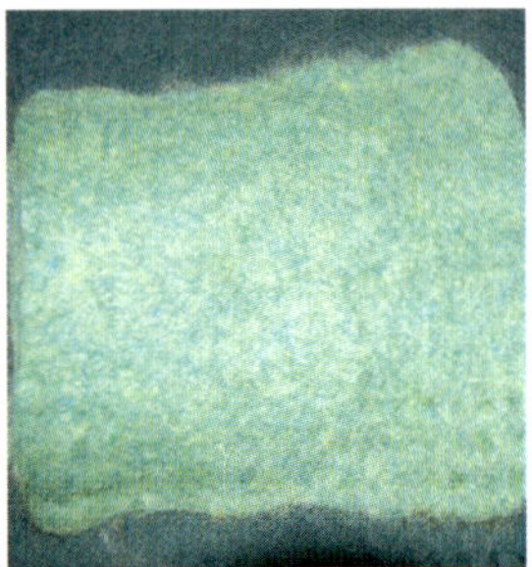

Belegte Schablone

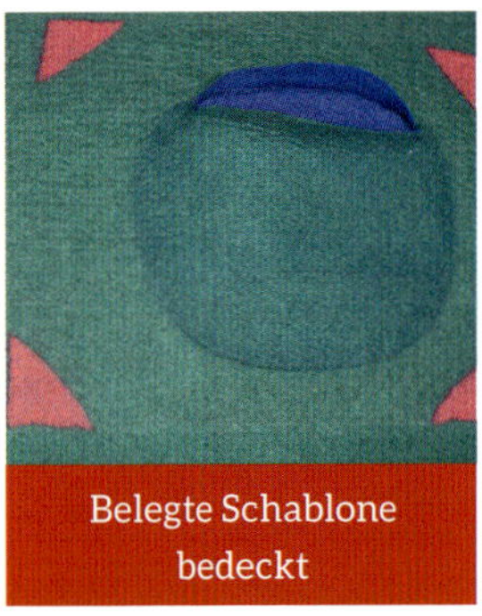

Belegte Schablone bedeckt

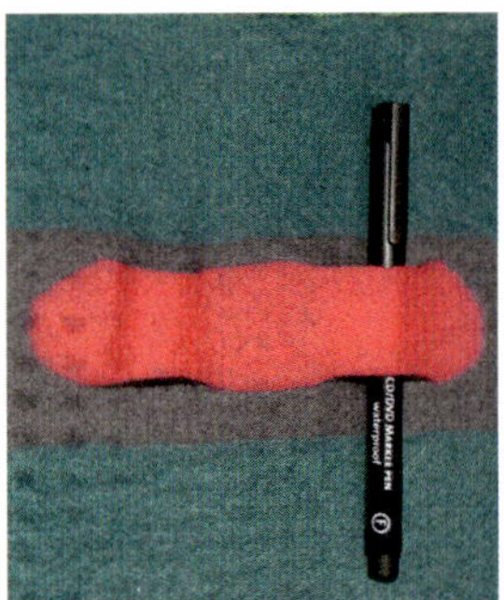

Vorfilzsteg

Nun zu unseren Innentaschen. Als Erstes habe ich mit der gleichen Wollqualität, Merinowolle 19 mic, wie bei der Rückwand eine Schablone komplett umwickelt und dieses Schablonen-Wollpaket aufgelegt. Fertig gefilzt und aufgeschnitten sieht das dann so aus.

Dann den gleichen Vorgang mit Bergschafwolle wiederholen. Diesmal blieb die Tasche nach oben offen. Das Ergebnis befriedigt nicht ganz, da die Bergschafwolle ein anderes Schrumpfverhalten hat, als die Grundwolle.

Für die dritte Innentasche wurde wiederum eine Schablone eingebettet in Wolle und das so aufgelegte Paket noch einmal mit der Grundwolle dünn überdeckt. Dieses Ergebnis sieht dann so aus.

Für Stifte ist ein Vorfilzsteg angefilzt worden, unter dem als Platzhalter Folienstreifen lagen.

Für stabile Innentaschen sollte es immer eine stabile Verbindung zum Taschenkörper geben. Und zum Üben und Experimentieren eignet sich ein Wand-Utensilo ausgezeichnet, weil wir anschließend mehr Stauraum gewonnen haben.

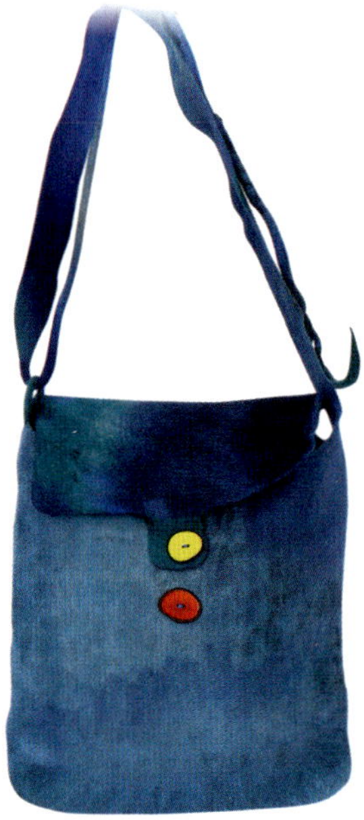

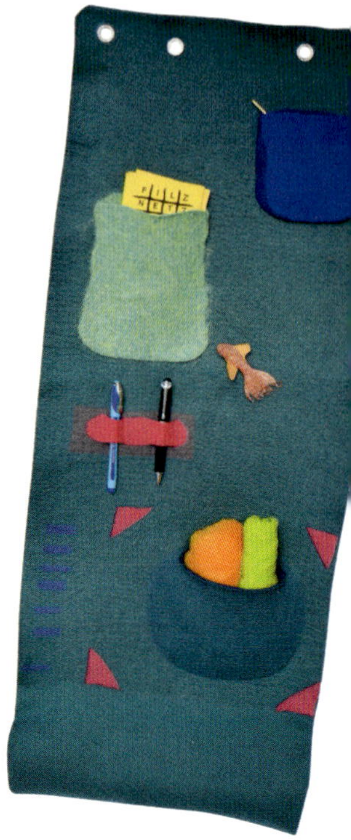

Taschen klein und groß, die Zweite

Projekt Umhängetasche in Blau

Dieses große Taschenprunkstück hat 350 Gramm handgefärbte Merinowolle im Kammzug 18 mic verbraucht. Der Taschenkörper hat mit Boden eine Höhe von 40 cm und eine Breite von 35 cm. Hier wurde mit zwei Schablonen gearbeitet. Die Schablone der Rückwand inklusive der Taschenklappe benötigt bei einem Schrumpffaktor von 1,5 eine Höhe von 98 cm sowie eine Breite von 53 cm. Den unteren Rand der Schablone schneiden wir u-förmig ein, um später genügend Volumen für einen Boden zu haben.

Nachdem die komplette Rückseite der Schablone mit 180 Gramm Wolle belegt wurde, nässen und seifen wir die Lage. Nun legen wir eine zweite

Schablone mit den Maßen auf 38 mal 45 cm mittig auf, bedecken sie komplett mit 30 Gramm Wolle und stellen mit Wollflocken eine Verbindung zur Rückwand her, indem wir sie nässen und seifen.

Auf einem separaten Arbeitsplatz bereiten wir den Griff vor. 40 Gramm Wolle werden zu einem etwa 5 cm breiten und 70 cm langen Band fest gearbeitet. Beide Enden bleiben trocken. Ein Ende benötigen wir, um es an den Taschenkörper anzuschließen. An das andere Ende wird eine Schnur angefügt.

Nun nehmen wir unsere große Schablone unter der Noppenfolie heraus, legen sie obenauf und bedecken sie mit der restlichen Wolle. Zwischen zwei Lagen fügen wir den Haltegriff ein. Auf der anderen Seite arbeiten wir eine Öse ein, indem wir zunächst eine Flächenverlängerung anlegen.

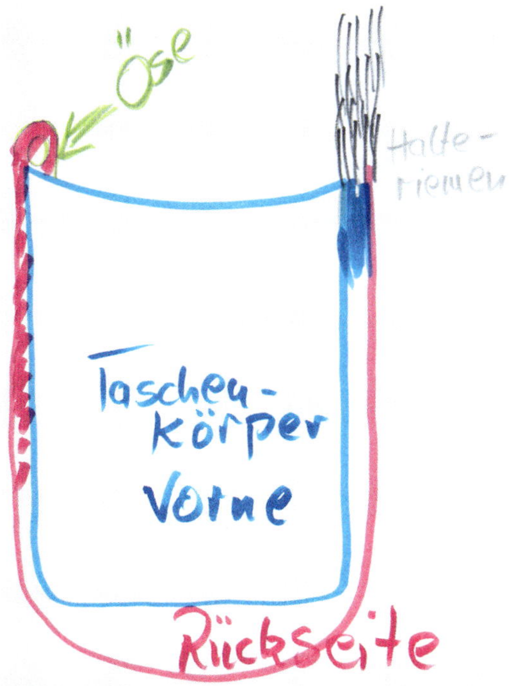

Entwurf einer Tasche

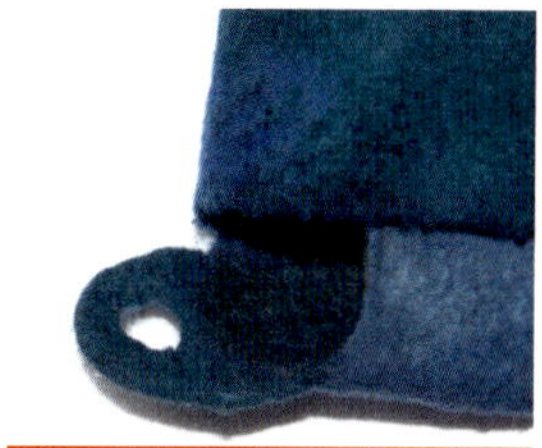
Griff-Öse

Sobald das Haltesystem befestigt ist, beginnen wir damit, die Tasche Stück für Stück durchzuarbeiten. Wenn die Arbeit ihr Endmaß erreicht hat, schneiden wir die kleine Schablone auf der Innenseite der Tasche auf und filzen die Ränder sorgfältig nach.

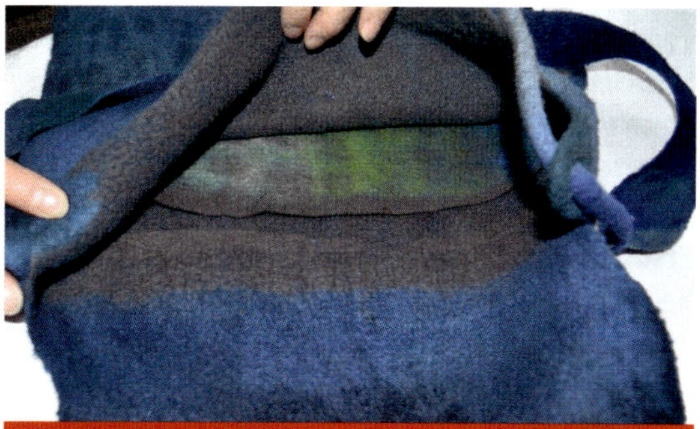
Innentasche aufgeschnitten

Zum Trocknen packen wir ein oder zwei dicke Bücher, in Folie gewickelt, oder ein passendes Holzbrett in den Taschenboden und formen diesen aus und lassen die Tasche über der Füllung trocknen. Dann kann die Schnur durch die Öse gefädelt werden und entweder verknotet oder durch einen Knopf am Riemen befestigt werden.

Gut zu wissen

Wenn man Magnetverschlüsse oder Druckknöpfe als Verschluss vorsieht, hinterlegt man beide Elemente auf der Innenseite der Tasche jeweils mit einem Nugget, damit die mechanische Belastung den Filz nicht zerstört.

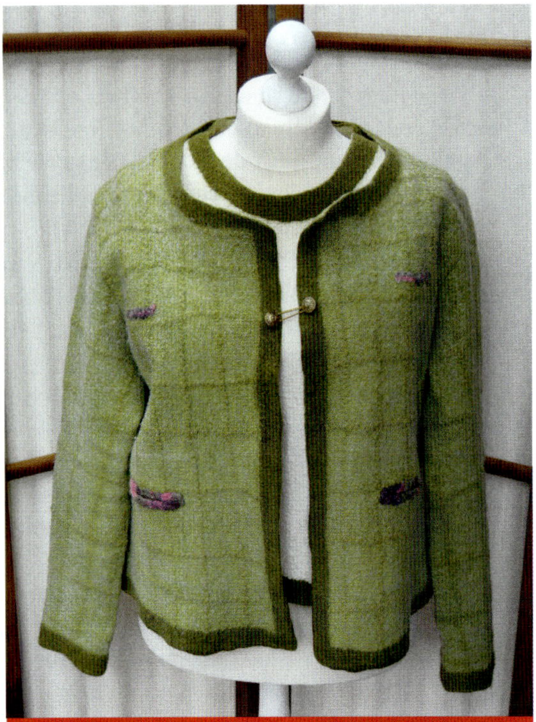
Jacke mit Stehkragen

Etwas auf die Hüften!

Dieser Hüftschmeichler oder Cacheur ist ein vielseitiges Kleidungsstück und mit der bereits erworbenen Routine schnell erarbeitet.

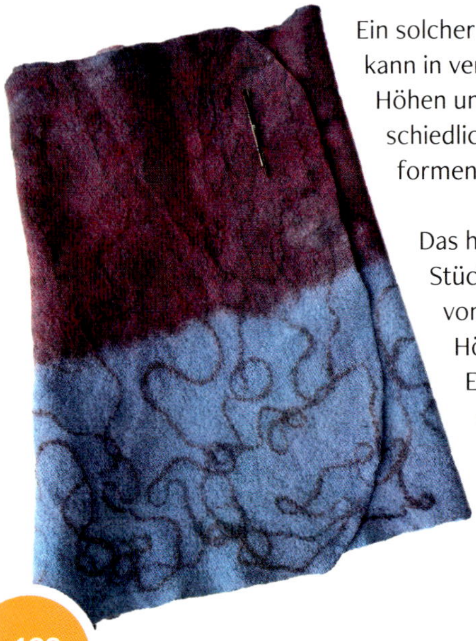

Ein solcher Alltagsbegleiter kann in verschiedenen Höhen und mit unterschiedlichen Abschlussformen gefilzt werden.

Das hier vorgestellte Stück hat einen SF von 1,6 und eine Höhe von 40 cm. Er wurde auf der Basis einer Nadelvliesbahn entwickelt. Nadelvlies und der eingesetzte Seidenchiffon wurden auf gleiche Länge und Breite vorbereitet.

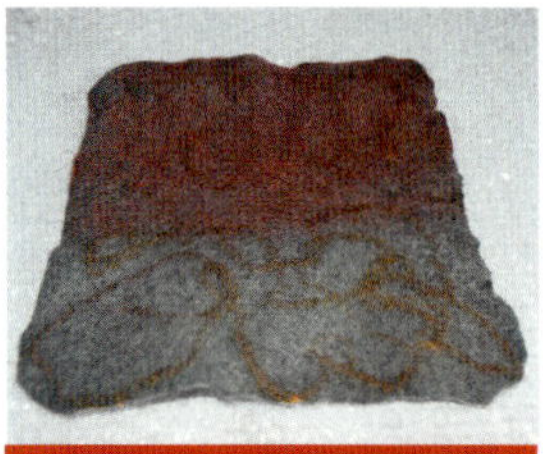
Filzprobe

Wie man an der Probe gut erkennen kann, ist der Aufbau so gewählt, dass der untere Rand etwas weniger schrumpft als der Bereich, der auf der Hüfte sitzt. So kann im Laufe des Filzprozesses aus einem gerade ausgelegten Stück durch das Zusammenspiel von Schrumpf und Dehnung ein leichter Bogen entstehen. Um ein Muster zu erzielen, habe ich erst die Seidenchiffon-Bahn nass ausgelegt und darauf in „wilden" Bögen und Schlingen ein einfach gedrehtes Wollgarn verteilt.

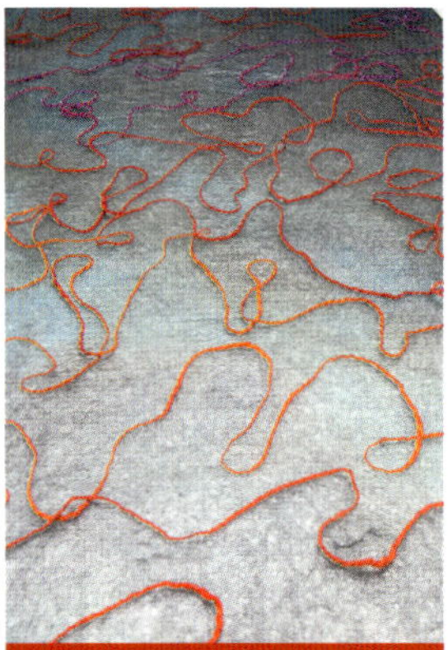
Muster aus Wollgarn

Gemäß der Probe kam nun über die gesamte Länge und der halben Höhe des Auslegemaßes eine hauchdünne Schicht roter Merinowolle extrafein im Vlies auf den verzierten Chiffon. Erst zum Schluss kam der vorbereitete Nadelvlies hinzu. Unbedingt daran denken, die Ecken abzurunden, damit sich keine Zipfel bilden.

Ein Hüftschmeichler sollte lange genug sein, damit er überlappen kann. Er kann mit Knöpfen geschlossen werden, mit einer schönen Nadel oder Brosche gehalten werden. Auch bereits eingearbeitete Filzschnüre sind eine Möglichkeit, um an solch einem Kleidungsstück lange Zeit Freude zu haben.

Etwas ums Handgelenk

Ab jetzt kommen wieder Schablonen ins Spiel, denn wir wollen Kleidung nahtlos filzen. Ich habe hier ein paar Stulpen in Nunotechnik, passend zu unserem Schal von Seite 55, vorbereitet.

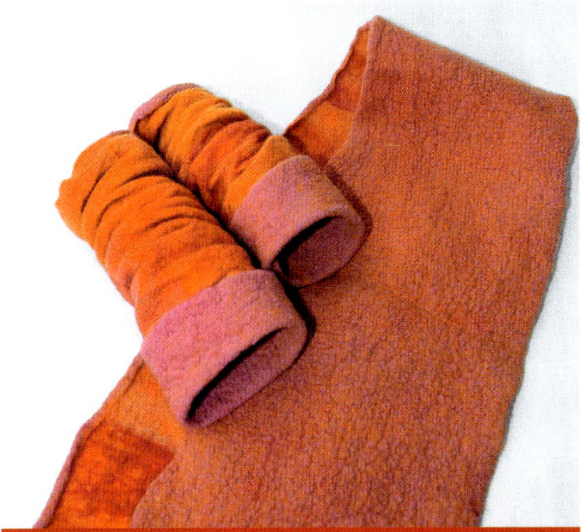

Jetzt kann es kalt werden.

Dieses Stulpenpaar ist mit zwei Schablonen hergestellt. Da wir hier mit Wolletaminen arbeiten und die Stulpen ja zu unserem Schal passen sollen, rechnen wir mit einem Schrumpf von 1,5. Messen Sie ihr Handgelenk rundum und teilen das Ergebnis durch 2. Nehmen wir an, mein Handgelenk hätte einen Umfang von 22 cm. Dann wird die Schablone 11 cm breit mal 1,5 SF. Somit haben wir eine Breite von 16,5 cm. Da diese Stulpen nach dem Filzen gestaucht werden sollen, gehen wir von einer komfortablen Länge aus und legen ein Fertigmaß von 35 cm fest. Somit brauchen wir zwei Schablonen, die jeweils 52,5 cm lang sind. Doch HALT! Hier muss immer mit einer Zugabe gerechnet werden, damit beide Enden offenbleiben. Ich würde hier mit vielleicht 5 cm Spielraum auf beiden Seiten rechnen. Dann kommen wir jetzt zum Wollstoff. Die Länge der Stücke ist klar, 52,5 cm. Bei der Breite bitte daran denken, dass wir den Stoff auf beiden Seiten brauchen, also bei diesem Rechenbeispiel wären das 33 cm.

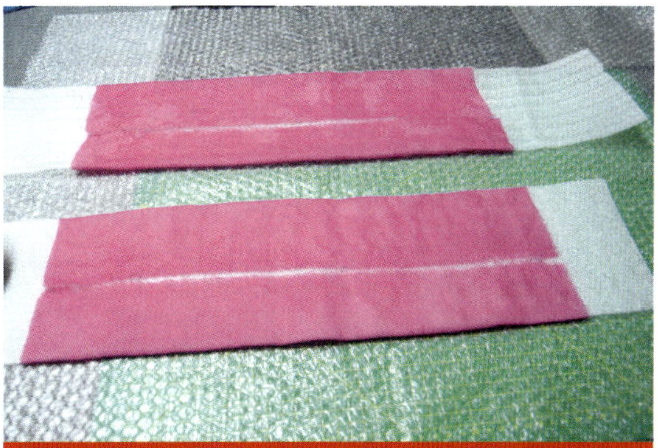

Etamin anstoßen lassen.

Nun legen wir den Stoff, am besten bereits genässt, um die Schablonen. Ich lasse die Stoffe ungern überlappen, da sie durchaus Wülste bilden können. Auf den Zusammenstoß der beiden Stoffkanten legen wir dann die Wolle zuerst. Bei größeren Stücken kann der Stoff geheftet werden, bevor die Wolle aufgelegt wird. Bei diesen Stulpen habe ich mit einer hauchdünnen Lage Vlieswolle und einer noch dünneren Lage handgefärbtem Kammzug gearbeitet. Fertig gefilzt, wiegt jede Stulpe nur 20 Gramm.

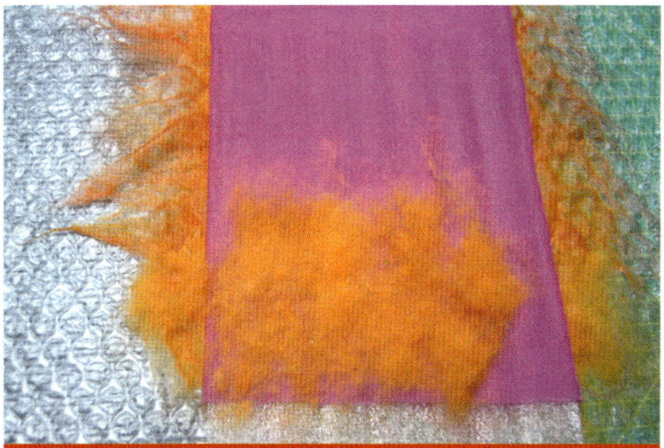

Etamin belegen.

Wir arbeiten nun wie gewohnt, indem wir langsam anfilzen und im Laufe der Zeit fester walken, bis wir unser Endmaß erreicht haben.

Wenn die Stücke gründlich ausgewaschen sind, schieben wir sie über eine wasserfeste Röhre, die

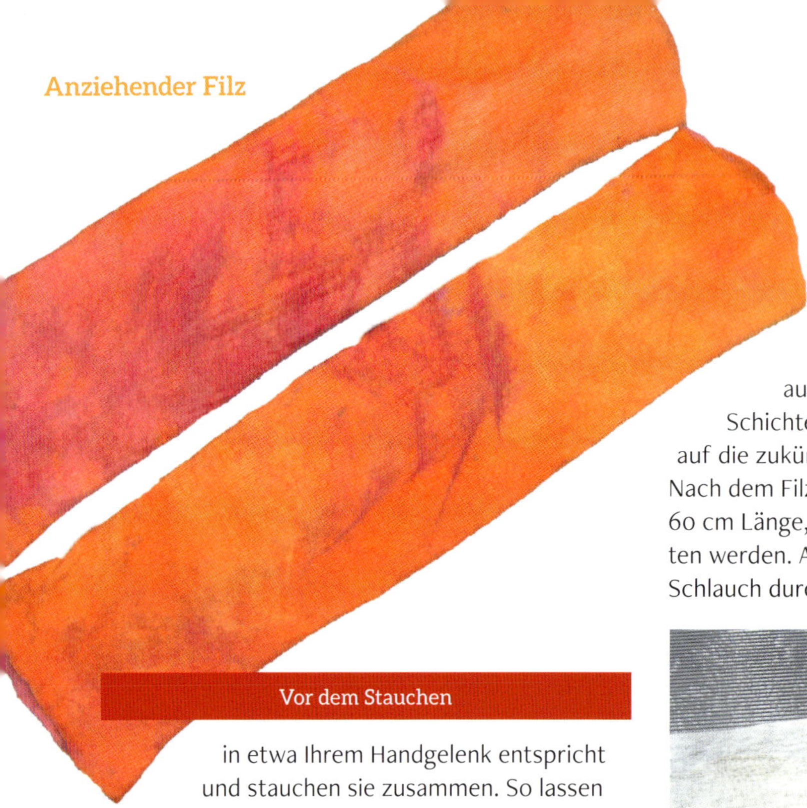

Auf einer Länge von 90 cm und einer Schablonenbreite von 16 cm sind hier jeweils 15 Gramm graue und 15 Gramm weiße Vlieswolle ausgelegt worden. Zwischen die beiden Schichten habe ich ein altes Spitzenband auf die zukünftige Oberseite der Stulpen gelegt. Nach dem Filzen, also wenn das Endmaß, hier 60 cm Länge, erreicht worden ist, kann geschnitten werden. Auf 30 Zentimeter schneiden wir den Schlauch durch.

Vor dem Stauchen

in etwa Ihrem Handgelenk entspricht und stauchen sie zusammen. So lassen wir die Arbeiten trocknen.

Solche Paare kann man auch an einem Stück filzen.

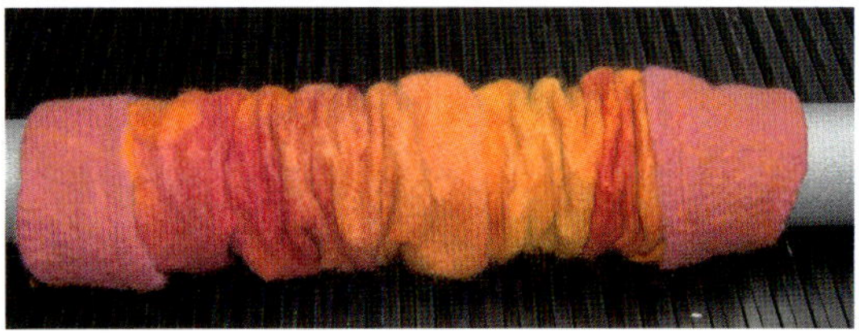

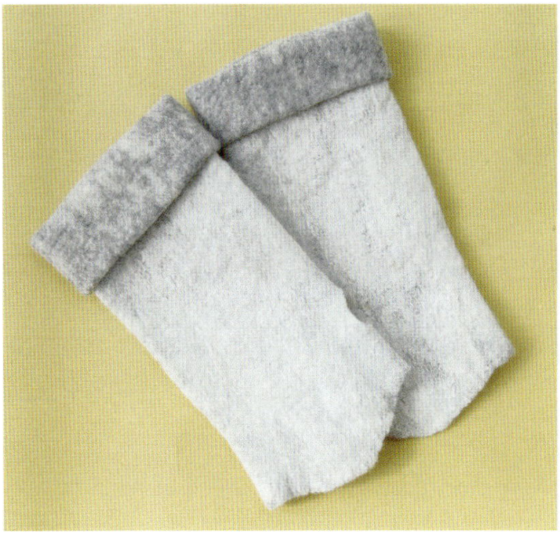

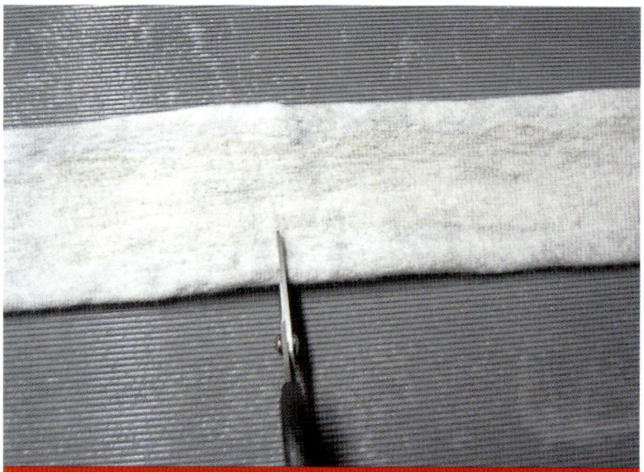

Aus eins mach zwei

So erhalten wir ein Paar. Bevor es ans Ausspülen geht, unbedingt die Schnittkanten sorgfältig bearbeiten. Wer mag, kann ein Daumenloch schneiden und auch hier die Schnittkante gut nachfilzen.

Vor dem Trocknen können wir noch einen Umschlag vorsehen. Und fertig!

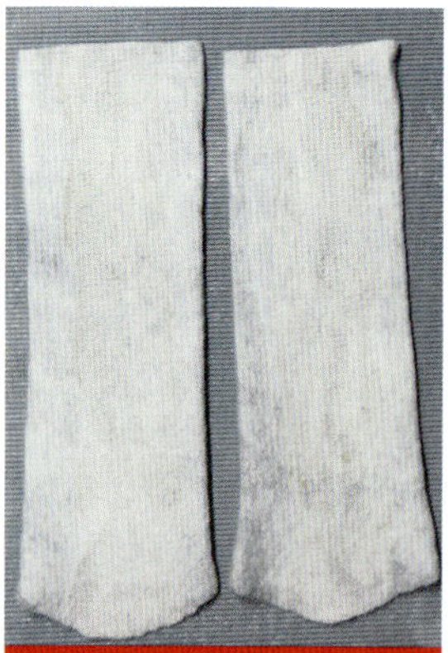

Kanten sauber bearbeiten.

Etwas über die Schultern

Für nahtlose Westen, Tuniken oder Jacken werden wir immer wieder Schablonen herstellen müssen. Deshalb möchte ich dazu ein paar Worte vorab zu Papier bringen.

Der Ausgangspunkt für jede Berechnung ist der angestrebte Schrumpffaktor. Ohne eine ausgewählte Musterprobe lässt es sich schlecht rechnen.

Grundsätzlich aber brauchen wir für jedes Oberteil eine Ausgangsschablone mit Hals.

Die Breite der Schablone errechnet sich aus dem Brustumfang der Person geteilt durch 2 multipliziert mit dem Schrumpffaktor. Die Höhe des zukünftigen Kleidungsstücks messen wir ab der Nackenlinie oder der Halskuhle bzw. Kehle. Diese Höhe multiplizieren wir ebenfalls mit dem Schrumpffaktor und erhalten so die Schablonen-

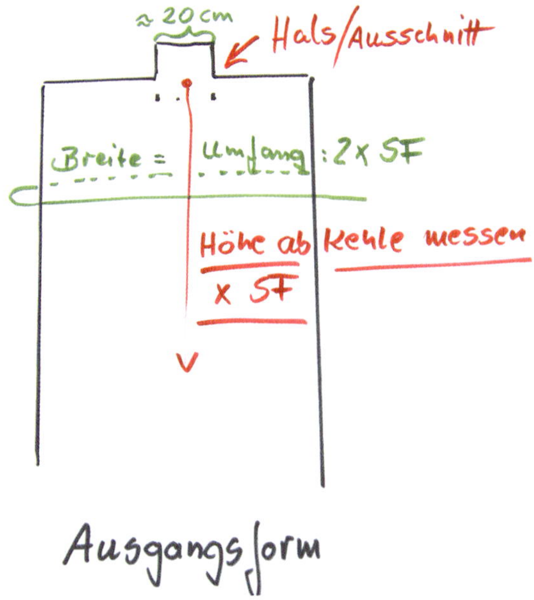

höhe. Bitte die Schablone etwas länger schneiden, damit die unteren Kanten nicht geschnitten wer-

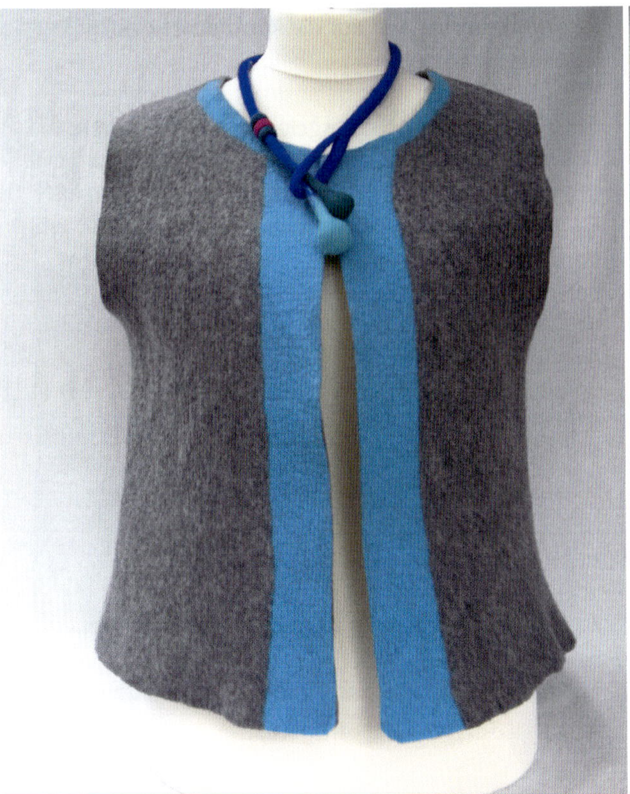

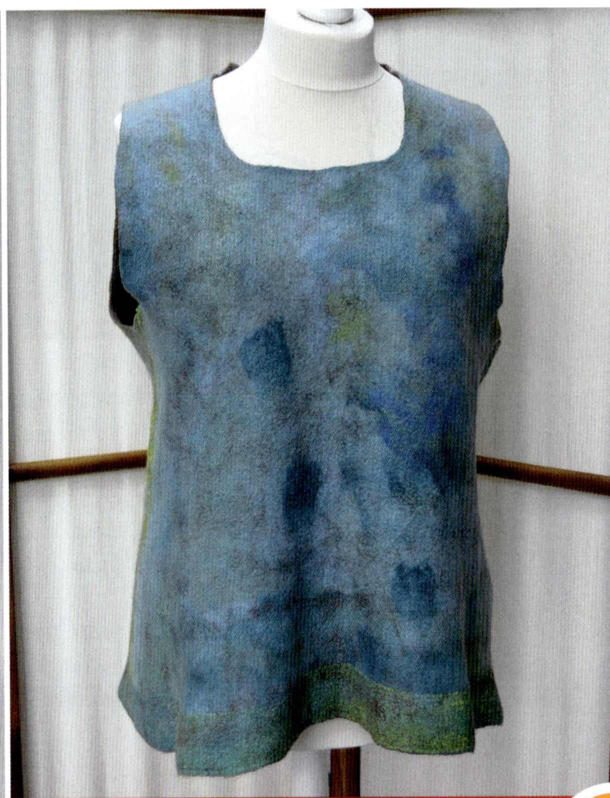